KB121305

생명의료윤리

생명의료윤리(제4판)

초판   1쇄 펴낸날 1999년 3월 10일
초판   7쇄 펴낸날 2003년 5월 14일
제2판   1쇄 펴낸날 2004년 3월 20일
제2판   6쇄 펴낸날 2009년 4월 18일
제3판   1쇄 펴낸날 2010년 8월 27일
제3판 16쇄 펴낸날 2022년 3월 30일
제4판   1쇄 펴낸날 2023년 2월 28일
제4판   3쇄 펴낸날 2024년 4월 25일

엮은이 구영모
지은이 구영모, 피터 싱어, 김선혜, 윤지영, 최은경, 김명희, 이병한, 최인희, 이서형
펴낸이 이건복
펴낸곳 도서출판 동녘

책임편집 홍주은
편집 이정신 이지원 김혜윤
디자인 김태호
마케팅 임세현
관리 서숙희 이주원

등록 제311-1980-01호 1980년 3월 25일
주소 (10881) 경기도 파주시 회동길 77-26
전화 영업 031-955-3000 편집 031-955-3005 **전송** 031-955-3009
홈페이지 www.dongnyok.com **전자우편** editor@dongnyok.com
페이스북·인스타그램 @dongnyokpub
인쇄 새한문화사 **라미네이팅** 북웨어 **종이** 한서지업사

ISBN 978-89-7297-076-7 (03190)

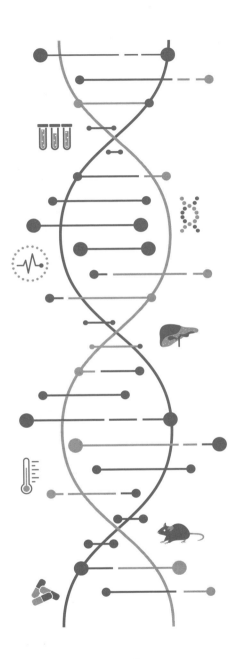

생명
의료
윤리

[전면개정 제4판]

— 구영모 엮음

동녘

엮은이의 말

앞서 나온《생명의료윤리》초판(1999), 제2판(2004), 제3판(2010)의 미덕은 한 권의 책으로 생명의료윤리의 다양한 주제들을 두루 살펴볼 수 있다는 것이었습니다. 책에 실린 글들을 읽어가노라면 이 분야에 사전 지식이 없던 독자라도 생명의료윤리 논의의 성격과 주제를 어느 정도 이해할 수 있었다는 말입니다. 그러나 생명의료 분야의 지식과 기술이 발전하면 생명의료윤리의 주제와 내용도 변화하기 마련입니다. 이러한 이유로《생명의료윤리》제4판을 더 일찍 독자들 앞에 내놓았어야 했는데, 엮은이가 불민했던 탓입니다.

이 책에 실린 열한 편의 글 가운데 네 편 즉, 1장 '생명의료윤리란 무엇인가', 2장 '인간의 생명은 언제 시작되는가', 6장 '안락사를 어떻게 볼 것인가', 8장 '임상시험의 윤리를 생각한다'는 제3판에서 옮겨 실되 일부는 최신 내용으로 보강했습니다. 특히 6장을 읽으면 이른바 '존엄사'를 허용하는 법 제정을 둘러싼 찬반 논증의 핵심 구조를 이해할 수 있을 것입니다.

이번에 새로 싣는 일곱 편의 글을 간략히 소개하면 다음과 같습니다.

3장은 임신중지 찬반 논쟁의 전통적 프레임인 생명권 대 선택권 담론으로 풀어내기 어려웠던 이슈들, 즉 체외수정에 따른 선택적 유산, 배아 선별을 위한 착상 전 유전자 검사, 대리모를 통한 임신·출산 과정에서 나타나는 임신중지 문제를 차례로 다룹니다. 이를 통해 필자 김선혜는 우리 사회에 생명권 대 선택권 담론을 넘어서는 새로운 재생산 윤리가 필요함을 촉구합니다.

4장은 여성의 재생산 권리 보장, 그중에서도 보조생식기술을 통한 비혼모 출산을 둘러싼 한국 사회의 면면들을 살펴보는 글입니다. 필자 윤지영은 '비혼모 출산이 과연 한국 사회에서 가능할까?'라는 질문에 답하기 위해, 국내의 법과 의료 현실을 검토한 후 비혼모 출산의 권리를 보장하는 외국의 사례들을 소개하고, 비혼모 출산에 대한 반대 의견들을 조목조목 비판합니다. 또 비혼모 출산이 갖는 사회적 함의를 짚으며 재생산권 보장을 위한 변화의 방향들을 제시합니다.

5장은 장기이식에 관련된 윤리적 문제들을 검토하는 최은경의 글입니다. 이식용 장기는 매우 희소한 자원이므로 법적·윤리적으로 고려해야 할 사항들이 많습니다. 장기이식술이 첨단 의학임에도 불구하고 아직은 동물 장기 또는 인공장기를 환자에 적용할 수 없으므로, 우리는 사망한 사람 혹은 살아 있는 사람으로부터 장기를 얻어야 합니다. 사망한 사람으로부터 장기를 적출할 때는 기증자의 사망시점 결정, 장기 분배의 공정성 등을 검토해야 합니다. 살아 있는 사람으로부터 장기를 얻을 때는 기증자의 자발성, 장기 매매의 허용 여부 등의 이슈가 있습니다. 이 글은 이러한 문제들을 순서대로 설명해줍니다.

우리나라 생명의료윤리의 특징 중 하나는 공권력인 법률의 잣대로 양심의 영역인 윤리를 규율한다는 것입니다. 대표적인 것으로 2003년 제정된 〈생명윤리법〉과 2016년 제정된 〈연명의료결정법〉을 들 수 있는데, 7장의 필자 김명희는 〈연명의료결정법〉의 배경, 20년을 끌었던 사회적 합의 및 입법의 과정들, 그리고 법률에 담긴 내용을 설명해줍니다. 글의 말미에는 법률이 안고 있는 한계점들이 제시됩니다. 독자가 이 글을 읽으면 〈연명의료결정법〉이 앞으로 나가야 할 바람직한 방향에 대해 토의할 수 있을 것입니다.

9장의 주제는 동물실험 윤리입니다. 우리 사회 1인 가구의 증가, 반려동물 양육 인구의 증가는 통계 데이터가 실증하고 있습니다. 코로나19 팬데믹 기간의 반려동물 열풍에 힘입어 대중의 동물보호 의식 또한 고양된 것 같습니다. 반면, '동물실험 연구의 기여가 없었더라면 코로나19 백신의 성공적인 개발과 치료제의 빠른 출시가 힘들었을 것'이라는 주장은 동물실험에 대해 찬성을 유보하던 대중의 의견에 적지 않은 변화를 미친 것으로 파악됩니다. 때마침 전면 개정된 〈동물보호법〉이 2023년 봄부터 시행됩니다. 이러한 배경에서 이병한의 글은 동물실험에 대한 찬성과 반대, 실험동물 복지 등의 이슈에 대한 자신의 의견을 정립하는 데 도움이 될 것입니다.

10장의 주제인 유전상담은 그간 일반 대중에 별로 알려지지 않았던 영역입니다. 유전 질환자의 진료는 종합병원의 소아청소년과, 산부인과뿐만 아니라 종양내과, 흉부외과, 신경과 또는 의학유전학 클리닉에서 행해지고 있습니다. 유전 질환의 특성상 환자와 가족에게 정확한 정보 제공과 비지시적인 상담으로 그들이 자율성에 근거해 의사결정을 할 수 있도록 지원해야 합니다. 대개 진료 의사가 이러한 역할을 하지만 유전상담사는 이 업무에 특화된 전문가들입니다. 2023년을 기준으로 대한의학유전학회에 등록된 전국의 유전상담사는 53명이고, 매년 봄 치뤄지는 자격시험을 통해 선발됩니다. 엮은이가 속한 학교의 대학원에서도 2021년을 시작으로 해마다 열 명 내외의 유전상담사들이 배출되고 있습니다. 최인희의 글은 유전상담의 개념과 역사, 의료 현장에서의 유전상담에 대한 개괄적인 설명을 담습니다.

끝으로, 11장은 건강정보의 빅데이터 처리를 위한 법제의 변화를 다룬 글입니다. 현대 정보사회에서 개인정보 보호의 중요성은 두말할 나위가 없습니다. 개인의 신체와 건강에 관한 기록은 개인정보의 중요한 부분을 구성하고, 개인들의 건강기록이 대규모로 합쳐졌을 때 우리는 그것을 보건의료 빅데이터라고 부릅니다. 개인과 집단의 민감정보를 잔뜩 품고 있는 보건의료 빅데이터는 동시에 생명의료 연구 및 의약품 개발을 위한 보고寶庫이기도 합니다. 게다가 이 빅데이터는 인터넷을 타고 국경을 넘나듭니다. 이렇듯 개인 프라이버시의 보호와 빅데이터의 활용이라는 상반된 가치 사이에서 개별 정부와 국제사회는 균형 잡힌 규범을 정립해야만 합니다. 유감스럽게도 지구촌은 아직 이러한 합의에 도달하지 못하고 있습니다. 이서형의 글은 난제 해결을 위한 다양한 노력과 변화의 현주소를 우리에게 보여줍니다.

알찬 내용의 원고를 보내주신 필자 선생님들께 이 자리를 빌려 깊은 감사의 말씀을 드립니다. 또한, 개성 넘치는 필진의 목소리를 다듬어 반듯한 한 권의 책으로 만들어준 도서출판 동녘의 홍주은 편집자의 정성 어린 수고에 고마운 마음을 전합니다.

2023년 2월

풍납동 연구실에서

구영모

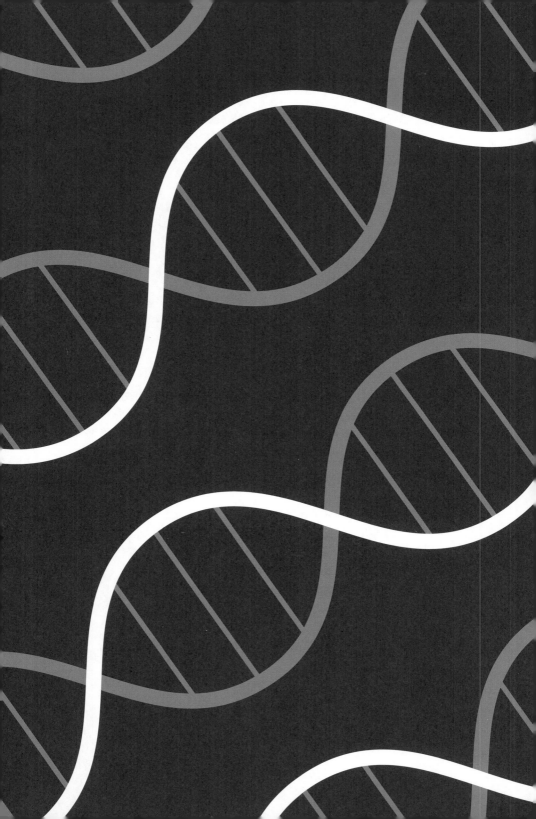

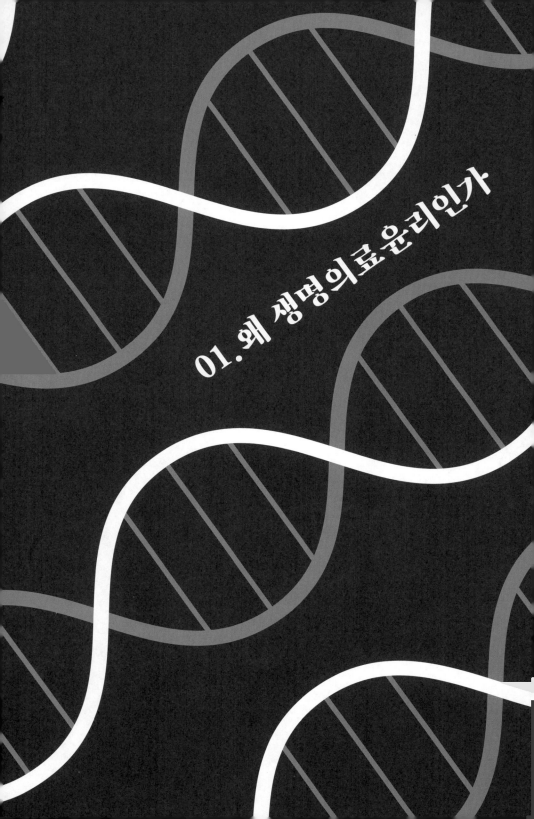

01. 왜 생명의료윤리인가

1

생명의료윤리란
무엇인가

+ 구영모

과학과 윤리·관습·법

윤리·관습·법이 무엇인가 하는 물음에 대답하는 방법 가운데 하나는 이것들을 다른 분야와 비교해보는 것이다. 우선 윤리·관습·법은 모두 규범적prescriptive이라는 점에서 기술적descriptive인 과학과 구분된다. 다만 여기서 규범적 또는 기술적이라는 구분은 대상에 따른 구분이라기보다는 대상을 다루는 방식에 따른 구분이라고 할 수 있다. 이는 비록 동일한 적용 대상 또는 탐구 대상이라 해도 그 방식에 따라 규범적이거나 기술적이 될 수 있음을 의미한다. 예를 들어 도덕에 관해 과학적 탐구 방식을 취하는, 흔히 기술윤리학descriptive ethics이라고 불리는 방식을 보자. 기술윤리학의 목적은 도덕에 관한 경험적 지식을 얻는 것이다. 기술윤리학자의 임무는 현존하는 도덕관들을 기술하고 그것들이 어떻게 생겨났는지를 설명하는 데 있다. 이 도덕관에 따라 다양한 도덕 현상이 존재하게 되는데, 사회과학자나 행동과학자들은 그 현상들을 설명할 필요가 있다. 예컨대 왜 특정 개인은 그토록 엄격한 성性도덕관을 가지고 있는가? 이에 대해 어떤 심리학자는 그 개인이 겪은 유년기 경험을 토대로 한 가지 설명을 시도할 수 있을 것이다. 또한 어떤 특정 집단은 의사조력자살physician-assisted suicide, PAS을 왜 그토록 강력히 지지하는가? 어떤 사회학자는 문제의 집단을 조사해보고 다음의 요인들에 근거해 '그 집단에 속한 사람들 가운데 많은 수가 사랑하는 사람들이 심한 고통 속에서 죽어가는 것을 목격했었고, 그 집단의 대다수가 비종교인이다'라는 식으로 뭔가 근거 있는 설명을 할지도 모른다.

윤리·관습·법은 규범적이고 과학은 기술적이라면, 윤리·관습·법은 과학과 어떤 관계를 맺고 있을까? 과학과 윤리·관습·법은 그 목적이 근본적으로 다르다. 과학의 목적은 탐구 대상에 관한 경험적 지식을 얻는 데 있는 반면, 윤리·관습·법은 올바른 판단을 내리는 것을 목적으로 삼는다. 과학 지식이 풍부하다고 해서 반드시 윤리·관습·법적인 문제에도 올바른 판단을 내릴 수 있는 것은 아니다. 우리 생활에서 과학과 윤리·관습·법은 분명하게 다른 역할을 한다. 하지만 이 분야들은 서로 밀접하게 관련되어 있다. 말기 암 환자의 경우를 생각해보자. 환자의 고통이 너무 심하고 회복될 가능성이 적을 때 주치의가 그 사람의 고통을 덜어주기 위해 인체에 치명적인 약품을 처방할 것을 고려한다면, 그것은 어디까지나 과학의 한 분야인 의학을 근거로 삼아 내린 결론이다. 의학적인 사실과 그 약을 투여해야 하는

가를 판단하는 것은 별개이다. 그러나 그 약을 투여해야 할지를 윤리·관습·법의 관점에서 올바르게 판단하려면 의학적 사실 또는 지식을 먼저 알아야만 한다. 이처럼 비록 과학과 윤리·관습·법은 서로 다르지만, 윤리·관습·법적인 판단을 내리기 위해서는 과학적인 정보가 필요한 것이다.

이처럼 과학은 기술적이고 윤리·관습·법은 규범적이므로 과학 지식을 올바로 이용하기 위해서는 윤리·관습·법을 이해할 필요가 있다. 윤리·관습·법이 한결같이 규범적이라면, 이들 사이에는 차이가 없을까? '우리는 계약을 지켜야 한다'라는 명제와 '자동차를 운전할 때는 반드시 안전띠를 매야 한다'라는 명제를 고려해보자. 앞의 명제는 윤리·관습·법 모두에 속하는 데 반해 뒤의 명제는 그렇지 않다. 뒤의 것은 법의 명제이긴 하지만, 관습이나 윤리의 명제는 아니다. 이처럼 윤리·관습·법 사이에는 분명히 차이가 있다. 그러나 이 세 가지를 구분하는 것은 결코 간단한 일이 아니다. 특히 우리가 살고 있는 유교문화권에는 관습과 윤리가 뒤섞여 있기 때문에 그 둘을 구분하기가 더욱 어렵다. '법은 최소한의 윤리'라는 독일 법학자 게오르크 옐리네크Georg Jellinek의 유명한 명제가 있지만 현실이 항상 그런 것은 아니다. 법은 윤리가 우리에게 요구하는 것보다 더 많은 것을 요구할 때도 있기 때문이다. 악법들이 보통 그러하다. 법과 관습의 경계 또한 명확하지 않기는 마찬가지이다. 이제부터 윤리·관습·법이 서로 어떤 점에서 다른지 살펴보자.

관습과 윤리

관습에는 사회적 규범, 예법, 예의, 태도 같은 다양한 행위와 규범이 포함된다. 윤리가 행위의 동기를 중시한다는 점에서 자율적·내면적이라면, 관습은 겉으로 드러나는 모습으로 판단하기 때문에 타율적·외면적이다. 에티켓의 경우를 생각해보자. 에티켓 또는 예의범절이란 집단 사회로 들어서기 위한 최소한의 외면적·형식적 규범으로, 여기에는 초심자들에게 주는 구체적인 행동 지침과 잘못된 태도로 생길 수 있는 실수를 미리 막기 위한 경고가 들어 있다. 에티켓은 임의의 집단 사회에서 고참을 존중하고 그 내부의 결속을 다지므로, 규칙을 충분히 알지 못하는 신참이나 외부인에게는 배타적인 것이 특징이다.

관습이 윤리와 좀처럼 구분되기 어려운 경우도 있다. ethics(윤리)라는 말은 관습 또는 특유의 습관이라는 의미인 그리스어 ethos에서 유래했다. 라틴어 mores를 어원으로 가진 morals(윤리)의 경우도 마찬가지인데, mores 역시 관습을 의미한다. 관습과 윤리의 혼동은 우리가 한 개인이나 집단의 특수한 도덕관을 '윤리'라고 부를 때 뚜렷하게 드러난다. 이때 '윤리'는 전통 윤리, 기독교 윤리와 같이 포괄적인 삶의 방식 전체를 가리키기도 하고 의료 윤리, 법조 윤리같이 특정 직업인들 사이에 적용되는 규약이라는 의미로 사용되기도 한다. 또한 이런 의미의 윤리는 슈바이처의 윤리, 영국 빅토리아 시대의 윤리처럼 한 개인이나 특정 시대, 특정 사회의 도덕관을 가리키는 표현에서도 발견된다.

이처럼 윤리라는 말의 의미는 매우 다양하다. 조금만 주의를 기울이면, 일상생활에서 자주 쓰는 윤리라는 말의 의미가 쓰는 사람이나 쓰이는 맥락에 따라 일정하지 않다는 것을 발견할 수 있다. 우리는 윤리라는 말을 몇 가지 서로 다른, 그러나 연관된 의미로 사용한다. 윤리라는 말은 위와 같이 특정 개인·집단·시대·사회의 관습과 유사한 의미로뿐만 아니라 윤리 또는 도덕과 관련된 주제·경험·판단 등을 가리킬 때도 사용된다. 이런 종류의 주제·경험·판단 등은 법·종교·예술·과학·경제·스포츠 등과 구별되는 인간의 독특한 관심 영역이다. 예를 들어 '인간 복제는 윤리적 논쟁거리이다'라고 말할 때 우리는 윤리를 그런 의미로 쓴다. 이때 '윤리적ethical'이라는 표현은 '도덕적moral'이라는 표현과 의미상 차이가 없다. 이 두 가지 표현은 한 쌍의 동의어로, 필요하다면 의미의 혼동 없이 서로 바꾸어 쓸 수 있다. 이에 반대되는 말로 '도덕과 관계없는nonmoral'이라는 표현이 있다. 이처럼 우리가 도덕이라는 말을 도덕과 관계있다는 의미로 이해한다면, '인간 복제는 도덕적 논쟁거리이다'라고 말할 때 '도덕적'이라는 표현은 '윤리적'이라는 표현과 그 의미상 완전히 동일하다. 가끔 윤리와 도덕의 의미를 구분하려 하는 학자들이 있지만, 이 책에서는 그런 구분을 따르지 않겠다. 현대 윤리학은 윤리와 도덕을 그 의미와 사용에 있어 구분하지 않는 것이 보통이니 말이다.

윤리라는 말의 세 번째 의미는 우리가 칭찬할 만한 인물을 가리키거나 도덕적으로 올바른 판단이나 행위를 가리킬 때 발견된다. 예를 들어 '마더 테레사 수녀는 윤리적인 사람이다'라고 할 때 우리는 세 번째 의미의 윤리에 관해 말하는 것이다. 그리고 이는 '비윤리적인 unethical', '비도덕적인immoral'이라는 표현과 반대되는 뜻이다.

끝으로 '윤리학'에서의 '윤리'는 위의 어떤 것과도 의미가 같지 않다. 왜냐하면 윤리학은 도덕 자체를 탐구 대상으로 삼기 때문이다. 윤리학은 도덕에 관해서(meta) 철학적 방법으로 탐구하는 학문이다. 윤리학의 관심은 규범들의 보편화 가능성universalizability 여부, 다시 말해 문제의 규범들이 특정 개인·집단·시대·문화권에만 적용되는 것이 아니라 그런 제약들을 초월하는 보편성을 지닌 윤리적 규범이 될 수 있는지를 묻는 데 있다. 비록 '윤리학'에서는 '윤리'가 독특한 의미를 가지지만, 우리가 실제로 그 의미를 혼동하는 일은 거의 없다. 이런 의미의 윤리는 오로지 윤리학이라는 표현으로만 나타나기 때문이다.

이제 '어려움에 처한 이웃을 도와주라'는 명제에 관해 생각해보자. 이것은 두 가지 서로 다른 의미에서 분명 윤리적 명제이다. 우선, 이것은 '도덕과 관계있다'는 윤리의 두 번째 의미에서 윤리적 명제이다. 또한 우리가 어려움에 처한 이웃을 돕는다면 그 행위는 도덕적으로 올바른 것이므로 여기서 윤리는 세 번째 의미로 사용된다. 그러나 이 명제에는 우리의 관습이 반영되어 있다. 곤경에 처한 이웃을 돕는 것은 우리 모두가 준수하기를 요구받는 하나의 관습이다. 한편, 이 명제가 법률의 내용으로 간주되어야 하는지 여부는 그다지 명확하지 않은 것 같다. 곤경에 처한 사람을 도와야 한다는 윤리·관습적 부조 의무를 하나의 법적 의무로 보는 나라(독일, 오스트리아, 프랑스)가 있는가 하면, 우리나라처럼 일반인들에게 법적 의무로까지 요구하지는 않는 나라도 많기 때문이다.

법과 윤리

사실, 법에는 윤리의 많은 부분이 수용되어 있다. 자유의 불가침성, 생명의 신성성, 계약이행에 대한 신뢰 등 윤리에 침전되어 있는 공동체의 근본 가치를 실현하는 것은 법의 중요한 임무 가운데 하나이다. 따라서 많은 경우에 법은 윤리와 그 내용이 완전히 일치한다. 무고한 사람을 죽이지 말라는 윤리적 명령은 곧 법의 내용이기도 하다(형법 제250조).

　법과 윤리의 내용이 일치하지 않는 경우도 있다. 예를 들어 '여호와의 증인'의 교리처럼 특수한 윤리 규범은 관습이나 법에 수용되어 있지 않으며, 자동차가 도로 우측으로 통행해야 한다는 법규는 관습이나 윤리적 이유와는 아무 관계가 없다. 더구나 법과 윤리는 그것이 적용되는 지리적 범위에 있어 서로 다를 수 있다. 대개 법은 한 나라의 국경 안에서만 효력을 갖는 반면, 어떤 윤리적 이슈들은 전 세계적인 차원에서 문제가 된다. 한 예로 온라인상의 음란물 문제를 들 수 있다. 현재 우리나라에는 온라인상 음란물의 제작·유통·소비를 처벌할 수 있는 법규가 있다. 하지만 외국에서 제작되어 온라인을 통해 국내에 유통되는 포르노그래피는 국내법으로 처벌되지 않기 때문에, 온라인상의 음란물 문제는 여전히 국제적인 이슈로 남아 있다.

　법이 관습과는 달리 윤리와 비슷한 정도로 중요성을 지닌다고 말할 수 있겠지만, 결국은 윤리 규범이 법규범보다 더 중요하다는 점을 깨닫는 것이 중요하다. 왜냐하면 윤리는 법을 비판할 수 있는 반면, 법은 윤리를 비판하지 못하기 때문이다. 만일 정부가 법에 따라 한 시민을 구속할 때 우리는 '인간이라면 누구나 자유롭게 살 권리가 있다'라는 윤리 원칙으로 그 법을 비판할 수 있다. 그러나 윤리 원칙이 잘못되었을 때는 법으로 그것을 비판하는 것이 아니라, 다른 윤리 원칙을 가지고 그것을 비판하게 된다. 윤리는 법으로 교정되는 것이 아니라 윤리 자체의 원칙으로 바로잡히는 것이다.

〈의료법〉제15조 1항은 의료인 또는 의료기관 개설자는 진료나 조산助産 요청을 받을 시 정당한 사유 없이 거부하지 못하도록 규정하고 있다. 이 법 규정의 내용을 보편적인 윤리와 일치하는 것으로 보아야 하는가, 아니면 도덕과는 관계없는 이유에 의해 뒷받침되는 것으로 보아야 하는가? 필자는 문제의 법 규정이 윤리적 이유로 정당화되지는 않는다고 본다. 이는 문제의 규정과 〈의료법〉제15조 2항("의료인은 응급 환자에게 〈응급의료에 관한 법률〉에서 정하는 바에 따라 최선의 처치를 하여야 한다.")을 비교해보면 명확해진다. 앞에서 언급했듯이, 곤경에 빠진 이웃을 도와야 한다는 요청은 우리 모두에게 요구되는 보편의 윤리적 의무이다. 의사에게 부과되는 응급의료 의무라는 법적 의무는 이 같은 보편의 윤리적 의무의 특수한 형태로 간주될 수 있다. 더군다나 응급상황의 경우, 의사가 응급의료를 거부하면 환자는 다른 의사를 찾기 위해 시간을 허비하게 되고, 시간이 지체되면 나중에 진료하는 의사가 그 환자의 생명과 건강을 지킬 수 있는 가능성이 낮아지는 게 보통이다. 그리고 이것은 환자의 의료적 이익이 침해될 가능성이 그만큼 높아짐을 의미한다. 반면, 응급 상황이 아닌 경우에는 설령 한 의사가 진료를 거부한다 해도 환자는 다른 의사를 선택함으로써 생명과 건강을 유지할 수 있다. 다시 말해 의사의 진료 거부로 환자의 의료적 이익이 침해받는 일은 발생하지 않는다. 물론 모든 의사가 선한 사마리아인처럼 행동한다면, 즉 어떤 환자에게도 진료를 거부하지 않는다면 더할 나위 없이 좋은 일이다. 그러나 우리가 윤리적 이유를 들어 모든 의사에게 선한 사마리아인이 되라고 요구할 수는 없다. 우리가 그들에게 요구할 수 있는 것은 기껏해야 의사들이 최소한 남부끄럽지 않은 사마리아인이 되어야 한다는 것이다. 결론적으로, 응급의료 의무와는 달리 진료를 거부하지 않을 의무는 법적인 의무가 아니라고 판단된다. 그것은 어쩌면 의사들의 고유한 직업윤리에 맡겨야 하는 일일지도 모른다.[1]

한편 윤리와 법이 일치하는 경우, 법이 특정한 행위를 평가할 수 없는 일이 생길 수도 있다. 예를 들어 인공호흡기가 한 대뿐인 병원에 두 명의 응급 환자가 동시에 입원했고, 두 환자 모두 다른 병원으로 이송할 시간이 없다면, 의사는 그 가운데 한 환자만을 구하고 다른 환자는 죽게 내버려둘 수밖에 없다. 이때 의사가 어떤 환자에게 인공호흡기를 사용해야 하는가에 관해서 법은 명령할 수 없다. 달리 표현하면, 인공호흡기를 사용하지 않음으로써 한 환자를 죽게 내버려두는 것은 법적으로 허용된 것이 아니지만 그렇다고 금지된 것이라고 말하기도 어렵다. 〈의료법〉 제15조나 〈응급의료에 관한 법률〉 제6조가 의사의 응급의료 의무를 규정하고 있고 형법 제252조가 부작위 행위에 의한 살인죄를 규정하고 있다는 점에서, 이러한 행위 영역에 대한 법적 규율 자체를 포기한 것이라고 말할 수 없다. 단지 법이 어떤 행위의 선택이 적법하고, 어떤 행위의 선택이 위법한 것인지를 말하지 않을 뿐이다. 이와 같이 법이 어떤 행위에 대해 적법/위법의 평가를 포기하는 영역이 존재하고, 이런 영역에서의 판단은 윤리의 처분에 맡겨진다.

윤리를 수용하는 데 있어 법은 다수의 특수한 윤리 규범들 사이에서 중립을 지키려고 노력해야 한다. 어떤 윤리 규범들은 특정 집단에 속하는 구성원들에게만 구속력이 있다. 그 집단에 속하지 않는 사람은 문제의 윤리 규범들을 존중하지 않는다. 지금은 폐지되었지만 동성동본간의 모든 혼인을 금지하던 옛 민법 제809조 규정을 예로 들어보자. 이 법은 가부장적인 종법宗法 제도에서 비롯된 전통 윤리를 수용하고 있었다. 그런데 윤리 규범으로서 동성동본 혼인 금지는 전통 윤리의 타당성을 인정하는 사람들에게만 구속력을 가질 뿐, 그렇지 않은 사람들에게는 아무런 구속력도 발휘하지 못했다. 그런데도 옛 민법 제809조처럼 법이 특정 윤리 규범을 국가의 권력으로 관철시키려 한다면, 그 윤리 규범의 타당성을 인정하지 않는 사람들에게 그들 자신을 전통 윤리에 억지로 끼워 맞추도록 강요하는 셈이 된다. 이는 법에 의한 윤리적 심정테러gesinnungsterror라고 볼 수 있다. 따라서 현대와 같은 다원적 사회에서 법은 특수한 윤리 규범들에 중립적이어야 한다.

생명의료윤리학이란

윤리학의 한 분야인 생명의료윤리학biomedical ethics의 위치를 알아보기 위해, 먼저 철학의 한 분야인 윤리학의 본성에 관해 잠시 생각해볼 필요가 있다. 윤리학은 '도덕에 관해 철학적으로 탐구하는 철학의 한 분야'로 정의될 수 있다. 여기서 도덕에 관해 '철학적으로' 탐구한다는 것은 도덕에 관해 '과학적으로' 탐구하는 것과 구별되어야 한다. 도덕에 관한 과학적 탐구는 앞서 이야기했듯이 기술윤리학이라고 불리는데, 철학의 한 분야로서 윤리학은 이러한 기술윤리학과 구별된다 (이제부터 '윤리학'이라는 표현을 기술윤리학이 아닌, 철학의 한 분야를 가리키는 것으로 이해하자).

　　철학자들은 흔히 윤리학을 규범윤리학normative ethics과 메타윤리학 meta ethics으로 나눈다. 규범윤리학을 통해 철학자들은 도덕적으로 옳은 것과 그른 것을 인간 행위와 관련하여 결정하려고 한다. 한편 메타윤리학에서 철학자들은 도덕적 판단들의 본성을 분석하거나 특정한 도덕적 판단의 정당화를 위한 방법 등을 규정한다. 규범윤리학과 메타윤리학의 관계에 대해서는 이 글에서 논의하지 않기로 한다. 둘 사이의 관계가 어떻든 간에 우리에게 중요한 것은 규범윤리학이 기술윤리학과 논리적으로 구분된다는 것이다. 기술윤리학이 현재 받아들여지고 있는 도덕관을 기술하고 설명하려는 데 반해, 규범윤리학은 도대체 어떤 도덕관이 정당화될 수 있고 받아들여져야 하는지를 밝히고 있다.

규범윤리학은 다시 이론규범윤리학general normative ethics과 응용규범 윤리학applied normative ethics으로 나뉜다. 이론규범윤리학의 과제는 도덕적 의무에 대한 이론적 정당화를 통해 무엇이 도덕적으로 옳고 그른 가라는 질문에 대답하는 하나의 이론을 세우는 것이다. 반면에 응용 규범윤리학은 특정한 도덕적 문제들을 해결하는 것을 과제로 삼는다. 예를 들면 이런 문제가 응용규범윤리학의 대상이 된다. '임신중절이 도덕적으로 정당화되는가? 만약 정당화된다면, 어떤 조건에서 그렇게 되는가?'

위의 구분에 따르면, 생명의료윤리학은 응용규범윤리학의 한 분야이다. 생명의료윤리학의 과제는 의료행위나 생명의료 연구와 관련해서 생기는 윤리적 문제를 해결하는 데 있다. 이 같은 문제들 외에도 삶의 다른 측면들과 관련해서 발생하는 윤리적 문제들이 있기 때문에, 응용윤리학에는 생명의료윤리학 말고도 다른 분야들이 있다. 예를 들어 기업윤리business ethics는 상거래에서 생기는 윤리적 문제를 해결하는 것을 과제로 하고, 환경윤리environmental ethics의 과제는 자연에 대한 우리의 도덕적 권리와 의무이다. 정보윤리information ethics와 성윤리sexual ethics 역시 나름의 고유 과제를 갖고 있다. 그런데 중요한 것은, 응용윤리학은 그 분야를 막론하고 논의의 성격이 규범적이라는 점이다. 어떤 행위가 도덕적으로 옳은가, 그른가? 그것이 도덕적으로 정당화되는가? 응용윤리학의 관심은 사람들의 도덕관이 어떤가를 보이는 데 있지 않다. 그것은 기술적인 일이다.

생명의료윤리학에서 전형적으로 제기되는 물음들은 다음과 같다.

- 의사는 불치병에 걸린 환자에게 '당신은 곧 죽을 겁니다'라고 말해줘야 할 도덕적 의무를 지니는가?
- 환자의 의료기밀medical confidentiality을 유출하는 것이 도덕적으로 정당화될 수 있는가?
- 안락사가 도덕적으로 정당화되는가?
- 대리모가 도덕적으로 정당화되는가?

위의 규범윤리학적 질문들이 개별 행위와 관행에 관한 것인 데 반해, 다음 물음들은 생명의료윤리학이 법률의 도덕적 정당화 가능성에 초점을 맞추고 있음을 보여준다.

- 한 사회가 인공임신중절을 제한하는 법률을 제정할 때 그 사회는 정당화될 수 있는가?
- 의사조력자살을 금지하는 법률을 제정해야 하는가?
- 한 개인이 자신의 의지와는 상관없이 타인에 의해 정신병원에 수용될 수도 있다는 것을 법률로 정해야 하는가?

두 번째 유형의 물음들은 생명의료윤리 논의가 이론규범윤리학뿐만 아니라 사회철학·정치철학·법철학의 논의와도 한데 얽혀 있음을 보여준다. 이 분야에서 핵심적인 물음은, 법률로 정당화할 수 있는 한계가 과연 어디까지여야 하는가이다. 엄밀히 말해서 우리가 '생명의료윤리학은 응용윤리학의 한 유형'이라고 할 때의 '윤리학'은 사회철학·정치철학·법철학과 중첩되는 것으로 넓게 이해되어야 한다.

한편 생명의료윤리 영역에 속하는 도덕적 논쟁거리들 가운데 많은 것들이 오랜 역사를 가지고 있지만, 생명의료윤리가 철학 내에서 어엿한 한 분야로 성장한 것은 비교적 최근의 일이다. 미국에서는 1970년 전후부터 지금까지 수많은 생명의료윤리 연구소가 설립되었다. 그 가운데 가장 유명한 두 곳이 뉴욕주에 있는 헤이스팅스센터Hastings Center와 워싱턴 D.C.에 있는 조지타운대학 부설 케네디윤리연구소 Kennedy Institute of Ethics이다. 오늘날 미국에서는 수십 종에 이르는 생명의료윤리 학술지가 발간되고 있으며, 생명의료윤리를 주제로 한 학술회의가 미국 전역에서 끊이지 않는다. 1978년에는 《생명윤리학 백과사전Encyclopedia of Bioethics》 초판이 간행되었다.

국제적으로는 1992년 국제생명윤리학회International Association of Bioethics, IAB가 설립되었고, 1995년 아시아생명윤리학회Asian Bioethics Association, ABA가 설립되었다. 우리나라에서는 1997년 한국의료윤리교육학회(2009년 한국의료윤리학회로 개명)를 시작으로, 1998년 한국생명윤리학회, 2002년 한국임상연구심의기구협의회 등이 창립하여 활동하고 있다.

그런데 왜 20세기 후반에 이르러서야 이 분야의 연구가 활발해졌을까? 아마 두 가지 점을 지적할 수 있을 것이다. 첫째, 현대 생명의료 기술의 눈부신 발달에 힘입어 생명의료 연구가 급속히 진전되었다. 둘째, 의료 시술 환경이 예전에 비해 훨씬 까다로워졌으며 날이 갈수록 더욱 복잡해지고 있다.

우선, 최근의 생명의료 연구가 우리에게 미친 영향을 생각해보자.

생명의료 연구의 놀라운 성과는 이제껏 존재하지 않았던 새로운 도덕 문제들을 야기했을 뿐만 아니라 해묵은 윤리학 문제들에 관해서도 새로운 차원의 논쟁을 불러일으켰다. 예를 들어 시험관 수정in vitro fertilization, IVF과 같은 인간 생식에 관련된 의료기술이 이제껏 경험하지 못했던 윤리적인 문제들을 발생시켰다. 또 한편에서는 생명의료 연구가 진보함에 따라 해묵은 문제들은 더욱 복잡해졌고, 이제 그 문제들을 시급히 해결해야 한다는 필요성이 제기되었다. 한 예로, 안락사 문제는 전혀 새로운 것이 아니다. 하지만 신체가 심하게 손상된 신생아들의 경우, 예전 같으면 사망했겠지만 오늘날에는 살려낼 수 있다. 회복 불능의 혼수상태에 빠진 환자들도 이와 비슷하다. 과거에는 이들을 살릴 수 없었지만, 의료기술의 발달 덕분에 오늘날에는 생물학적으로 생명을 유지할 수 있게 되었다. 이런 이유로 새로운 차원의 문제들이 생겨났고 아울러 이런 문제들을 시급히 해결해야 한다는 여론이 형성되었다. 또 다른 예로 임신중절 문제를 들 수 있다. 임신중절 문제는 전혀 새로운 것이 아니지만, 오늘날 산전 진단prenatal diagnosis이 가능한 의료기술의 발달에 힘입어 유전성 질환이 발견되면 태아를 인공적으로 유산하는 경우가 새로이 생겨났다. 끝으로, 현대 생명의료 연구의 괄목할 만한 성과는 인간을 연구대상자human subject로 삼는 생명의료 연구들의 가치에 대해 우리의 주의를 환기시키고 있고, 이에 따라 인간을 대상으로 하는 실험의 윤리적 책임한계에 대한 논의가 계속되고 있다.

　오늘날 미국을 비롯한 서구 선진국에서 생명의료윤리가 활발히 논의되는 이유는, 생명의료 연구의 눈부신 발달 외에도 병원의 의료 시술 환경이 점점 더 복잡해지는 데 있다. 과거의 의료 시술이란 대개 의사와 환자 개인 간의 관계를 넘지 않았다. 하지만 오늘날의 의료 시술에는 병원, 의사 그리고 다양한 보건의료 종사자들이 긴밀한 협조 속에 공동으로 참여한다. 또한 환자의 소비자권리가 신장됨으로써, 보건의료 종사자들은 의료 분쟁이 발생했을 때 자신들이 지게 될지도 모르는 법률적 책임의 한계에 큰 관심을 기울이게 되었다. 그 결과 병원과 보건의료 종사자들은 자신들이 의학적·법률적·윤리적 문제 사이의 상호작용에 더욱 관심을 가질 필요가 있다는 점을 깨달았다. 여기에 더하여 사회정의에 관한 자각이 더욱 뚜렷해짐에 따라 미국 등 선진국에서는 생명의료 문제들을 분배적 사회정의를 실현하는 데 중요한 한 부분으로 파악하게 되었다. 오늘날 선진국에서는 보건권right to healthcare이나 부족한 의료 자원의 할당 문제에 대한 논의가 활발히 진행되고 있다.

흔히 생명의료윤리학은 학제적 연구가 요청되는 분야로 인식되고 있는데, 여기서 이 학제적 성격에 관해 설명하는 것이 도움이 될 듯하다.

첫째, 앞에서 보았듯이 생명의료윤리는 철학 내의 다른 분야들과 연관을 맺고 있다. 즉 생명의료윤리는 이론규범윤리학뿐만 아니라 사회철학·법철학과도 공유하는 부분이 많다.

둘째, 다양한 생명의료윤리 논의에 접근하는 방법으로는 도덕철학moral philosophy적인 것 외에 도덕신학moral theology적인 방식도 가능하다. 단, 철학적 논증에는 어떠한 종교적 신앙도 전제되지 않는 반면 신학적 논증은 신앙의 틀 안에서 구축된다는 점에서 둘 사이에 차이가 있다.

셋째, 가장 중요한 것으로 생명의료윤리가 의학과 생물학의 연구 성과에 의존한다는 면에서 학제적 연구의 대상이라는 점이다. 의학적 판단이나 생물학의 발견이 윤리적 고려에서 중요한 역할을 하는 경우가 종종 있기 때문이다(사회과학적 발견 역시 생명의료윤리와 관련될 수 있다).

넷째, 생명의료윤리의 논의가 구체성을 잃지 않기 위해서는 보건의료 종사자나 생명과학 연구자의 경험이 존중되어야 한다.

비록 생명의료윤리 논의는 본질적으로 규범적인 것이지만, 개념적 논의와 사실적(경험적) 논의의 도움 없이는 완전히 이해될 수 없다. 예를 들어 어떤 사람이 자살하려는 것을 막기 위해 내가 그 사람을 방해하는 것이 도덕적으로 허용되는가 하는 문제를 생각해보자. 우리의 일차적 관심은 규범적인 것이다. 하지만 우리는 먼저 자살의 본성이 무엇인지를 밝혀야 하는데, 이것은 하나의 개념적 문제이다. 여호와의 증인 신자가 교리에 따라 수혈을 거부하다가 죽었다면, 이 죽음을 자살로 보아야 하는가? 여기에는 개념적 문제의 복잡성 말고도 경험적 문제가 존재한다. 즉 자살을 시도하는 사람들은 정말로 죽기를 원하는가 하는 문제의 진상이 밝혀지려면 아마도 심리학자나 사회학자의 도움이 필요할 것이다. 물론 우리가 궁극적으로 지향하는 결론은 도덕적인 것이다. 하지만 도덕적 숙고는 개념적 구조와 사실적 믿음에 견주어 진행되어야 한다.

생명의료윤리에서 사실적 논의가 특별히 중요한 경우들이 있다. 예를 들어 소아 환자가 연구대상자로 참여하는 임상시험이 도덕적으로 허용될 수 있는가라는 규범적 물음에 답하기 위해서는 다음의 사실적 질문을 던져보는 것이 중요하다. '소아 환자를 임상시험 대상자로 이용하지 않는다면, 치료 기술이 어느 수준까지 개발될 수 있는가?'

또한 생명의료윤리의 사례 가운데는 연관된 개념에 대한 논의가 특별히 요구되는 경우가 있다. 뇌사자로부터 심장·장·뇌·폐 등 생명을 유지하는 데 꼭 필요한 기관을 이식받는 것이 과연 도덕적으로 허용될 수 있는가 하는 문제를 규범적으로 논의하려면, 우리는 필연적으로 죽음의 개념에 대해 세밀히 검토해야 할 것이다.

생명의료윤리 문헌을 접할 때는 개념적인 논의, 사실적인 논의, 규범적인 논의 등으로 구분해서 이해하는 방법이 도움이 된다. 더군다나 생명의료윤리의 중심 문제인 규범적 논의들의 경우, 이론규범윤리학에서 다루는 이론에 대해 어느 정도 지식을 갖추지 않고는 그것들을 이해하는 데 어려움이 있을 것이다. 그 이론들이 생명의료윤리학적 논증의 구성 틀을 제공해주기 때문이다.

생명의료윤리 추론의 예

여기서는 가장 흔히 논의되는 이론규범윤리학의 네 가지 입장이 생명의료라는 맥락에서 어떻게 서로 다르게 적용되는지 살펴보자. 네 가지 입장이란 행위 공리주의, 규칙 공리주의, 칸트의 의무론, 로스의 조건부 의무론이다.

1) 행위 공리주의Act-Utilitarianism

기껏해야 앞으로 몇 주밖에 살 수 없다고 보이는, 신체가 심하게 손상된 신생아가 폐렴에 걸렸다. 의사는 아이의 부모와 함께 항생제를 써서 유아의 생명을 연장할 것인지 여부를 결정해야 한다. 항생제를 사용하는 것 말고 택할 수 있는 유일한 대안은 유아를 죽게 내버려두는 것뿐이다. 이때 행위 공리주의자들은, 폐렴을 치료하지 않기로 결정하는 것이 이 일에 직접 관련된 당사자들의 이익을 극대화하는 방법이라고 볼 것이다. 고통스러운 삶을 조금 더 연장해봐야 유아에게 이로운 것이란 하나도 없고 오로지 잃을 것만 있을 뿐이다. 아이의 부모는 치료하기로 결정하든 안 하기로 결정하든 간에 괴로울 테지만, 그래도 자식의 고생이 끝났다는 걸 알게 되면 어느 정도 위안을 얻을 것이다. 더군다나 그 아이의 치료에 쓰일 병원의 자원들이 다른 곳에 더 잘 활용될 수 있다.

하지만 만약 의사와 부모가 아이를 죽게 내버려둔다면, 그 결정이 가져올 간접적이고 장기적인 결과들 가운데 결정적인 어떤 것이 있을지도 모르지 않는가? 어쩌면 이 유아를 죽게 내버려두는 것이 유아들을 보호하려는 우리의 태도에 흠집을 내는 결과를 가져올지도 모른다는 반박이 있을 수 있다. 그러나 행위 공리주의자가 보기에는 그렇지는 않을 것이다. 이 경우 결과적으로 야기될지도 모르는 위험이란 아주 작은 것이다. 이 경우, 행위 공리주의자는 항생제를 쓰지 않음으로써 유아를 죽게 내버려두는 것이 도덕적으로 옳은 일이라고 추론한다.

또 다른 사례를 생각해보자. 한 생명과학 연구자가 동물실험을 통해 특정한 약이 특정한 암을 치료하는 데 탁월한 효과가 있다고 믿게되었다. 지금 단계에서 그 연구자의 주된 관심사는 인간에게 적정한 투약량을 정하는 것이다. 많은 양을 투약한 동물들에게서 몇 건의 부작용이 관찰되었다. 그 연구자는 수년간의 경험을 통해 자신이 재직하는 대학의 학생들이 위험성이 거의 없는 연구에는 기꺼이 대상자로 나설 것이라는 점을 알고 있다. 하지만 상당한 위험이 따르는 실험에 자원하기를 꺼려하는 건 당연한 일이다. 이때 만약 그 연구자가 연구대상자들에게 그 연구가 전혀 위험하지 않다고 말한다면 그것은 정직하지 않은 일이다. 그 연구자는 특히 연구대상자의 30~40퍼센트가 장기간 메스꺼움으로 고생할 것이라는 점을 예상하고 있다. 그런데 만약 이런 정보를 학생들에게 알린다면 아마도 그는 충분한 수의 연구대상자들을 확보하기 어려울 것이다. 행위 공리주의자들에 따르면, 그 연구자는 다음과 같이 추론할 것이다.

이 경우 메스꺼움이 오래갈 수 있다는 정보를 감추는 것은 정당화된다. 현재 연구 중인 치료 기술이 성공하면 많은 사람이 혜택을 받을 것이다. 소수의 연구대상자들이 겪을 메스꺼움에 비해 예상되는 혜택이 훨씬 더 큰 것이다. 하지만 거짓말이 발각되는 경우를 상상해보

자. 일상적으로 연구대상자 역할을 해온 학생들이 이제껏 속았다는 사실을 알게 된다면, 전 캠퍼스에 걸친 연구 노력에 부정적인 영향을 미칠 것이다. 이 고려 사항은 결정적인 것 같다. 그렇다면 이 경우 거짓말은 도덕적으로 옳지 않다. 그런데 만약 그 거짓말이 탄로 날 가능성이 거의 없다면, 행위 공리주의자들이 내리는 결론은 이와 다를 것이다.

이 밖에도 만약 우리가 부족한 의료 자원을 분배해야 한다면, 분배의 우선순위를 정하는 데 행위 공리주의자들이 어떻게 추론할지 상상해보는 것 또한 흥미로울 것이다.

2) 규칙 공리주의Rule-Utilitarianism

의사가 불치병에 걸린 환자에게 '당신의 병은 불치병이 아닙니다'라고 거짓말을 하는 것이 도덕적으로 옳은가 하는 문제를 생각해보자. 규칙 공리주의자들은 최대한 선한 결과를 끌어낼 수 있는 행동을 해야 한다고 믿기 때문에, 이 경우를 '거짓말하지 말라'는 규칙을 깨뜨릴 수 있는 한 가지 예외로 인정할 수 있는가의 문제로 파악한다. 이에 반해 행위 공리주의자들은, 개별적인 사례는 각각의 공리적 가치에 따라 평가되어야 한다고 주장할 것이다.

이제 다음과 같은 경우, 즉 '자신의 병이 불치병임을 모르는 편이 환자에게 더 낫다고 의사가 판단하는 경우를 제외한 나머지 경우'에는 '거짓말하지 말라'는 규칙에 예외를 인정하지 않는다고 해보자.

이 예외를 인정하는 것이 예외를 전혀 인정하지 않고 규칙을 무조건 받아들이는 것보다 더 나은 결과를 가져오는가? 물론 이 물음에 대한 답이 무엇인지에 대해 논란이 있을 수 있지만, 규칙 공리주의자들은 아마도 이 예외가 정당화되지 않는다고 결론지을 것이다. 그들은 '이 예외로 말미암아 많은 환자가 죽음의 공포에 떨지 않아도 된다는 점은 사실이지만, 환자가 죽음의 공포에 떨지 않아도 된다는 이득보다는 의사와 환자 사이의 신뢰가 무너지는 데서 비롯되는 불안과 걱정이 훨씬 클 것'이라고 판단할 것이다.

이번엔 불치병에 걸려 고통을 받고 있는 환자가 의사에게 안락사를 요청하는 상황을 상상해보자. 이를 우리는 '자발적·적극적 안락사voluntary active euthanasia'라고 부른다. 규칙 공리주의자들은 안락사를 비롯한 자살·임신중절 등의 문제를 '살인하지 말라'는 규칙의 하나의 정당화된 예외로 인정할 수 있는가의 문제로 파악한다. 우리는 '살인하지 말라'는 규칙에 적어도 한 가지 예외가 있을 수 있다는 점에 주의할 필요가 있다. 규칙 공리주의자들에 따르면 정당방위 살인은 정당화된다. 왜냐하면 '네가 하고 싶으면 아무 때나 살인하라'는 규칙을 받아들이는 것보다 '살인하지 말라'는 규칙을 받아들이는 것이 훨씬 나은 결과를 낳고, '살인하지 말라'는 규칙을 받아들이는 것보다 '정당방위 이외에는 살인하지 말라'는 규칙을 채택하는 것이 더 좋은 결과를 가져오기 때문이다.

규칙 공리주의자들은 자발적·적극적 안락사에 대해 찬반 논증을 동시에 제시할 것 같다. 우선, 자발적이고 적극적인 안락사를 찬성하는 규칙 공리주의자들은 이런 관행을 받아들임으로써 고통 속에서 그저 죽음만을 기다리는 많은 불치병 환자들이 안락사를 통해 괴로움을 종식시킬 수 있다는 이득을 강조할 것이다. 하지만 이를 반대하는 규칙 공리주의자들은 만약 의사가 환자를 안락사시키는 것을 허용한다면 노인들이 두려움에 떨 것이라고 주장할 것이다. 자신의 불치병이 가족에게 짐이 된다는 걸 알고 있는 노인들은 가족들이 의사에게 환자를 안락사시켜달라고 요구할지도 모른다는 생각이 들지 않겠는가.

3) 칸트의 의무론Kantian Deontology

칸트의 의무론은 의사가 환자에게 거짓말하는 것이 과연 정당화될 수 있는가 하는 문제에 직접 관련된다. 칸트의 의무론의 직접적인 함축은, 모든 사람은 타인에게 거짓말해서는 안 된다는 의무를 지고 있기 때문에 의사도 환자에게 결코 거짓말해서는 안 된다는 것이다. 불치병 진단을 받은 환자가 의사에게 자신의 병세가 어떠냐고 물어볼 때, 의사는 환자가 받을 충격을 염려해서 거짓말하고 싶은 충동을 강하게 느낄지도 모른다. 그러나 칸트의 의무론에 따르면, 아무리 좋은 의도에서 나온 행동도 거짓말하지 말라는 의무보다 앞설 수는 없다. 의사가 플라세보placebo(환자를 안심시키기 위해 주는 가짜 약)를 사용할 때도 똑같은 설명이 적용된다. 간혹 환자가 특정한 약에 심리적으로 의존하는 경우, 의사가 의학적 판단에 따라 투약을 중지하면 환자는 증세가 재발했다고 호소할 수도 있다. 이 경우 만약 플라세보를 주면 환자의 상태는 다시 좋아질 것이다. 하지만 칸트의 의무론에 따르면, 플라세보가 환자의 복지를 증진시킬 수도 있다는 사실에도 불구하고 그것을 사용하는 것은 도덕적으로 허용되지 않는다. 적어도 명백한 거짓말이 포함된 경우에는 그렇다.

칸트의 의무론에 따르면, 우리가 타인을 수단으로 사용하는 것은 도덕적으로 그르다. 따라서 생명의료 연구자가 연구대상자를 단지 수단으로 사용하는 것은 도덕적으로 그른 일이다. 이 점에서 우리는 왜 '충분한 설명에 근거한 자발적 동의voluntary informed consent'가 생명의료 연구 윤리의 기초 원리가 되어야 하는가를 이해할 수 있다. 어떤 연구자가 연구대상자를 사용하는 경우, 우리는 그 연구자의 직접적인 목적이 연구의 완결에 있다고 추정할 수 있다. 물론 그가 이 목적을 달성하려 하는 데는 다양한 이유가 있을 수 있다. 그 연구를 통해 얻어질 이론적인 지식, 그 연구를 통해 가능해질 신기술, 그 연구가 인류에게 가져다줄 이득, 학계에서 자신의 업적을 인정받는 것, 더 많은 돈을 버는 것 등등. 하지만 이처럼 이기적인 동기와 박애적인 동기가 뒤죽박죽된 것이 그 연구자의 가장 직접적인 목적일 수는 없을 것이다. 연구자들이 연구대상자를 단지 수단으로 사용하지 않으려 한다면, 그들이 실험에 참여하도록 강제하지 말아야 할 뿐 아니라 참여 여부를 이성적으로 결정할 수 있도록 그들에게 충분한 정보(특히 연구대상자들이 감수해야 할 위험에 관한 정보)를 제공해야만 한다. 인격 존중을 강조하는 칸트의 의무론은 충분한 정보를 가진 상태에서의 자발적 동의가 연구자와 연구대상자 사이에 필수적이라고 간주한다.

4) 로스의 조건부 의무론 Ross's Theory of Prima Facie Duties

의사가 환자에게 거짓말하는 것이 그 환자의 의료적 이익에 최선이라고 판단하는 경우를 생각해보자. 로스의 견해에 따르면, 신의[fidelity]의 의무 가운데 하나인 '거짓말하지 말라'는 조건부[prima facie] 의무[2]는 또 다른 신의의 의무인 '환자의 의료적 이익에 최선이 되도록 행동하라'는 조건부 의무와 상충된다. 두 의무 가운데 어느 하나도 무조건적이지는 않기 때문에 어떤 경우에는 환자에게 거짓말하지 않는 것이 의사에게 더 엄격한 의무가 되는 반면, 또 다른 경우에는 환자의 의료적 이익에 최선이 되도록 행동하는 것이 의사에게 더 우선적인 의무가 될 수도 있을 것이다.

의사가 환자를 치료하는데 그 환자의 상태 때문에 타인이 위험에 처할 수도 있는 상황을 상상해보자. 예를 들어 환자의 직업이 지하철 기관사이고, 그가 갑자기 의식을 잃을 수 있는 질병을 앓고 있다고 하자. 환자는 직업을 잃게 될까 봐 자신의 질병이 고용주에게 알려지는 걸 원하지 않는다. 이때 의사는 개인의 의료기밀을 지켜주겠다는 환자와의 약속을 저버리고 공공의 안전을 보호한다는 차원에서 고용주에게 그의 상태를 알려야 하는가? 여기서는 조건부 의무의 하나인 선행[beneficence]의 의무와 또 하나의 조건부 의무인 신의의 의무, 즉 환자의 의료기밀을 지켜줘야 하는 의무가 상충된다.

환자를 치료할 때 의사의 처방을 따라야 하는 것은 간호사의 명백한 의무이다. 간호사는 병원에 고용됨으로써 의사의 처방을 수행하는 조건부 의무를 지게 된다. 그런데 간호사가 만약 의사의 지시를 따르면 환자에게 해가 될 것이 명백하다고 판단한 경우, 간호사는 심각한 도덕적 딜레마에 빠지게 된다. 이를 로스의 용어로 표현한다면, 의사의 처방에 따라야 한다는 한 가지 조건부 의무는 다른 두 가지 조건부 의무와 상충되고 있다. 첫째, 악행 금지nonmaleficence의 의무이다. 간호사는 타인에게 결과적으로 해가 될 행동을 해서는 안 된다. 둘째, 간호사에게는 또 다른 신의의 의무, 즉 환자의 의료적 이익에 최선이 되도록 행동한다는 암묵적 계약 또는 동의로부터 도출된 의무가 있다. 간호사에게 이 두 가지 조건부 의무가 의사의 처방을 따라야 하는 조건부 의무보다 앞설 것인가? 우리의 도덕 직관상(또한 로스의 이론에서도) 악행 금지의 의무는 엄격한 것이기에, 환자에게 가해질 잠재적인 해가 중대할 경우 간호사는 의사의 지시를 따르는 것이 도덕적으로 그르다고 결론 내려야 할 것이다.

안락사의 문제를 로스의 이론 안에서 재구성해보면, 안락사는 선행의 의무와 악행 금지의 의무 간의 상충을 포함하는 하나의 도덕적 딜레마이다. 불치병에 걸린 환자가 견딜 수 없는 고통에 시달리고 있을 때, 고통 없이 즉각 죽게 해주는 것은 그에게 선행을 베푸는 것이다. 따라서 선행의 의무, 즉 심한 고통을 받는 사람에게 도움(안락사)을 주어야 한다는 조건부 의무와, 타인을 죽여서는 안 된다는 악행 금지의 의무라는 조건부 의무가 존재한다.

생명의료윤리의 네 가지 원칙[3]

여기서 다루는 생명의료윤리의 네 가지 원칙은 미국의 생명의료윤리 학자 톰 비첨Tom Beauchamp과 제임스 칠드레스James Childress가 그들의 저 서《생명의료윤리학의 원리Principles of Biomedical Ethics》에서 제안한 생명 의료윤리학 방법론이다. 이를 흔히 원칙주의principlism라 부르는데, 이 는 전통적인 하향적 접근법에 속하면서도 그것을 좀 더 구체화시킨 방법이다. 전통적인 하향적 접근법은 대체로 하나의 궁극적인 도덕 이론을 내세우고 그 이론으로 모든 생명의료윤리 문제를 해결하려 한다. 반면 원칙주의는 네 가지 원칙을 구체적인 의료윤리 문제에 적 용시켜 도덕적인 답을 찾아가는 방법이다. 네 가지 원칙이란 자율성 존중의 원칙, 악행 금지의 원칙, 선행의 원칙, 정의의 원칙이다.

1) 자율성 존중의 원칙

자유민주주의 사회는 개인의 자율성을 존중한다. 의사의 진단과 치 료 역시 자유민주주의 사회에서 이루어지는 행위이다. 그러므로 의 료행위 역시 개인의 자율성을 최대한 존중해야 한다는 것이 바로 자 율성 존중의 원칙이다. 의사가 일방적으로 환자의 진료를 결정하는 것이 아니라, 어디까지나 환자의 자율적 의사意思에 따라 진료해야 한 다는 것이다.

자율성을 존중하려면 우선 개인의 자율적 의사가 무엇인지 알아야 한다. 즉 의사는 진료행위를 하기 전에 환자의 동의를 얻어야 한다. 그런데 여기서 문제가 발생한다. 의료행위는 고도의 전문성이 요구되는데, 의사는 전문지식을 갖고 있지만 환자는 문외한이다. 이런 비대칭성 때문에 환자의 동의가 진정한 동의인가 하는 문제가 제기된다. 생명의료윤리에서는 이를 '충분한 설명에 근거한 동의' 문제라고 한다. 일반적으로 윤리학에서는 아무것도 모르고 한 행위나 동의는 도덕적으로 의미가 없다. 그래서 의미 있는 동의가 이루어지려면 동의할 대상에 대한 정보가 필요하다. 그러면 의사는 언제나 질병과 관련된 모든 정보를 솔직하게 환자에게 알려주어야 하는가?

여기서 일차적으로, 의사는 환자에게 진실을 말해야 하는가 하는 윤리적 물음이 제기된다. 의사는 환자의 질병을 치료하고 건강을 보호하는 것을 목적으로 하는데, 진실을 말하는 것이 환자의 치료에 오히려 해롭다면 어떻게 해야 하는가? 정보공개에 한계가 있다면, 의사는 어느 정도까지를 환자에게 알려주어야 하는가? 여기에는 의사가 환자에게 의도적으로 거짓말을 하는 플라세보의 윤리성 물음도 관련되어 있다. 의사가 환자의 치료를 위해 의도적으로 플라세보를 사용하는 것은 환자의 자율성을 훼손하는 것이 아닌가? 자율성을 훼손한다 해도 허용되어야 한다면, 그 정당한 근거는 무엇인가? 질병과 관련된 정보를 모두 안다고 해서 환자의 결정이 모두 윤리적으로 효력을 갖는 것은 아니다. 예를 들어 정신장애인의 의사는 존중하기 힘들다. 그렇다면 충분한 정보에 의거한 동의를 표명할 수 있는 능력은 어느 정도여야 하는가? 이러한 물음들을 자율성 존중의 원칙에서 일차적으로 다루어볼 만하다.

  나아가 자율적 의사를 표명할 수 없는 환자도 많다. 교통사고로 식물인간이 된 환자에게는 동의를 얻을 수 없다. 그러면 누구를 환자의 대리인으로 할 것인가? 1998년 서울 보라매병원에서는 중환자가 자의로 퇴원한 뒤에 사망하여 담당 의사가 살인죄로 기소된 일이 있었다. 이 사건의 배후에는 바로 자기의사를 표현할 수 없는 환자의 의사를 어떻게 확보하는가라는 물음에 대한 의사들과 법원의 견해 차이가 숨어 있었다. 이는 참으로 어려운 문제이지만, 대체로 세 가지 견해가 있다. 대리판단 표준, 순수자율성 표준, 환자의 최선이익 표준이 그것이다. '환자를 위해 대리인 자신이 무엇을 원하는가'가 아니라 '이 환자가 의사를 표현할 수 있다면 이 상황에서 무엇을 원했겠는가?'라는 물음에 따라 결정을 내리는 것을 대리판단 표준이라고 한다. 이는 환자를 가장 잘 아는 대리인을 선정해서 그 환자가 자율적 능력을 지녔다면 이 상황에서 어떤 결정을 내렸을지를 찾는 방법과, 그 환자와 같은 질병에 걸린 합리적인 사람들이 대부분 어떤 결정을 내리는지를 찾는 방법으로 나누어진다. 순수자율성 표준은 환자가 의사표현 능력을 상실하기 전에 표명한 견해를 대리인이 그대로 전달하는 방법을 말한다. 사전 의사결정advance directive의 하나인 생전 유언living will이 대표적인 방법이다. 환자의 최선이익 표준은 말 그대로 그 상황에서 무엇이 환자에게 최선의 이익이 되는가를 찾아내는 것으로, 삶의 질 표준을 말한다.

2) 악행 금지의 원칙

히포크라테스 선서에는 '환자에게 해악을 입히거나 환자의 상태를 악화시키는 데는 의술을 결코 사용하지 않겠다'라는 내용이 담겨 있는데, 이를 악행 금지의 원칙이라 부른다. 언뜻 보기에 의사가 환자에게 해악을 끼쳐서는 안 된다는 원칙은 자명해 보이지만, 좀 더 깊이 생각해보면 여러 가지 윤리적인 문제가 야기된다. 보라매병원 사건의 경우, 담당 의사에게 형사상 책임을 물은 이유는 의사가 바로 이 악행 금지의 원칙을 어겼다고 보았기 때문이다.

우선 개념적으로 '악행'이란 정확히 무엇을 말하는가? 정신적 해악이나 재산상의 손실 등도 악행에 속하지만, 의료윤리학에서는 신체적 악행이 우선적인 고려 대상일 것이다. 악행이 무엇인지 밝혀져도 우리는 딜레마에 부딪히게 된다. 인간의 능력에는 한계가 있기 때문에 부득이하게 악행을 할 수밖에 없는 경우가 있기 때문이다. 신장 이식 수술을 할 때 우리는 기증자로부터 신장 하나를 제거할 수밖에 없다. 이 경우 신장 제거는 분명 기증자에게 악행을 하는 것이지만, 이는 다른 환자를 살리는 데 불가피하게 요구된다. 여기서 우리는 어느 정도까지 악행이 허용되며, 어떤 조건 아래서 악행이 허용되는가 하는 물음을 던지지 않을 수 없다.

사람과 사람 사이에서 제기되는 이런 상충뿐 아니라, 모든 행위가 지닌 양면성 때문에 한 개인에게도 이처럼 상충되는 물음이 일어난다. 의료행위 역시 긍정적인 측면과 부정적인 측면을 동시에 지닌다.

예를 들어 감기 환자에게 주사를 놓는 것은 감기 바이러스를 죽이는 데 기여하여 콧물이나 기침을 멈추게 해주지만, 다른 한편으로 인체에 부작용을 일으킨다. 이럴 경우 우리는 그 부작용을 기꺼이 감수한다. 엄밀히 말하면 이 경우에도 의사는 환자에게 악행을 한 것이다. 그러나 이 악행은 정당화된다. 이처럼 부작용이 있는데도 정당화되는 의료행위는 수없이 많다. 그러면 그 정당한 근거는 무엇인가? 이것은 이중결과의 원리principle of double effect와 관련된 물음이다. 이중결과의 원리는 어떤 행위의 결과로 선한 결과와 악한 결과가 모두 초래될 때, 그 행위가 정당화될 수 있는 조건들을 규정한 이론이다. 이에 따르면 행위의 본래적 성질, 인과성, 의도, 균형성 같은 기준이 만족될 경우, 비록 나쁜 결과가 발생해도 그 행위는 도덕적으로 정당화된다. 의사가 감기를 낫게 하려고 주사를 놓았지, 부작용을 일으킬 의도로 주사를 놓은 것은 아니기 때문에 정당화된다는 것이다. 따라서 이중결과의 원리를 어떻게 해석하느냐에 따라 부작용이 있는 의료행위의 정당성이 달라질 수도 있다.

그러나 일부 학자들은 이중결과의 원리를 거부하고 선택적 치료와 의무적 치료를 구분함으로써 악행 금지의 기준을 세우려 한다. 의사에게는 금지된 진료와 해야 하는 진료가 있는데, 이를 어기는 것은 악행 금지의 원칙에서 벗어난다. 하지만 선택적 진료의 경우, 의사와 환자의 합의에 따라 진료행위가 이루어져야 한다. 이 같은 의료행위의 구분은 어디까지나 환자의 이익과 해악을 고려하여 결정된다. 하지만 다원주의 사회에서 무엇이 환자에게 이익이 되고 해악이 되는지에 관한 객관적 기준이 없기 때문에 이런 입장을 적용하는 데도 역시 어려움을 낳는다. 회복 불가능한 환자가 인공호흡기로 생명을 유지하는 경우, 의사는 인공호흡기를 제거해서는 안 되는가? 물론 인공호흡기를 제거하면 환자는 사망한다. 이때 우리는 인공호흡기를 제거하는 것과 유지하는 것 중 어느 쪽이 환자에게 악을 행하는 것인지 묻지 않을 수 없다.

우리는 일반적으로 죽임killing과 죽게 내버려둠letting die을 구분하고, 전자를 도덕적으로 더 비난한다. 이 비난이 정당화되려면 무엇보다 한 가지 사실로 이 둘을 구분할 수 있어야 하고, 나아가 이 구분이 도덕적으로 의미 있다는 것을 보여줄 수 있어야 한다. 물론 이 둘이 쉽게 구분되는 경우도 있다. 의대생이 한탄강에서 데이트를 즐기고 있는데, 여덟 살 꼬마가 물놀이를 하다가 물에 빠져 허우적거린다고 가정해보자. 그런데도 의대생이 꼬마를 구해주지 않았다면, 이 경우는 분명 죽도록 내버려둔 것에 해당한다. 하지만 의대생이 물속에 뛰어들어 아이를 구해 응급조치를 하다가, 날도 저물고 또 학교 수업도 있어서 아이를 방치하고 돌아왔다고 하자. 이 경우 의대생은 아이를 죽인 것인가, 아니면 죽도록 내버려둔 것인가? 보라매병원 사건도 후자의 사례와 비슷하다. 응급 환자의 경우 이런 일이 발생하기 쉽다. 즉 응급 환자를 치료하다 사망한 경우와 아예 치료하지 않은 경우, 우리는 이 각각을 어떻게 평가해야 하는가? 이는 치료 유보와 치료 중단이 도덕적 평가에서 구분되는지 여부의 물음이기도 하다.

3) 선행의 원칙

도덕은 우리에게 타인의 복지에 기여하라고 요구한다. 이것을 의사에게 적용하면, 의사는 타인의 질병을 치료하고 건강을 증진하도록 노력해야 한다. 이를 생명의료윤리에서 선행의 원칙이라 부른다. 악행 금지와 선행을 분명하게 구분하기는 어렵지만, 적어도 선행의 원칙은 악행 금지의 원칙을 넘어서 해악의 예방과 제거, 그리고 적극적인 선의 실행을 요구한다. 악행 금지 원칙과 달리 선행의 원칙은 적극적인 선의 실행을 요구하기 때문에 이 경우는 공평성의 원칙이 지켜지지 않는다. 다시 말해 우리는 모든 사람에게 악행을 저질러서는 안 되지만, 모든 사람에게 선행을 할 의무는 없다. 그래서 특정 관계에 따른 차별적인 선행이 허용된다. 학자들은 과연 이런 선행이 도덕적 의무에 속하는가에 대해 의견을 달리하고 있다. 하지만 응급 환자를 치료하지 않은 의사는 의사라는 특수성을 이유로 대부분의 나라에서 부도덕한 인간으로 지목되고 형사적 책임을 지기도 하며, 심지어 진료를 거부할 자유조차도 인정받지 못한다. 의사는 선행을 할 도덕적 의무를 지니는가? 지닌다면 그 근거는 무엇인가? 일반적 선행은 호혜성에 근거를 둔다. 인간은 혼자서 살아가는 존재가 아니라 타인의 도움을 필요로 하기에 서로 도우면서 살아야 한다는 것이다. 하지만 특정한 선행, 특히 의사에게 요구되는 선행의 의무는 의사와 환자의 계약에 따라 성립한다. 환자가 의사에게 진료를 받겠다고 할 때, 이미 그 속에는 의사가 환자에게 선행을 베풀 의무가 함축되어 있다는 것이다. 이렇게 해도 문제가 완전히 해소되는 것은 아니다. 왜냐하면 어디까지가 의사의 역할에 따른 의무이고, 어디까지가 그 이상인지를 판가름하기 어렵기 때문이다.

선행의 원칙은 타인의 선을 적극적으로 증진시키라는 요구이기도 하다. 이는 흔히 온정적 간섭주의로 알려져 있다. 온정적 간섭주의란 부모가 자식의 행복을 위해 좋은 것을 강요하듯이, 당사자의 의사와 상관없이 타인의 선을 증진해야 한다는 것이다. 온정적 간섭주의가 성립되려면 우선 무엇이 당사자에게 선이 되는지를 알아야 한다. 이를 일반적으로 삶의 질이라고 부를 수 있다. 그러나 삶의 질이 무엇인지에 대해서는 학자들마다 서로 다른 주장을 하고 있다. 예를 들어 선행의 원칙은 말기 암 환자에게 무엇을 요구하는가? 적극적 안락사를 시키는 것은 선행의 원칙에 어긋나는가? 자살하도록 도와주는 것이 도덕적으로 잘못인가? 이러한 물음들은 단순히 인간의 생명이 아니라 삶의 질을 참작한 생명을 염두에 둘 때 그리 쉽게 답할 수 없는 것들이다.

온정적 간섭주의에 근거를 둔 선행의 원칙은 무엇보다 자율성 존중의 원칙과 상충된다는 문제점이 있다. 자율성과 관련하여 온정적 간섭주의는 약한 형태와 강한 형태로 구분된다. 전자는 환자가 반대 의사를 표명하지 않는 한 환자의 이익을 위해 간섭해야 한다는 주장이고, 후자는 환자가 반대해도 환자의 이익을 위해 간섭할 수 있다는 주장이다. 보라매병원 사건에서 의사에게 책임을 물은 밑바탕에는 바로 강한 온정적 간섭주의가 자리 잡고 있다. 그래서 이 둘의 조화가 중요한 물음으로 부각된다. 선행의 원칙을 강조하면 개인의 자율성이 말살되기 때문이다. 이 둘을 조화시킬 체계적인 규칙이나 기준은 아직 마련되어 있지 않으며, 심지어 그런 기준은 바람직하지 않다고 주장하는 이도 있다. 대체로 하나의 의료행위가 이루어지는 구체적인 맥락에 따라 온정적 간섭의 정당화가 달라진다는 견해가 지배적이다. 하지만 대략적인 기준조차 없으면, 온정적 간섭이 임의적으로 행해져 분쟁의 씨앗이 될 수 있다.

이런 적극적인 선행의 원칙 외에 효용_{utility}의 물음도 중요하다. 즉, 이득과 손실의 균형을 요구한다는 것이다. 이득의 창출이나 해악의 제거와 예방에는 위험부담이 따르게 마련이므로 이 둘의 균형은 선행의 원칙에서 중요하게 고려되는 요인이다. 하지만 이는 이득과 손실에 관한 통계적인 분석을 요구하기에 이 글에서는 다루지 않기로 한다.

4) 정의의 원칙

대학병원에서 인공심장을 개발하는 문제를 한번 살펴보자. 여기에는 많은 자금이 들어간다. 그 연구 기금을 어떻게 마련할 것인가? 일차적으로 생각할 수 있는 것은 국가의 보조를 받는 일이다. 아니면, 현재 인공심장이 필요한 심장병 환자들을 대상으로 기금을 마련하는 것은 어떤가? 병원의 이익금을 인공심장 개발비로 사용하는 것은? 인공심장이 절실히 필요하다고 느끼는 사람은 어떤 방법으로든 기금만 마련하면 그만이라고 생각할지도 모른다. 그러나 의료행위 역시 국가나 사회라는 틀 안에서 행해지는 사회적 성격을 갖는다는 점을 생각하면 그리 간단하지 않다. 범위를 좁혀서 이 일이 A대학병원이라는 하나의 집단에서 행해지는 행위라 할지라도 문제는 쉽지 않다. 왜냐하면 A대학병원을 찾는 환자들 가운데는 심장병 환자만 있는 것이 아니고, 대학병원의 연구 기금 또한 한정되어 있기 때문이다. 어느 한 분야에 연구비를 많이 투자하면 다른 분야에는 상대적으로 적게 투자할 수밖에 없지 않은가? 이 경우 우리는 연구비나 예산을 어떻게 분배해야 하는가의 물음에 부딪히는데, 이것이 바로 '사회정의의 물음'이다. 거시적 차원의 의료 자원 할당 문제는 이보다 훨씬 광범위하다. 보건의료는 여러 가지 요소가 복합적으로 관련되어 있기 때문이다. 우선 국가 예산 가운데 보건의료 예산을 얼마로 할당할 것인가? 이렇게 할당된 예산을 어떻게 집행할 것인가? 의약품이나 새로운 의술 개발에 투자하는 비용은 어느 정도로 할 것인가? 국민에게 어떤 의료보험제도를 시행하는 것이 정의로운가?

기금이 마련되고 연구가 성공적으로 진행되어 인공심장이 개발되었다고 하자. 그러면 이 인공심장을 어떤 환자에게 이식할 것인가? 원하는 사람에게 모두 이식할 만큼 인공심장이 충분히 마련된다면 이런 질문은 별 의미가 없겠지만, 생산 비용이 많이 들고 또 그 수량이 한정적일 때는 이 문제를 간과할 수 없다. 또 이식 수술도 보험 적용 대상에 포함시킬 것인가? 이는 인공심장뿐만 아니라 자연적인 신체 기관의 모든 이식 수술에 해당되는 문제이다. 즉 의료 자원이 한정되어 있을 경우 환자를 선택하는 기준이 문제시된다. 이 역시 분배적 정의에 관한 물음이다. 그뿐만 아니라 병실은 만원인데, 진료가 더 이상 무의미한 환자가 계속 입원을 고집할 경우 의사는 어떻게 해야 하는가? 그 환자를 강제 퇴원시킬 경우 다른 더 많은 환자에게 기쁨을 주고, 심지어는 치료를 못 받아 죽어가는 환자를 살릴 수 있다면 의사는 어떻게 해야 하는가? 아울러 정의의 원칙에서는 최소한의 의료를 받을 권리right to a decent minimum of health care 또한 논의된다. 인간은 누구나 신분이나 경제적 능력과 상관없이 인간의 존엄성을 유지하기 위해 최소한의 의료권을 지니는가? 지닌다면 그 정도는 얼마만큼인가?

이런 물음의 배후에는 '정의란 무엇인가'라는 윤리학적 주제가 자리 잡고 있다. 정의는 흔히 '각자에게 각자의 몫을 돌려주는 것'으로 정의된다. 그러나 이는 하나의 형식적 정의에 불과해서 우리에게 아무런 지침을 주지 못한다. 따라서 각자에게 각자의 몫을 결정하는 기준을 마련하는 것이 시급하다. 이를 '실질적인 정의관'이라고 한다. 전통적으로는 성과에 따른 분배, 능력에 따른 분배, 노력에 따른 분배, 필요에 따른 분배 등 네 가지 기준이 제시되고 있다. 그러면 의료 자원의 분배는 어떤 원칙에 따라 이루어져야 하는가? 의료계에서 말하는 의학적 유용성이란 일종의 성과에 따른 분배를, 사회적 유용성은 능력에 따른 분배를 의료 관행에 각각 적용시킨 결과로 볼 수 있다. 네 가지 분배 기준을 모두 고려한다면 어느 기준에 우선성을 둘 것이며, 종합적인 계산 방법은 무엇인가?

윤리는 사실을 다루는 것이 아니라 당위를 다루기 때문에 당위라는 잣대가 없다면 의료행위는 전혀 문제시되지 않을 수 있다. 하지만 진찰과 치료 역시 인간의 생명과 신체를 다루는 행위이기에 우리는 윤리를 무시할 수 없다. 지금까지 다룬 네 가지 윤리 원칙은 비록 완전 무결한 것은 아니지만, 의료행위를 평가하는 윤리적 잣대 구실을 하기에 충분하다. 각각의 윤리 원칙을 적용하는 데는 어려움이 있을 뿐 아니라 하나의 의료행위에 이 네 가지 원칙을 적용할 때 생기는 상호 간의 충돌을 피할 수 없다. 사실 대부분의 의료행위에는 이 네 가지 원칙이 관련되어 있기 때문이다. 생명의료윤리를 공부하는 학생들은 이에 대해 하나의 체계적 규칙이나, 상충되는 물음을 해결해주는 제3의 원리가 있으면 좋겠다고 생각할 것이다. 그러나 원칙주의를 주장한 비첨과 칠드레스는 이에 반대한다. 철저하게 결정권자나 결정 집단의 지혜로운 판단에 맡길 따름이다. 그것은 구체적인 사례의 복잡성을 모두 고려한 체계적인 잣대는 현실적으로 불가능하고, 또 우리는 구체적 상황의 특수성을 무시할 수 없기 때문이다. 특히 문화에 따른 가치관의 다양성을 수용해야 하기 때문이다.

생명의료윤리의 문제는 병원이나 의료인의 전유물이 아니다. 글자 그대로 생명을 다루는 문제요, 윤리를 다루는 문제요, 의료행위와 관련된 문제이다. 따라서 생명의료윤리 문제에 대한 해결책은 의사들이 단독으로 결정할 사항이 아니다. 그러자면 이 문제들을 함께 연구하고, 또 구체적인 문제가 생겼을 때 공동으로 해결책을 찾으려는 시스템이 필요하다. 의사·간호사·윤리학자·종교인·법률가 등이 참

여하는 병원윤리위원회 같은 조직이 활성화되어야 할 것이다. 언뜻
이는 의사의 고유 권한을 침범하고 의료행위를 방해하는 요인처럼
생각될지 모른다. 하지만 이는 어디까지나 의사의 책임을 면제하고
사회가 그 책임을 공동으로 맡는다는 의미로 해석되어야 할 것이다.

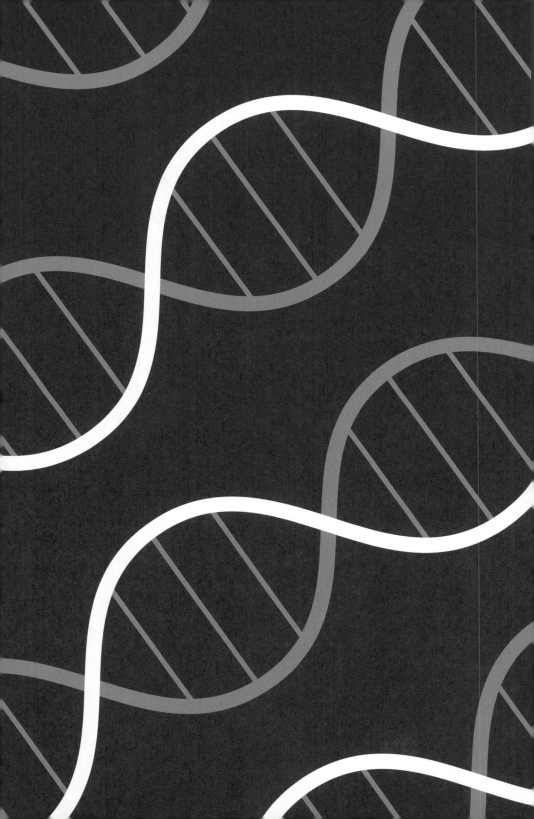

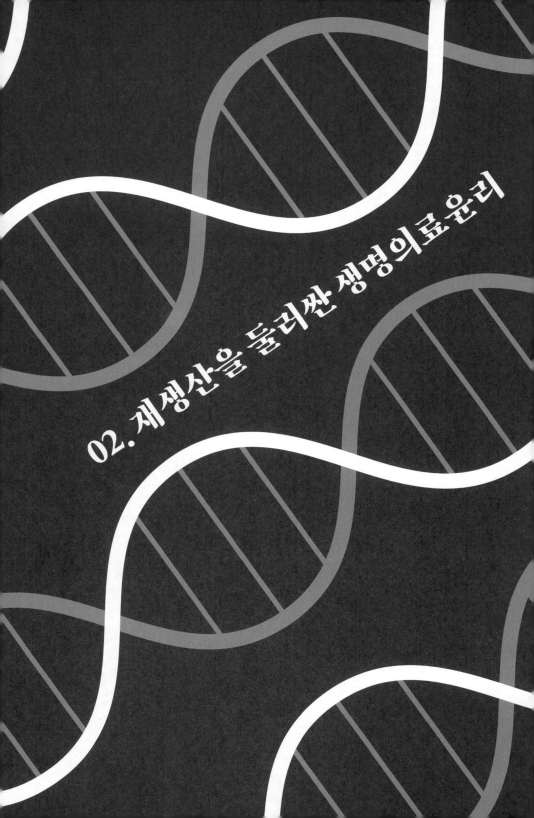

02. 재생산을 둘러싼 생명의료윤리

2

인간의 생명은
언제 시작되는가[1]

+ 피터 싱어Peter Singer

어느 미국인 부부의 고민

1976년 12월, 미국 여성 페기 스틴슨Peggy Stinson은 임신 24주째였지만 임신이 순탄하지 못했다. 태반이 자리를 잘못 잡는 바람에 출혈이 멎지 않았고, 그로 인해 그녀와 태아의 생명이 위협받고 있었다. 태아가 살아날 가망이 없지는 않았으나, 살아서 태어난다 해도 신체가 심하게 손상될 상황이었다. 이런 점들을 고려하여 페기와 남편 로버트 스틴슨Robert Stinson은 임신중절에 관해 의논했다. 비록 임신 중기이기는 했지만 그들이 살고 있던 미국 전역에서는 임신중절이 안전하고도 합법적으로 행해지고 있었다. 다음에는 정상적인 아이를 가질 수도 있을 것이었다.

남편과 의논이 채 끝나지 않은 다음 날, 페기는 아이를 조산했다. 남자아이였고 앤드류라고 이름을 지었다. 그러나 조산인 탓에 살아

날 수 있을지 불확실했고, 만약 살아난다 해도 뇌 손상과 신체장애가 발생할 위험이 높았다. 스틴슨 부부는 앤드류의 생명을 구하기 위해 비통상적인 치료를 하지 말 것을 요청했지만, 앤드류의 담당 의사들은 자신들이 권하는 치료에 동의하지 않으면 그들을 법원에 고소하겠다고 으름장을 놓았다. 앤드류는 산소호흡기를 부착한 상태로 계속 치료를 받았고, 심지어 뇌 손상이 확실해진 이후에도 치료는 계속되었다. 이 때문에 페기는 아기의 삶과 죽음의 갈림길에서 고심하게 되었다. 그녀는 일기에 다음과 같이 썼다. "여성은 24주째에도 임신 중절을 통해 건강한 임신을 끝낼 수 있고, 그것은 합법적이다. 24주째에 조산으로 임신이 끝날 수도 있지만 이때 아기는 어떠한 대가를 치르더라도 반드시 살려내야 한다. 그렇지 않으면 불법이고 비도덕적이다."

출산에 대한 이러한 관점의 차이 때문에 혼란을 겪은 사람은 페기 스틴슨만이 아니다. 임신중절 문제에 대해 스틴슨 부부와 정반대 입장을 취하고 있는 생명 옹호론자들도 종종 같은 점을 지적한다. 어떻게 한 병원의 신생아 중환자실에서는 의료진이 미숙아를 살리기 위해 24시간 동안 헌신적인 노력을 아끼지 않는 반면, 바로 옆 병동에서는 그 미숙아들보다 더 많이 자란 태아를 유산하는 시술이 행해지고 있는가?

이러한 혼란의 또 다른 면에는 임신한 여성이 뇌사 상태에 빠졌을 때 그녀의 목숨을 유지시켜야 하는가 하는 불확실한 문제가 있다. 산모가 사망해버리면 태아의 지위는 어떻게 되는가? 태아의 생명을 유지하기 위해 산모의 신체적인 기능을 유지시키는 것이 과연 가치 있는 일인가? 다 자란 태아와 미숙아 사이에는 어떤 차이점이 있는가? 만약 태아의 생명을 구하기 위해 크나큰 고통을 겪고 많은 비용을 들이는 것이 정당하다면, 이러한 판단이 임신중절을 결정할 권리와 어떻게 조화를 이룰 수 있는가?

태어난 아이와 태어나지 않은 태아에 대한 이러한 차별적인 취급이 어떻게 윤리적으로 일관되게 설명될 수 있겠는가? 인간의 생명을 신성시하는 관점의 윤리학으로는 그것을 설명할 수 없다. 임신중절을 인정하면 전체 도덕 질서가 위협받을 것이라고 보았던 교황 요한 바오로 2세Pope John Paul II 같은 보수적인 도덕가들의 생각은 아주 정확했다.[2] 1960년대와 1970년대에 일어난 임신중절에 대한 윤리적·사회적·법적 태도의 심상치 않은 변화는 인간 생명을 신성시하는 전통적인 관점에 반대한 최초의 큰 흐름이었다.

만약 어떤 부모가 더 이상 자녀를 낳고 싶지 않거나 자신들의 일을 방해받고 싶지 않거나 태아가 다운증후군을 가지고 있을 때 임신중절을 결정하는 것이 정당하다고 생각한다면, 이러한 판단은 인간 생명에 대한 우리의 견해와 어떤 관계가 있다. 도덕이란, 일부에서 주장하는 것처럼 완전무결한 전체도 아니지만 개별적인 조각들의 집합도 아니다. 임신중절의 인정은 인간 생명을 신성시하는 윤리에 또 다른 압력이 되고 있다. 임신중절을 인정함으로써 가장자리에서부터 허물어지기 시작한 전통 윤리는 결국엔 그 전체가 위태로워질 것이다. 교황 요한 바오로 2세가 미처 예상하지 못했던 것은 전통 윤리가 이제 더 이상 그대로 지탱되기 어렵고 대체될 필요가 있다는 점이다.

태아의 생명인가 여성의 선택인가

내가 앞서 제시한 견해는 심지어 합법적인 임신중절을 지지하는 사람들 사이에서도 폭넓게 받아들여지지 않을 것이다. 임신중절 반대 운동가들은 스스로를 '생명 옹호론자pro-life'라고 일컫지만, 임신중절을 옹호하는 사람들은 자신들을 '생명 반대론자'나 '태아의 생명권 반대론자'로 자처하지는 않는다. 그들은 '선택 옹호론자pro-choice'라는 명분을 내세워, 임신을 지속할지 여부를 선택하는 것은 여성의 권리라고 주장한다. 그들은 태아가 언제 최초로 생명에 대한 권리를 가지는가 하는 문제에 대해 특정한 입장을 취하기를 꺼린다. 이것이 좋은 처세술일지는 모르나 철학적으로는 바람직한 태도가 아니다. 마치 성인들이 서로 동의하에 성행위를 하는 것처럼 임신중절 문제를 개인이 선택할 문제로 보는 데에는 태아를 중요한 존재로 여기지 않는다는 전제가 이미 깔려 있다. 태아의 생명권이 인간의 생명권과 동등하다고 생각하는 사람들은 임신중절 문제를 결코 선택의 문제로 보지 않는다. 이는 노예제도의 문제를 단지 노예 소유주의 문제로 보지 않는 것과 마찬가지이다.

학생들과 토론하면서 내가 임신중절 여부를 선택할 권리와 노예 소유주가 노예를 가질 것을 선택할 권리 사이의 유사점을 지적하면 이런 말을 하는 학생들이 종종 있다. "맞습니다. 그렇지만 노예는 선택할 능력을 가지고 있기 때문에 노예 소유주들뿐만 아니라 노예들도 자유롭게 선택할 수 있어야만 합니다!" 물론 이 말은 옳다. 하지만 이것이 시사하는 바는 무엇인가? 이는 태아의 능력이 성인과 다르기 때문에 우리가 태아의 권리와 노예의 권리가 같다고 생각하지 않음을 보여준다. 그리고 생명권을 포함한 인간의 기본적인 권리가 바로 이 선택할 수 있는 능력으로부터 나온다는 것을 암시한다. 이 입장은 태아에게 선택할 능력이 없다는 이유로 태아의 기본적인 권리를 명백히 부인하고 있다. 이런 의미에서 그것은 '선택 옹호론'일 뿐만 아니라 '태아의 생명권 반대론'이기도 하다.

한편, 임신중절의 합법화를 지지하는 사람들을 '선택 옹호론자'로 일컫는 것이 옳지 않듯이, 임신중절 반대 운동을 '생명 옹호론'으로 부르는 것도 잘못이다. 생명 옹호론자들 가운데에는 채식주의자들이 거의 없다. 그들은 인간의 생명과 동물의 생명을 엄격히 구분한다. 다시 말해 그들은 인간의 생명은 보호하려 하는 반면, 먹기 위해 동물을 살생하는 것은 전혀 문제 삼지 않는다. 이런 이유 때문에 생명 옹호론은 '인간 생명 옹호론'으로 불리는 것이 마땅하다. 그러나 그들조차 전쟁이나 사형으로 인간을 죽이는 것에는 반대하지 않는다.

인간이 언제 생명권을 가지느냐 하는 문제에 대해 임신중절의 합법화를 옹호하는 사람들은 결코 중립적 태도를 취할 수 없다. 임신중절을 옹호하는 것은 태아의 생존권이 산모의 선택권보다 덜 중요하다는 판단을 은연중에 내리고 있는 것이다. 이런 판단이 정당화될 수 있을지도 모르지만, 적어도 그것은 모든 인간의 생명이 똑같이 신성 불가침하다는 생각을 거부하고 있다. 잉태되는 순간부터 인간의 생명을 보호해야 한다는 생각이 언제나 전통적인 윤리의 일부였던 것은 아니다. 유대교의 가르침에 따르면 임신중절은 결코 살인과 동일시되지 않으며, 성경에서도 예수는 임신중절에 대해 언급하지 않았다. 가톨릭 자유주의자들은 중세에 토마스 아퀴나스Thomas Aquinas 같은 기독교철학자들이 임산부가 태동을 느끼기 전까지는 인간 배아나 태아를 미정형 상태로 간주했음을 종종 지적한다. 아퀴나스는 산모가 처음으로 태동을 느끼는 순간부터 태아는 영혼을 얻게 되고, 남자아이는 임신 후 40일, 여자아이는 임신 후 80일이 지나면 영혼이 들어온다고 믿었다. 과학적 지식이 없었던 당시에 생명의 시작을 이렇게 생각한 것도 무리는 아니다. 따라서 태동이 있기 전에 임신중절을 하는 것은 살인이 아니라 인구 조절의 수단으로 여겨졌다. 로마 가톨릭교회가 잉태된 순간부터 행해지는 모든 임신중절을 살인으로 간주한 것은 19세기 이후의 일이다.

이처럼 잉태된 순간 이후의 모든 임신중절은 죄라는 가톨릭의 교리는 그리 오래된 것이 아니다. 그렇지만 이렇게 견해를 바꾼 것은 인간 생명의 신성성을 중시하는 교회의 입장에서 볼 때 분명히 일리가 있는 변화였다. 현대 생물학에 의해 초기 인간 발달의 실체가 밝혀지자 교회로서는 토마스 아퀴나스의 비과학적인 이론을 단념할 수밖에 없었다. 인간 생명의 시작이 태동 때부터라는 견해를 포기하자, 그렇다면 인간 생명의 시작이 언제부터인가라는 곤란한 질문이 제기되었고, 교회의 입장에서는 그 질문에 제대로 답하기가 어려웠다. 그리하여 교회는 임신이 된 순간부터 모든 임신중절을 금지한다는 교리를 정하기에 이르렀다.

임신중절의 역사는 형법에서도 비슷한 패턴을 따른다. 영국의 관습법과 영국 관습법의 전통을 따르는 다른 나라에서 임신중절은 태아가 움직이고 살아 있는 경우에만 범죄에 해당했다. 19세기에 영국에서, 뒤이어 미국에서 이 법이 바뀌어 잉태 후 어떠한 시기에라도 임신중절은 범죄로 간주되었다. 새로운 법이 생겨난 데에는 몇 가지 이유가 있었다. 미국에서 정규 의과대학 교육을 받은 의사들이 이 새로운 법을 강력히 지지했는데, 그들은 정규 교육을 받지 않은 채 의료행위를 하는 사람들과 자신들을 구별하기를 원했다. 정규 의사의 특징들 가운데 하나는 히포크라테스 선서를 준수한다는 것이었다. 히포크라테스 선서는 의사들의 임신중절 수술을 금지하고 있다.[3] 또한 비정규 의료인들보다 과학적인 지식이 더 많았던 정규 의사들은 태동이 인간 생명의 시작이 아니라는 사실을 알고 있었다. 이런 이유로 정규 의사들은 태동을 보이는 태아의 생명만을 보호하는 당시의 법률을 비과학적인 것으로 여겼던 것이다.

19세기 중반에 새로 출범한 미국의사협회American Medical Association, AMA는 임신중절 반대 운동의 포문을 열었다. 1859년 미국 루이스빌에서 개최된 전국대회에서 대의원들은 만장일치로 당시의 임신중절 관행을 비판했다. 미국의사협회는 더 엄격한 임신중절 금지 법안을 만들어줄 것을 주 의회 의원들에게 요청했다. 이에 대한 반대는 거의 없었다. 19세기의 페미니스트들 또한 임신중절이 금지되어야 한다는 점을 인정했다. 그들의 관심사는 오로지 여성들이 지고 있던 임신중절의 책임을 남성에게 넘기는 것뿐이었다. 그들의 주장은 남성들이 성욕을 좀 더 자제하고 아내들이 육아에 너무 매이지 않게 해주어야 한다는 것이었다. 원하지 않는 임신에 대한 당시 페미니스트들의 해법은 합법적인 임신중절이 아니라 성적 금욕이었던 셈이다.

임신중절 합법화에 대한 여론이 전혀 없었던 당시의 분위기를 감안하면, 임신중절 반대 운동이 완전히 성공을 거둔 것은 놀라운 일이 아니다. 20세기 초에 이르자 미국의 모든 주에는 임신 전 기간에 걸쳐 임신중절을 금지하는 법안이 생겨났다. 그 후 50년 동안 임신중절 금지는 당연한 것으로 받아들여졌다. 하지만 그 기간 동안 미국 전역에서 임신중절이 행해지지 않았던 것은 아니다. 이는 마치 매춘을 금지하는 법을 제정해도 매춘이 완전히 없어지지 않는 것과 마찬가지이다. 1950년 이전 미국의 여론은 임신중절을 추악한 것으로 여겼기 때문에 어느 누구도 감히 임신중절을 다시 합법화하자는 의견을 공개적으로 꺼내지 못했다. 국제적으로는 1948년 스위스 제네바에서 열린 세계의사협회World Medical Association, WMA에서 현대식으로 새롭게 다듬어진 히포크라테스 선서에 "나는 잉태되는 순간부터 인간의 생명을 최대한으로 존중하겠습니다"라는 문구가 포함되었다.

요약하면, 1960년대까지 교회의 가르침, 영미법, 여론 및 의료윤리는 공통적으로, 잉태되는 그 순간부터 태어나기 직전까지 인간의 생명을 고의로 죽이는 것을 나쁜 일로 간주했다. 이러한 태도의 변화,

즉 19세기에는 태동 이전의 임신중절이 허용되었지만 이제는 잉태 이후에는 임신중절이 전혀 허용되지 않는다는 입장 변화는 인간의 생명이 언제 시작되는가에 대한 견해가 바뀌었음을 반영한다. 그러나 무고한 인간 생명을 결코 죽여서는 안 된다는 견해는 근본적으로 변함이 없었다. 이러한 배경에 비추어보면 임신중절에 대한 지난 30년간의 우리의 태도 변화가 얼마나 극적인가를 이해할 수 있다.

임신중절이 합법적인 의료행위로 간주되기까지

임신중절 옹호론자들은 임신중절의 문제를 선택의 자유와 관련된 문제로 보려고 했다. 이러한 경향은 1973년 미국 연방대법원의 '로 대 웨이드Roe vs. Wade' 사건 판결에서 더욱 강해졌다. 이 판결에 따르면, 태아가 체외에서 생존 가능한 시기 이전까지의 임신중절은 헌법상의 권리 가운데 하나로 인정되었다. 이 사건 판결 이후 미국 내 임신중절 상황이 확실히 바뀐 것은 사실이지만, 그전부터 임신중절을 제한하는 법안에 대한 반대 운동이 계속되고 있었다. 로 대 웨이드 판결이 있기 10년 전부터 싹텄던 임신중절 금지법 개혁 움직임은 미국에서 이미 커다란 정치 세력이 되어 있었다.

　서구의 여러 나라에서 임신중절 옹호 운동은 임산부들에게 널리 이용되던 탈리도마이드라는 진정제 때문에 촉발되었다. 탈리도마이드를 복용한 임산부들이 기형아를 출산하는 사건이 잇달아 일어난 것이다. 탈리도마이드가 원인이었음이 밝혀지자 당시 이 약을 복용했던 많은 임산부들이 임신중절을 원했다. 벨기에의 한 여성이 탈리도마이드 때문에 기형으로 출산한 자기 아이를 죽였다가 무죄로 풀려난 사건이 발생하자 임신중절 금지법을 개혁해야 한다는 물결이 유럽 전역으로 확산되었다. 미국에서는 탈리도마이드가 광범위하게 쓰이지는 않았지만 한 사건이 널리 알려지면서 임신중절 금지법에 대한 개혁 운동이 시작되었다. 셰리 핑크바인Sherri Finkbine은 탈리도마이드가 기형아 출산을 유발한다는 사실이 알려지기 직전에 그것을 복용했다. 탈리도마이드의 부작용이 알려지자 이미 한 아이의 어머니였던 이 여성은 자기가 살고 있던 미국 애리조나주 피닉스의 한 병원에서 임신중절 수술을 하고 싶어 했다. 하지만 현행 법률을 이유로 그 지역의 어느 병원에서도 수술을 해주지 않았다. 전국의 신문과 방송이 그녀의 이야기를 동정적으로 기사화하자 핑크바인은 이에 힘입어 캘리포니아와 뉴저지주에서 임신중절을 하려 했지만 결국 성공하지 못했다. 당시에 미국 대통령이었던 케네디와 하급 관리들, 텔레비전과 라디오의 해설자들이 탈리도마이드가 초래한 비극에 대해서 한마디씩 했다. 그 뒤 핑크바인은 결국 스웨덴으로 가서 임신중절을 했고 그 태아는 기형이었던 것으로 판명되었다. 이 사건 후 임신중절은 더 이상 생명과 비생명 사이의 극단적인 선택이 아닌 정도의 문제, 즉 어떤 조건에서 어떤 종류의 생명을 선택하느냐의 문제가 되어버린 듯했다.

탈리도마이드 때문에 생긴 비극 말고도 서구 사회 전체가 임신중절을 허용하는 쪽으로 생각을 바꾸게 된 또 다른 이유는, 불법적인 임신중절 수술 때문에 상처를 입거나 죽는 임산부의 숫자가 상당히 많기 때문이었다. 페미니즘 운동이 정치적인 영향력을 얻기 시작하면서 임신중절 합법화가 운동의 주요 목표가 되었다. 1967년에 영국 의회는 임신중절을 허용하는 법안을 통과시켰다. 명분은 임신중절로 인한 아픔보다 더 클 산모의 신체적·정신적 고통과 그 가족들의 아픔을 방지한다는 것이었다. 임신중절 수술을 하는 데 따르는 위험이 점점 더 줄어들고 있는 마당에 산모의 건강에 대한 신체적·정신적 위험은 임신중절을 합법화하기에 충분한 이유가 되었다. 다른 조항에는 태아가 심각한 장애를 가지고 태어날 위험이 큰 경우 임신중절이 허용된다는 구절이 포함되었다. 1973년 로 대 웨이드 사건 판결이 날 즈음, 캘리포니아와 뉴욕을 포함한 미국 내 18개 주에서는 산모의 건강, 태아의 기형, 강간이나 근친상간으로 인한 임신의 경우 임신중절을 허용하는 방향으로 법안 개정이 이루어졌다. 당시 미국인 전체의 3분의 2가 이 두 개 주에 살거나 인근 160킬로미터 이내에 살고 있었다. 사실상, 잉태된 순간부터 인간 생명은 신성하다는 견해는 로 대 웨이드 판결이 내려지는 순간 이미 폐기되어버린 셈이다. 임신중절에 대한 헌법상의 권리를 인정한 그 기념비적인 판결로 인해 임신중절 반대론자들은 참담한 패배를 맛보아야 했다. 이 판결은 앞으로 임신중절 찬반 싸움이 주 의회가 아니라 법정에서 결판나게 될 것임을 확실히 하는 계기가 되었다.

이 시기부터 나라마다 조금씩 차이는 있었지만 대부분의 선진국

에서는 임산부의 요청에 따라 안전하고 합법적인 임신중절 수술이
가능해졌다. 임신중절은 곧 일상화되었다. 미국의 예를 들면 연간 약
150만 건의 임신중절이 행해진다. 임신중절을 하는 여성의 대부분은
절망에 빠진 10대들이 아니라 20·30대 여성들이다. 러시아와 같은
나라에서는 임신중절이 피임 방법의 하나로 널리 사용되므로 행해지
는 임신중절 건수도 훨씬 많다.

　임신 기간 동안 태아의 기형을 감지해내는 기술의 발달 역시 합법
적인 임신중절이 의료 시술로 받아들여지는 계기가 되었다. 태아 기
형의 상당수는 오늘날 선진국의 거의 모든 임산부가 거치고 있는 초
음파 검사에 의해 발견된다. 35세 이상의 임산부들은 좀 더 복잡한
검사를 거치는 것이 보통인데, 이는 고령의 임산부들에게서 태아 기
형이 자주 발견되기 때문이다. 이런 이유들로 인해 이제 임신중절은
흔한 시술이 되었다. 이제 임신중절은 서유럽 국가들 전체, 호주·인
도·이스라엘·일본·미국 등지에서 태아가 체외에서 생존할 수 있기
전까지, 혹은 아무런 제한 없이 시술되고 있다. 여론도 임신중절을
강력하게 지지하고 있다. 예를 들어, 미국에서는 1972년부터 1987
년 사이에 13회에 걸쳐 전국에서 표본으로 추출된 성인들을 대상으
로 다음과 같은 질문을 던졌다. "기형아를 출산할 확률이 높은 임산
부가 합법적으로 임신중절하는 것을 찬성하십니까?" 이에 대한 답
변으로 놀랍게도 75~78퍼센트의 찬성이라는 일관성 있는 결과가
나왔다. 태아의 산전 진단과 이에 따른 임신중절을 인정한다는 것은
삶의 질에 기초를 둔 판단이다. 다시 말해 특정한 장애를 겪는 삶이

정상적인 삶보다 덜 바람직하다고 판단하는 데 주저하지 않으며, 적어도 태아에 관한 한 삶의 질을 생명의 신성성보다 더 우선시한다는 점을 보여준다.

인간의 생명은 언제부터 시작되는가

과학과 기술의 발전은 삶의 끝에서도 그러하듯이 삶의 시작에서도 해묵은 문제를 새로운 문제로 만들었다. 1978년 영국에서 루이스 브라운Louise Brown이라는 여자아이가 탄생함으로써, 시험관에서 만들어진 수정란이 산모의 자궁에 착상하여 정상아로 태어날 수 있음이 증명되었다. 시험관 아기의 탄생은 의료기술의 성공으로 받아들여졌고 수백만의 불임 부부에게 희망을 안겨주었다. 이와 함께 인간 배아 연구라는 새로운 과학 연구의 지평이 열렸다. 그리고 많은 윤리적 의문이 뒤따랐다. 시험관 아기의 경우 인간 배아는 산모의 체내에 있는 것이 아니므로 '자신의 신체에 대해서 산모가 스스로 결정할 수 있는 권리'를 고려하는 것은 시험관 배아의 도덕적 지위에 관한 논쟁을 해결하는 데 전혀 도움이 되지 않았다. 생명 옹호론자들은 지체 없이 배아는 살아 있는 인간이기 때문에 보호받아야 한다고 주장했다. 하지만 이윽고 그들도 인간 배아 연구의 가능성 때문에 인간 생명의 시작에 대한 더 세심한 논의가 그 어느 때보다 필요하다는 사실을 깨달았다. 임신중절은 겨우 세포 몇 개로 이루어진 배아를 파괴하는 것이 아니다. 왜냐하면, 여성이 자신이 임신했다는 것을 알게 될 즈음이면 배아는 적어도 2주 동안 자라서 자궁 안에 착상되어 있기 때문이다.

착상 전의 초기 배아가 개별적인 인간이냐 아니냐 하는 점에 관해서는 로마 가톨릭의 신학자들조차도 명확한 판단을 내리지 못했다. 호주의 멜버른가톨릭신학대학교 학장인 노먼 포드Norman Ford 신부는 수정 후 배아가 일란성 쌍둥이로 분할될 수 있다는 사실 때문에 곤란을 느꼈다. 이는 임신 초기 동안의 배아는 인간 개체라기보다는 세포 덩어리에 불과함을 시사하는 것이었다. 포드 신부의 논점은 다음과 같다. 만약 우리가 배아를 잉태되는 순간부터 인간 개체로 본다면—예를 들어 그 배아를 마리온이라고 부르자— 그 배아가 분할된 경우 마리온에게는 무슨 일이 일어난 것인가? 새롭게 만들어진 쌍둥이는 마리온과 루스인가? 아니면 전혀 다른 새 쌍둥이 루스와 에스더인가? 어떠한 대답을 하든 간에 역설이 된다. 만약 마리온이 존재한다면, 쌍둥이 중 어느 쪽이 마리온인가? 그들 중 한 명이 다른 쪽보다 원래의 마리온에 더 가깝다고 말할 수 있는 근거는 없다. 한편, 두 명의 쌍둥이 중 어느 쪽도 마리온이 아니라면 마리온에게는 무슨 일이 생긴 걸까? 마리온은 사라져버린 걸까? 우리는 한 인간 개체의 손실을 슬퍼해야 할까? 마치 내 딸들 중 하나가 없어져버린다면 설령 다른 두 딸이 더 생긴다 해도 여전히 슬플 것처럼 말이다. 그리하여 포드는 쌍둥이가 될 가능성이 있는 동안에는 세포 덩어리들이 독립적인 생명체를 이루지 않으며, 인간 생명의 시작은 잉태되는 순간이 아니고 14일이 지나 쌍둥이가 될 가능성이 사라졌을 때라고 결론지었다. 교회는 그의 견해를 승인하진 않았지만, 그렇다고 비난하지도 않았다.

인간의 생명은 잉태되는 순간부터 시작된다는 견해에 동조하는 사람들은 자신들의 견해에 전혀 문제가 없다고 생각할지도 모른다. 그러나 우리는 현대 과학으로 인해 잉태될 때 일어나는 일에 대한 정밀한 지식을 갖게 되었을 뿐만 아니라 이제 수정란에도 개입할 수 있게 되었으므로 인간 생명의 시작에 대한 문제들을 더 이상 피할 수 없다. 잉태되는 '순간'이라는 것은 없다. 인간의 잉태란 약 24시간에 걸쳐 일어나는 하나의 과정이다. 잉태는 정자가 난자의 바깥층을 통과하면서 시작된다. 이 바깥층이 폐쇄되고, 다른 정자는 들어올 수 없게 된 때에도 난자와 정자의 유전적인 물질은 아직 분리된 채로 있다. 여성의 유전적인 물질은 난자에 골고루 퍼져 있지 않고 생식핵_{pronucleus}이라는 것 속에 뭉쳐 있는데, 그 생식핵은 다시 난자를 채우고 있는 걸쭉한 물질에 둘러싸여 있다. 정자가 난자로 들어간 후에 정자의 꼬리는 사라지고 그것의 머리는 또 다른 생식핵을 형성한다. 처음에는 걸쭉한 유동 물질 위를 떠다니는 두 개의 섬처럼 보이는 두 개의 생식핵이 점점 서로를 끌어당긴다. 하지만 유전물질은 정자와 난자가 결합된 지 22시간 뒤 배우자합체_{syngamy} 단계에 이르러서야 비로소 섞이게 된다. 한 개체(일란성 쌍둥이의 경우 두 개체들)의 유전적 구성이 형성되는 것은 바로 이러한 혼합에 의한 것이므로, 잉태는 배우자합체가 일어날 때까지 계속되는 하나의 과정으로 보는 편이 합당하다. 이 과정에서 인간의 생명이 정확히 언제 시작되는가를 묻는 것은 마치 하나의 핀 위에 천사가 얼마나 앉을 수 있는가 하는 중세 스콜라철학의 논쟁처럼 의미 없어 보인다. 그러나 인간 생명이 잉태에서부터 시작된다고 믿는 사람들에게 이런 문제는 사람이 정확히 어느 순간에 죽는가라는 논쟁만큼이나 실제로 중요하다.

1986년과 1987년에 걸쳐서 호주 빅토리아주에서 일어났던 일을 예로 들어보자. 칼 우드Carl Wood와 앨런 트룬슨Alan Trounson이 주도하는 모나시대학교의 체외수정 팀은 불임 치료를 위한 최첨단 기술을 보유하고 있었다. 그 팀은 정자 수가 많이 모자라는 한 남자를 치료할 목적으로 미세 주사를 사용해 정자 하나를 난자에 주입한 뒤 정상적인 수정이 일어나는지 알아보기로 했다. 하지만 빅토리아주의 법은 체외수정 시술을 하고 남은 배아를 가지고 실험하는 것은 허용하는 반면, 실험을 위해 배아를 새로 만드는 것은 금지하고 있었다. 우드와 트룬슨이 체외 시험관에서 배아를 만들어 미세 주사로 여성의 자궁에 이식하는 데에는 법적으로 아무런 문제가 없었지만, 그들이 만든 배아가 정상적으로 자라는지 현미경을 통해 관찰하는 것은 허락되지 않았다. 일단 현미경에 고정된 배아는 더 이상 정상적인 아이로 자라지 않기 때문이다.

하지만, 우드와 트룬슨은 수정란의 유전적 이상 여부를 검사하지 않은 채 배아를 산모의 자궁에 이식하는 것은 비윤리적이라고 생각했다. 환자를 비정상적인 임신의 위험에 빠뜨릴지도 모를 일이었다. 그리하여 그들은 미세 주사로 난자 마흔 개에 정자를 주입한 뒤 유전 물질이 혼합되는 배우자합체 단계 직전까지 관찰할 수 있도록 허가해줄 것을 정부자문위원회에 요청했다. 그러고는 연구를 끝내겠다는 것이었다. 이는 수정 과정에 있는 난자가 배우자합체 이전에도 하나의 배아인가 하는 여부를 정부자문위원회가 결정해야 한다는 의미였다. 처음에 위원회는 이 문제에 관해 4대 4로 의견이 갈렸지만, 결국 대다수의 의견으로 빅토리아주 정부 측에 정자가 난자와 결합하는 그 순간부터 유전물질의 배우자합체 직전까지 인간 난자를 대상으로 실험하는 것을 허용하는 방향으로 법률이 개정되어야 한다고 권고했다. 이에 따라 주 정부는 법을 개정했고 실험이 이루어졌다. 약 마흔 개의 난자가 수정되고 실험을 위해 현미경에 고정되었다. 이것이 마흔 명의 인간 생명을 파괴한 것일까? 이 물음에 대한 대답은 우리가 인간의 생명이 시작되는 순간을 정자가 난자와 결합한 순간으로 보는가, 아니면 정자와 난자의 유전물질이 혼합되는 순간으로 보는가에 달려 있다.

잉태에 관련된 문제만 불명확한 것이 아니다. 생식의학의 혁명적인 발전은 배아의 지위에 의문을 불러일으켰다. 실험실 유리접시 속에 있는 배아를 보고 있노라면 모든 인간 생명은 잉태되는 순간부터 똑같이 소중하다는 믿음이 흔들리게 된다. 물론 그 배아가 정자와 난자를 제공한 부부에게 소중하리라는 것은 의심할 여지가 없다. 왜냐하면 그 배아는 그들이 그토록 원하던 아이로 탄생할 수 있는 존재이니 말이다. 그러나 그 배아가 실험실의 액화질소탱크에 냉동 보관되어 있는데 그 부부가 비행기 사고로 죽는다면(우드와 트룬슨의 환자들 가운데 실제로 이런 사람들이 있었다) 그 배아가 어떤 의미에서건 소중하다고 말하기 어렵다. 물론, 어떤 여성이 자원해서 그 배아를 자신의 자궁에 이식해 출산할 수도 있다. 이때에는 운이 많이 따라야 한다. 경험이 풍부한 시험관 시술 기관에서도 착상 성공률이 10퍼센트 정도에 지나지 않기 때문이다.

아니면 그 배아가 소중한 존재인 것은 어떤 특정 부부가 그 배아를 원하기 때문이 아니라 그 배아가 가지는 출생의 잠재성 때문인가? 인간이 될 잠재력을 가지고 있기 때문에 배아의 생명을 보호해야 한다는 주장에 대해서는 두 가지 중대한 반론이 있다. 배아가 특정한 잠재력을 가지고 있다고 해서 배아를 해치는 것이 필요와 욕망과 고통을 느낄 수 있는 어떤 존재를 해치게 되는 것은 아니다. 왜냐하면 만약 배아가 지닌 잠재력이 현실화하지 않는다면 그것은 특정한 한 인간이 이 세상에 태어나지 않는다는 의미일 것이기 때문이다. 그러나 자손을 낳을 것인가 말 것인가에 관한 모든 결정은 특정한 존재를 이 세상에 태어나게 하느냐 마느냐에 관한 결정이다. 비록 그 결정을 내리는 순간에는 그 존재의 정확한 본성이 미정으로 남아 있을지라도 말이다.

세상은 이미 인간들로 가득 찼기 때문에 자손을 낳지 않겠다는 결정은 잘못이 아니다. 이런 추세로 계속 간다면 2015년쯤에는 80억 명에 이르는 인구를 줄이기 위해, 세계 140여 개 정부는 인구성장을 늦추는 계획에 동참할 것이다. 설령 선진국에는 식량부족 문제가 없다 하더라도 지구 생태계의 문제는 국경을 초월한다. 미국·호주·독일의 국민들은 인도인이나 중국인에 비해 1인당 화석연료·광물·나무를 몇 배나 더 소비한다. 그리고 선진국 국민들이 1인당 지구온난화, 대기 및 해양 오염을 야기하는 정도는 개발도상국 국민들에 비해 훨씬 심하다. 그러므로 인구성장률의 감소는 개발도상국뿐만 아니라 선진국에서도 필요하다. 환경·경제·정치적인 측면에서 볼 때 지구에 인구가 지나치게 많다는 의견에 일치를 본 것은 그리 오래된 일이 아니다. 1930년대까지만 해도 세계 인구는 20억 명에 불과했고, 인구 성장이 곧 세계 무대를 주름잡는 강대국이 되는 길이라고 생각하는 나라가 많았다. 그러나 세계 인구 상황이 변화하면서 다출산 경향과 임신중절에 관한 견해도 영향을 받았다. 배아나 태아가 잠재적 가능성 때문에 이 세상에 태어나야 한다는 주장은 더 이상 통하지 않는다.

설령 인구과잉 문제를 잠시 접어두고 실험실 접시 안에 놓인 특정한 배아에 논의의 초점을 맞춘다 해도, 배아의 잠재력을 이유로 그 배아를 신성한 인간 생명으로 대접할 필요가 없다는 두 번째 반론이 있다. 우리는 실험실의 의료진이 수정된 배아를 소중히 다루어야 하지만, 쓰고 남은 여분의 정자와 난자는 버려도 괜찮다고 생각한다. 하지만 그 정자와 난자도 조금만 운이 따른다면 아이가 될지도 모른다. 체외수정으로 정자와 난자를 수정시켜 배아를 형성하는 것은 가장 수월한 단계이다. 만약 배아를 파괴하는 것이 배아가 가진 잠재력을 빼앗아 해를 입히는 것이라면, 왜 정자와 난자에 대해서는 동일한 기준을 적용하지 않는가? 배아와 정자와 난자는 인간이 될 잠재력을 가지고 있다는 점에서는 차이가 없다.

몇 년 전, 임신중절 반대론자들이 종종 인용하는 미국 로마 가톨릭 신학자인 존 누넌John Noonan은 〈역사에서 거의 절대적인 가치An Almost Absolute Value in History〉라는 논문에서 아직 수정되지 않은 정자와 난자의 잠재력을 논박하려 했다. 누넌에 따르면, 하나의 정자를 파괴하는 것과 태아를 파괴하는 것의 차이점은, 정자 한 마리가 이성과 감정을 지닌 존재가 될 확률은 2억 분의 1인 반면, 태아는 이미 고통에 민감할 뿐만 아니라 세상에 태어날 확률이 80퍼센트나 된다는 데 있다. 그는 그 논문에서 다음과 같이 썼다.

> "대부분의 도덕적 추론이 개연성에 대한 평가이듯, 생명 그 자체도 가능성의 문제이다. 따라서 잉태되는 순간에 아기가 태어날 가능성이 변한다는 것을 도덕 판단의 기초로 삼는 것은 현실의 구조, 도덕적 사고의 본성과 조화를 이루는 것 같다. (⋯⋯) 만약 잉태된 열 명의 아이 가운데 오직 한 명만이 태어난다면 이 논증은 달라질 것인가? 물론 달라질 것이다. 이 논증은 실제로 존재하는 개연성에 호소하는 것이지, 상상 속에서나 가능한 모든 종류의 사태에 호소하는 것이 아니다."[4]

최근 발달한 산전 진단 기술은 누넌의 주장이 매우 잘못되었음을 보여준다. 자연임신으로 수정된 경우에도 누넌이 제시한 80퍼센트, 다시 말해 태아가 생존할 확률이 80퍼센트가 된다는 것은 초기 배아에 해당하지 않는다. 배아가 자궁벽에 착상하기 이전에 그 배아가 살아서 출생할 확률은 30퍼센트를 넘지 않는다. 착상이 된 직후에는 그 확률이 60퍼센트를 밑돈다. 잉태 후 약 6주가 지나서야 확률이 80퍼센트에 이른다. 반면 체외수정의 경우 미세 주사 바늘 속에 들어 있는 정자 한 마리가 아이로 태어날 확률은 훨씬 더 높아서, 체내에서 수정된 배아가 아이로 태어날 확률과 비슷하다. 새로운 지식과 기술로 말미암아 누넌의 논증은 무력해져버렸다. 만약 잠재력에 관한 논증이 실제로 존재하는 개연성에 근거한다면, 우리는 실험실에서 배아들을 파괴하는 것이나 '모닝 애프터 필(성교 후 복용하는 피임약)' 같은 방해 수단을 사용하는 것을 묵인할 수 있을 것이다. 왜냐하면 이런 초기 배아들은 미세 주사 바늘 속의 정자 한 마리가 생존할 확률을 크게 넘지 않을 정도로 그 개연성이 아주 작기 때문이다. 그게 아니라면 정자가 신성하다고 믿어야 할까?

이 복잡한 논증을 이해한 독자라면 인간 생명이 시작되는 정확한 순간을 정의하려는 시도들이 하나같이 성공하지 못하고 있음을 깨달았을 것이다. 그 시도들이 성공하지 못하는 이유는 인간 개체가 발생하는 점진적인 과정에 하나의 정밀한 선을 무리하게 그으려 하기 때문이다. 이 점을 깨닫는 것이 풀리지 않는 임신중절 논쟁의 딜레마를 이해하는 첫 단계이다.

임신중절이라는 먹통 자물쇠 풀기

임신중절을 반대하는 주장을 하나의 형식적인 논증으로 구성하면 다음과 같을 것이다.

첫 번째 전제: 무고한 인간의 생명을 빼앗는 것은 그릇된 일이다.

두 번째 전제: 잉태된 배아나 태아는 무고하며 살아 있는 인간이다.

결론: 그러므로 배아나 태아의 생명을 빼앗는 것은 그릇된 일이다.

형식논리의 측면에서 이 주장은 타당하다. 만약 우리가 이 전제들을 받아들인다면 결론까지 받아들여야 한다. 반대로 그 결론을 거부하길 원한다면, 전제들 가운데 적어도 하나를 거부해야 한다.

임신중절을 옹호하는 사람들은 보통 두 번째 전제를 공격한다. 그들은 잉태되는 순간 새로운 인간 생명이 시작된다는 것을 부인하면서, 출산이나 이전의 어느 시점에서 새로운 인간 생명이 시작된다는 견해를 제시한다. 그러나 인간의 발달 과정은 점진적이기 때문에 어떤 순간이 인간 생명이 시작되는 유일한 순간이어야 하는 이유를 대기란 쉽지 않다. 임신의 어떤 단계에서건 임신중절에 대한 여성의 권리를 옹호하려는 사람들에게는 출생의 시점이 가장 마음에 드는 경계선일 것이다.

그러나 태어나기 직전의 태아가 살아 있는 인간이라는 것을 어느누가 진정으로 부인할 수 있겠는가? 태아[5]는 확실히 살아 있다. 태아가 인간이 아니라면 도대체 무엇이란 말인가? 더군다나 출산을 경계선으로 삼는 데에는 무리가 있다. 페기 스틴슨의 예를 생각해보자. 그녀는 아들 앤드류를 신생아 중환자실에서 조산했다. 이 아이는 바로 전날 부모가 임신중절을 고려했던 태아와 다르지 않다. 자궁 안에 있는 태아와 자궁 밖에 있는 신생아의 위치가 새로운 인간 생명의 시작이라는 경계선으로서 무슨 큰 의미가 있겠는가?

임신중절 옹호론자들도 이 마지막 물음에 대해서는 명쾌한 대답을 할 수 없기 때문에 체외 생존 가능성, 즉 만약 조산된다 해도 산모의 신체 밖에서 살아남을 수 있는 태아의 단계를 새로운 인간 생명의 시작으로 간주하는 경우가 종종 있다. 이는 로 대 웨이드 사건 때 미국 연방대법원이 취한 기준이었다. 연방대법원은 잠재적 생명에 대해서 각 주가 이해관계를 가지고 있다면서 태아가 체외에서 생존할 수 있는 시점부터 이러한 이해관계가 성립한다고 판결하였다. 또한 법원은 체외 생존 능력이 보통 임신 7개월이나 28주가 지나야 생기며, 빠르면 24주에도 생길 수 있으니, 이 두 날짜를 절충하여 전체 39주의 임신 기간 가운데 3분의 2에 해당하는 기간, 즉 임신 26주 이전에는 임신중절을 금지하지 않는다고 판결했다.

하지만 체외 생존이 가능한 시기는 정해진 것이 아니라 의료기술과 의료시설에 달려 있다. 로 대 웨이드 사건 판결 후 20여 년이 지난 지금은 임신 24주나 25주에 조산된 아이들도 생존한다. 그 가운데 어떤 아이들은 별 탈 없이 생존하여, 영아 사망률을 계속 확인해온 세계보건기구WHO는 22주를 자발적 임신중절의 허용 기준으로 잡고 있다. 미국 연방대법원의 판사 샌드라 데이 오코너Sandra Day O'Connor가 로 대 웨이드 사건이 있은 지 10년이 지난 뒤에 "로 대 웨이드 사건의 판결은 그 기준 자체에 문제가 있다. (……) 의학이 발전함에 따라 태아가 체외에서 생존할 수 있는 시점은 점점 더 잉태 쪽으로 옮겨가고 있다"라고 판결한 것도 전혀 놀라운 일이 아니다.

체외 생존 가능성은 산모가 현대식 의료기관을 이용할 수 있느냐의 여부에도 달려 있다. 25주 된 태아가 최신 의료기술을 갖춘 도시에서 태어난다면 살아남을 가능성이 상당히 높을 것이다. 그러나 그렇지 않은 지역에서 태어난다면 그 가능성이 전혀 없을 것이다. 임신 25주째인 한 산모가 뉴욕에서 비행기를 타고 뉴기니섬의 어느 마을에 도착했는데, 거기에 도착하면 현대적 의료시설이 있는 도시로 신속하게 되돌아갈 수 있는 방법이 없다고 가정해보자. 그녀가 뉴욕을 떠나기 전에는 태아가 사람으로 간주되었겠지만 이 마을에서는 더 이상 그렇지 않다. 태아에게 무슨 일이 일어난 것인가? 태아는 죽은 것인가? 이것만으로도 체외 생존 가능성을 새로운 인간 생명이 시작되는 기준으로 삼는 것이 얼마나 이치에 맞지 않는가를 충분히 알 수 있다.

이제 임신중절 옹호론자들이 상당히 양보하여 로 대 웨이드 판결에서 정한 것보다 인간의 생명이 2주 더 일찍 시작된다는 점을 인정한다고 가정해보자. 만약 수정에서부터 배아가 자라는 전 과정이 인공자궁에서 이루어진다면, 임신중절 옹호론자들은 뭐라고 말할 것인가? 앞으로 20년 안에 현실화될 인공자궁은 결과적으로 모든 태아가 임신의 단계를 막론하고 생존 가능하다는 의미가 될 것이다. 만약 체외 생존 가능성이 인간 생명 시작의 기준이 되어 그 시점 이후의 임신중절이 그릇된 것으로 간주된다면, 생명은 잉태되는 순간부터 시작되고 따라서 잉태 이후 어느 때라도 태아를 죽이는 것은 그릇된 일이 될 것이다. 그러나 그렇게 되면 앞의 논증은 더 이상 임신중절에 관한 논증이 아니다. 왜냐하면 임신중절이란 태아를 산모의 자궁으로부터 인공자궁으로 피난시키는 과정이 될 것이기 때문이다. 그리고 나서 인공자궁으로 피난시킨 태아의 생명을 유지시키고 발육시킨 후 출생시켜 다른 부모에게 입양하는 과정을 밟게 될 것이다.

만약 출산과 체외 생존 가능성 둘 다 인간 생명 시작의 기준으로 만족스럽지 않다면, 다른 가능성으로는 어떤 것이 있는가? 오늘날 인간 생명이 시작되는 순간으로 태동을 꼽는 사람은 아무도 없을 것이다. 그러나 몇몇 사람은 태동이 의미 있는 기준점이라는 것을 과학적으로 재해석하여 뇌 기능의 시작을 인간 생명의 새로운 기준점으로 제시했다. 독일의 생명윤리학자 한스 마르틴 사스Hans-Martin Sass는 최근 한 논문에서 뇌사와 대비해서 뇌의 활동이 시작되는 시점을 생명의 시작이라고 지적했다. 그의 주장은 만약 뇌사를 생명의 종료로 받아들인다면, 뇌의 활동이 시작되는 신호를 생명이 시작되는 시점으로 받아들여야 한다는 것이다. 사스에 따르면, 잉태 후 10주 말에 뇌외피의 얇은 부분에서 신경과 신경단위 세포들이 통합되기 때문에 그때부터를 인간의 생명으로 간주해야 한다. 인간의 생명이 뇌가 기능하기 시작할 때 시작되고 뇌의 기능이 불가역적으로 소실될 때 끝난다는 생각은 여러 의미에서 매력적인 발상이다. 그러나 이는 뇌사가 정말로 인간 생명의 종착점이라는 것을 전제하고 있다. 뇌사를 인간 생명의 종료로 간주하는 것은 과학적 결정이 아니라 윤리적 결정이다. 따라서 똑같은 논점이 뇌 기능의 시작을 인간 생명의 시작으로 보는 데에도 적용된다. 이 점은 사스의 제안을 보면 명확해진다. 사스는 현행의 전뇌사全腦死 기준과 대칭되는 시점을 인간 생명의 시작으로 보지 않았다. 만약 그랬더라면 그는 최초로 뇌의 활동이 시작되는 54일째부터 인간 생명이 시작된다는 견해를 피력했어야 한다. 한편, 만약 우리가 뇌의 활동이 시작되는 54일을 넘어설 준비가 되어 있다면 왜 겨우 10주인가? 다른 사람들은 뇌파측정기EEG로 측정할 수 있는 뇌파 활동의 시작을 인간 생명이 시작되는 시점으로 잡아야 한다고 주장했다. 그렇다면 우리는 EEG 활동이 처음 시작되는 잉태 후 14주를 생명의 시작으로 간주해야 할까, 아니면 이 활동이 지속적으로 유지되는 잉태 후 32주를 생명의 시작으로 보아야 할까?

뇌 활동의 시작에 대한 서로 다른 기준 사이에서 하나를 선택하는 문제는 과학적이기보다는 윤리적인 문제이다. 그렇기 때문에 그것은 발달하는 생명이 도덕적 지위를 얻는 시점을 정하는 데는 유용한 척도로 사용될 수 있겠지만, 우리가 선택한 기준이 인간 생명의 시작을 표시한다고 말할 수는 없을 것이다. 윤리적 주장으로서 받아들인다면, 뇌 활동의 시작이라는 기준은 앞서 설명한 임신중절 반대 논증의 두 번째 전제보다는 첫 번째 전제에 대한 도전이다. 그 입장은 모든 의식 능력이 불가역적으로 소실되는 순간이 생명체가 죽는 순간이어야한다는 주장과 매우 비슷하다. 이 두 주장은 공통적으로, 분명히 살아있는 존재를 법적으로 살아 있지 않은 존재로 바꿔버리는 편리한 가설에 의지하고 있다. 이러한 가설들을 받아들이기보다는 살아 있는 한 인간이라는 사실이 그 존재의 생명을 빼앗는 것의 잘못 여부를 우리에게 말해주지는 않는다는 사실을 깨달아야 한다.

인간의 생명이 언제 시작되느냐는 질문에 대해서는 포드가 제대로 보았던 것 같다. 확실히 잉태 이후 14일이 지나 배아가 쌍둥이로 나뉠 가능성이 사라지고 나면, 살아 있는 인간 개체가 존재하게 된다. 그러나 이 점에 관해선 포드가 옳았는지 모르지만, 한 인간 개체가 존재하는 것의 윤리적 의미에 관해서 그리고 그 시점 이후의 임신중절이 정당화될 수 있는지에 관해서 포드의 견해는 아무것도 말해주지 않는다. 임신중절이라는 먹통 자물쇠를 열기 위해서는 임신중절 반대 논증의 첫 번째 전제에 초점을 맞추어 질문을 던져야 한다. 인간의 생명을 빼앗는 것이 과연 그릇된 일인가? 임신중절 논쟁 전체에 대한 열쇠는 이 첫 번째 전제에 의문을 제기하는 것이 가능할 뿐만 아니라 필수적이라는 점을 깨닫는 것이다. 결국, 하나의 생명체가 인간이라는 사실이 그토록 대수로운 것인가?

3

보조생식기술 시대의 임신중지 논쟁:
'생명권' 대 '선택권'을 넘어선 재생산 윤리의 요청

+ 김선혜

임신중지[1]를 둘러싼 기존의 논쟁은 주로 생명권pro-life 대 선택권pro-choice이라는 이분화된 대결 프레임 속에서 전개돼왔다. 임신중지를 반대하는 사람은 태아의 생명권이 가장 절대적 가치라는 점을 논거로 드는 반면 임신중지를 찬성하는 사람은 임신한 여성의 선택권과 자기결정권을 우선해야 한다는 점을 논거로 든다. 하지만 한국 사회에서 2016년 이후 광범위하게 이뤄진 '낙태죄 폐지운동'은 형법상 낙태죄 폐지를 주장하는 것이 단순히 생명권 대 선택권의 양자택일 구도에서 여성의 선택권을 강조하는 것이 아님을 다양한 방식으로 보여주고 있다.[2] 여성 운동 단체와 장애·청소년·종교·보건의료 단체 등은 형법 제269조와 제270조 낙태죄 조항 및 이를 제도적으로 보완해온 〈모자보건법〉 제14조 인공임신중절 예외 조항이 안전하고 합법적인 임신중지 의료서비스를 제한함으로써 여성의 건강에 위해를 끼쳐왔을 뿐만 아니라, 재생산을 해야 하는 시민과 그렇지 않은 시민을 구분하고 생명의 가치를 선별해왔다고 지적했다. 임신중지를 둘러싼 이런 사회적 담론의 변화와 함께 2019년 4월 헌법재판소는 인공임신중절 수술을 받은 여성과 이를 도운 의사를 처벌하는 형법상 낙태죄 처벌 조항에 대해 헌법불합치 결정을 내렸다. 헌법재판소의 결정문에서 주목할 만한 부분은 "임신한 여성과 태아의 관계는 단순히 가해자 대 피해자라는 대립 관계로 볼 수 없으며, 태아의 생명을 보호한다는 언명은 임신한 여성의 신체적·사회적 보호를 포함할 때 실질적 의미를 가질 수 있다"라고 명시한 것이다. 이는 태아의 생명권 대 여성의 선택권으로 양분화된 접근으로는 그 어떤 권리도 보호할 수 없다는 점을 명확하게 드러냈다는 점에서 의미가 있다.

이처럼 임신중지를 둘러싼 논쟁의 구도가 생명권 대 선택권이라는 이분법을 탈피하고 있는 현 시점에서, 새로운 재생산 의료기술의 등장과 사용이 임신중지를 둘러싼 기존의 논쟁을 어떻게 더욱 복잡하게 만들고 있는지 함께 살펴볼 필요가 있다. 보조생식기술assisted reproductive technology같은 재생산 기술은 아이를 낳기 위한 기술이기 때문에 인공임신중절 기술과는 관련이 없는 것처럼 보인다. 하지만 그 목적이(아이를 낳기 위한 기술과 아이를 낳지 않기 위한 기술로써) 서로 반대임에도 불구하고 실제로는 밀접하게 연결돼 있다. 예를 들어 체외수정in vitro fertilization, IVF의 성공적 확산의 이면에는 선택적 유산selective abortion[3]이 존재하며, 착상 전 유전자 진단pre-implantation genetic diagnosis, PGD을 통한 배아 선별은 임신중지 논쟁을 태아에서 배아의 단계로 소급시킨다. 또한 체외수정의 과정은 '난자 공여자', '정자 공여자', '출산모', '법적·

사회적 부모'를 분리시키며, 다양한 주체들이 임신·출산의 과정에 개입하기 때문에 '누가 임신중지를 결정할 권리가 있는가'라는 문제를 더욱 복잡하게 만든다. 이런 상황에서 이 글은 보조생식기술의 등장이 기존의 생명권 대 선택권의 구도에 어떻게 도전하고 있으며, 어떤 복잡한 층위의 윤리적 고민들을 새롭게 던져주고 있는지에 주목한다. 또한 이를 통해서 새로운 재생산 기술의 실천이 야기하는 윤리적 문제들에 접근하기 위해 어떤 담론이 새롭게 요청되고 있는지 논의해보고자 한다.

체외수정과 선택적 유산

한국에서 체외수정은 대표적인 보조생식기술의 하나로 널리 사용되고 있다. 아이를 낳기 위한 체외수정과 아이를 낳지 않기 위한 임신중지는 어떤 관련이 있을까? 체외수정은 정자와 난자를 체외에서 수정시키고, 수정된 배아를 다시 여성의 몸에 착상시켜 임신과 출산이 이뤄지도록 하는 기술[4]이며 난임 진단 인구가 늘어나면서 사용이 증가하고 있다. 〈모자보건법〉상 난임은 '부부가 피임을 하지 아니한 상태에서 부부간 정상적인 성생활을 하고 있음에도 불구하고 1년이 지나도 임신이 되지 아니하는 상태'로 정의된다.[5] 난임 진단자의 수는 2020년 기준 22만 8,382명으로, 매년 20만여 명으로 나타나고 있다. 체외수정 시술은 특히 정부의 난임 부부 시술비 지원 사업과 밀접한 관련이 있는데, 2006년에 시술비 지원 사업이 시작된 이후로 체외수정 시술이 급격히 증가했다. 2005년 한 해 체외수정은 3만 2,783건에서 2015년 7만 3,603건으로 두 배 이상 증가했으며, 2020년에는 12만 2,633건이 이루어졌다. 그 결과 전체 총 출생아의 10퍼센트 이상이 체외수정으로 태어난 것으로 추정된다.[6] 이처럼 체외수정이 한국 사회에서 널리 시술된 배경에는 저출생과 출산 장려 정책이 존재한다. 시술비 지원 사업은 2006년 시작된 이래 465억 원의 예산이 집행됐는데, 2015년에는 896억 원으로 거의 두 배로(93퍼센트) 증가했고 이에 따라 시술의 횟수와 대상도 지속적으로 확대됐다.[7] 또한 정부는 2016년 8월 긴급 저출생 보완 대책으로 시술비 지원 사업을 이듬해부터 소득 제한 없이 모든 난임 부부에게 지원하겠다고(9만 명 대상) 발표했으며, 2018년부터 난임 시술은 건강보험의 적용 대상이 됐다.

이처럼 체외수정은 정부의 출생률 증가라는 목표를 따라 대중화되고 있지만, 그 결과 발생하는 다양한 윤리적 문제들은 별 주목을 받지 못하고 있다. 체외수정의 방식이 다양한 원인으로 일어나는 난임 문제를 해결하는 효과적인 방식으로써 널리 사용되고 있지만, 그 성공률은 25퍼센트에서 30퍼센트[8]에 불과하다. 이 때문에 성공률을 높이기 위해서 여러 개의 배아를 이식하는 방식으로 시술이 이뤄졌다. 효율적인 병원 운영을 위해서 성공률을 높여야 하는 개별 난임 클리닉의 이해[9]와 경제적·정서적·신체적 부담이 큰 체외수정을 최대한 적게 시도해서 성공하고자 하는 난임 부부들의 이해가 만나 한 번에 여러 개의 배아를 이식하는 관행이 오랫동안 지속됐다. 임신율은 배아를 한 개 이식했을 때 27.0퍼센트, 두 개를 이식했을 때 40.1퍼센트, 세 개를 이식했을 때 36.4퍼센트, 네 개를 이식한 경우는 34.3퍼센트, 다섯 개를 이식했을 때 34.6퍼센트, 여섯 개 이상을 이식했을 때 42.3퍼센트로 보고됐다.[10] 2008년에는 전체 체외수정 중에서 세 개의 배아를 이식했을 때 44.8퍼센트였으며, 네 개 이상일 때 27.6퍼센트로 나타났다.[11] 이처럼 성공률을 높이기 위해서 배아가 여러 개 이식될 때 발생하는 문제는 다태아 임신이다. 다태아 출생률은 자연임신일 때 2퍼센트인 반면 체외수정일 때는 전 세계에서 30퍼센트 정도로 보고되고 있다.[12] 다태아 임신 비율은 한국에서 더 높게 나타나는데, 현재 체외수정의 40퍼센트 정도가 다태아를 출생하는 것으로 집계되고 있다(표 1 참조).

[표 1] 체외수정 시 출생아 및 다태아 인원과 다태아 수 비율   단위: 명(퍼센트)

	2006년	2008년	2010년	2011년	2012년	2013년
총출생아 수	445,170	463,150	468,150	471,023	484,229	436,209
체외수정 출생아 수	5,453	4,535	6,536	11,317	14,087	14,346
체외수정 다태아 수	2,790 (51.2)	2,328 (51.3)	2,714 (41.5)	4,489 (39.7)	5,627 (39.9)	5,676 (39.6)

[표 1]에서 볼 수 있듯 2008년까지는 다태아 출생률이 50퍼센트가 넘었는데, 임신율이 곧 생존아 출생률로 이어지지 않는다는 것을 감안하면 전체 다태아 임신율은 더 높을 것으로 추정할 수 있다. 다태아 임신이 문제가 되는 것은 그 자체로 고위험 임신에 해당하는 경우가 많고 저체중아와 조산아(이른둥이) 출생으로 이어지기 때문이다.[13] 이

를 방지하기 위해서 두 개 이상의 배아가 착상이 되는 경우 선택적 유산이 이뤄진다. 선택적 유산 중에서 선택적 감수술selective reduction은 보통 임신 제1 삼분기(초기)에 속하는 10주부터 13주까지 시행된다. 선택적 감수술의 방법으로는 염화칼륨 등의 물질을 태낭 내에 직접 주입하거나 초음파를 이용한 태낭흡입술이 사용된다.[14] 또한 임신 중기 이후 초음파나 양수 검사로 태아의 장애나 질병이 발견되는 경우 선택적 유산 수술이 시행되기도 한다.

선택적 유산은 임신을 원하지 않는 것이 아니라, 오히려 원하기 때문에 하는 임신중지라는 점에서 다른 인공임신중절 수술과는 차이가 있다. 임신을 원하지 않기 때문에 하는 임신중지와 임신을 원하기 때문에 선택적으로 임신중지를 하는 경우를 어떻게 (같게 혹은 다르게) 이해해야 할 것인가? 이에 대해서는 각각 충분한 연구와 논의들이 진전돼야겠지만, 현재 알 수 있는 것은 한 해 20만 건이 이뤄지고 있다는 임신중지의 경험은 이제까지 낙인과 차별로부터 자유로운 상태에서 논의되기 어려웠던 반면, 선택적 유산은 (비록 이 역시 공론의 장에서 논의된 적은 없지만) 그 절차와 경험이 상대적으로 도덕적 낙인으로부터 자유로운 상태에서 공유되고 있다는 것이다.[15] 이는 미혼과 기혼이라는 사회적 지위에서 오는 것일 수도 있고, 성관계로 인한 임신과 '성관계 없는 임신'이라는 데서 기인하는 성적 낙인의 차이일 수도 있다. 또는 임신중지의 이유가 여성에게 있는지, 아이에게 있는지의 차이에서 발생하는 것일 수도 있다. 중요한 것은 선택적 유산 또한 임신중지이기 때문에 도덕적 비난을 받아야 한다거나, 동등하게 규제돼야 한다는 차원의 문제가 아니다. 오히려 우리가 주목해야 할 것은 선택적 유산의 경우 '이기적인 (성적으로 문란한) 여성'이 아이의 생명을 죽이는 행위로 비난받지 않는다는 점이고, 이는 기존의 임신중지에 대한 규범이 얼마나 편향적인지, 생명권이라는 개념이 얼마나 상대적이고 상황적인 situated 것인지를 보여준다는 점이다.

선택적 유산을 하지 않고, 착상된 태아를 모두 출산한다고 해서 문제가 없는 것은 아니다. 체외수정으로 인한 다태아 임신은 선택권이라는 기존의 개념에 관해 다시 생각해볼 필요성을 제기한다. 미국의 나디아 슐먼Nadya Suleman 사례는 재생산에서 여성의 자율성과 선택을 어떻게 혹은 어디까지 인정해야 하는가에 대한 논쟁을 불러일으켰다. 슐먼은 2009년 체외수정을 통해 여덟 쌍둥이를 출산(12개의 배아를 이식)한 것으로 유명해졌는데,[16] 이미 이전의 체외수정 시술로 여섯 쌍둥이를 낳은 이후 두 번째 체외수정이었다. 논란은 그녀가 싱글 맘이며, 직장 없이 정부 보조금으로 생활하고 있다는 사실이 알려지면서 더욱 커졌다. 여덟 쌍둥이를 모두 출산한 나디아 슐먼을 배아 혹은 태아의 생명권을 존중한 '프로라이프'라고 볼 수 있을까? 혹은 임신한 여성의 선택권으로 인정받아야 할 것인가? 이 사례는 여성의 재생산 선택권을 인정해야 하는지, 정부가 규제해야 하는지의 문제로 법학과 윤리학에서 큰 논쟁거리였다.[17] 나디아 슐먼의 사례는 '내 몸은 나의 것'이라는 구호가 특정한 시기와 맥락에서는 큰 힘을 발휘할 수 있는 의미 있는 구호지만, 재생산과 관련된 모든 여성의 실천을 옹호하기 위해서 사용되기는 어렵다는 점을 보여줬다.

배아 선별과 착상 전 유전자 검사

선택적 유산이 배아가 착상된 이후에 임신을 지속할 태아와 중지할 태아를 결정하는 기술이라면, 배아 선별은 체외수정을 통해 생성된 배아를 여성의 자궁에 이식하기 전에 착상할 배아와 폐기할 배아를 고르는 것이다. 2020년 한 해 생성된 배아의 숫자는 49만 7,133개인데, 이 중에서 체외수정에 실제로 사용된 배아는 13만 9,758개이며 25만 2,930개의 배아는 폐기된 것으로 보고된다.[18] 이는 매년 실제 임신에 이용되는 배아보다 많은 숫자의 배아가 보관 중이거나 폐기되고 있음을 보여준다.[19] 앞에서 설명한 것처럼 체외수정의 성공률을 높이기 위한 방법으로 여러 개의 배아가 이식되며, 이를 위해선 여러 개의 난자가 추출돼 수정이 이뤄져야 한다. 보통 체외수정의 경우 3일간 배양을 한 8세포기의 배아가 이식되기 때문에 3일 된 배아로 등급을 판정하게 된다. 미국의 보조생식기술학회Society of Assisted Reproductive Technology에서는 난할기 배아의 세포 크기와 파편의 양을 전반적으로 평가해 배아의 등급을 3등급(Good·Fair·Poor)으로 구분하며,[20] 이 기준과 동일하게 한국 난임 클리닉에서도 상급·중급·하급 배아로 나눠서 임신에 사용될 배아를 선별한다.[21] 등급이 좋은 배아 몇 개가 임신에 사용되고, 나머지는 이후 시술을 위해서 동결되거나 폐기된다. 한 해 임신이 되지 못하고 남겨진 20만 개의 배아가 20만 건의 임신중지 혹은 영아 살해와 같은 것으로 이해되진 않지만, 배아는 인간이 될 가능성이 있다는 점에서 임신중지 논쟁을 모체 속에 존재했던 태아의 단계에서 착상 이전의 배아 단계로 소급시킨다.

더구나 냉동돼서 폐기될 예정이던 배아를 기증받아 배아 입양
embryo adoption을 알선하는 업체들이 미국과 영국을 비롯한 여러 나라에
생겨나면서 배아는 잠재적 인간의 지위를 획득하게 됐다. 잔여 배아
를 기증받아 체외수정으로 아이를 낳는 행위가 입양이라는 수사로
불리면서, 배아 입양은 마치 '얼음 속에서 잠들어 있는 아이'를 구원
하는 행위처럼 재현되고 있다. 이런 배아 입양은 일반 입양과 다르게
임신과 출산의 과정을 수반하기 때문에 더욱 복잡한 문제들을 만들
어내고 있다. 예를 들어 2016년 4월 미국의 한 백인 부부가 종교적 신
념에 따라 기독교 배아은행에서 흑인 배아를 입양했고, 이를 통해서
흑인 세쌍둥이를 출산했다. 스스로 '프로초이스'라고 밝힌, 선교 활
동을 하고 있는 이 부부는 수정되는 순간 생명이 시작되기 때문에, 배
아 입양은 이들이 당연히 해야 하는 소명이라고 밝혔으며, 특히 입양
될 가능성이 백인보다 적은 유색인종 배아를 입양하는 것이 신의 뜻
이라고 주장했다.[22] 우리는 인종 간 배아 입양을 어떻게 바라봐야 할
까? 이들이 주장하는 것처럼 생명권을 실천한 행동으로 볼 수 있을
까, 아니면 임신과 출산에 대한 선택권을 실천한 행동으로 볼 수 있을
까? 인종 간 배아 입양은 배아의 이동과 교환의 과정 속에서 더욱 복
잡한 문제가 되고 있다.

이처럼 배아가 체외수정을 통해 여성의 몸 밖에 존재하게 됨으로
써, 배아는 원하지 않을 경우 입양을 보낼 수도, 특정한 형질의 아이
를 낳고자 할 때 입양을 할 수도 있는 것이 됐다. 또한 배아가 여성의

몸으로부터 분리됨에 따라 기존에는 임신 9주 이후에나 시행 가능하던 산전 진단이 착상 전 배아의 단계로 확대됐다. 착상 전 유전자 진단의 목적은 기존에 산부인과에서 일상적인 산전 관리의 하나로 진행되던 산전 진단과 크게 다르지 않다. 산전 진단 기술이 발전함에 따라 출산하기 전에 태아가 특정 질병이나 장애가 있는지를 알 수 있게 됐고, 그 결과 장애가 있는 태아의 경우 선별적 임신중지의 주요 대상이 돼왔다.

장애아 선별 임신중지가 임신 과정 중에 장애나 질병이 있는 태아를 선별하는 것이 목적이라면, 착상 전 유전자 진단은 유전병이 의심되는 경우에 배아를 검사하는 기술이다. 현재 한국에서는 65개 기관에서 착상 전 유전자 검사가 가능하며(2020년 기준), 2020년 한 해 2,918건의 검사가 시행됐다.[23] 현재는 139개의 유전 질환의 진단 목적으로 시행이 가능하며, 그 외의 목적으로는 금지돼 있다.[24] 수정란을 2일에서 3일까지 배양해 4세포기 혹은 8세포기 단계로 배양된 배아에서 세포를 분리한 후, 유전자 검사를 통해 세포의 유전자 이상을 조사해 정상이라고 판정된 배아만을 선별해서 자궁에 이식하는 것이다. 이 과정에서 이미 장애나 질병이 예견된 배아는 폐기되는 것이 전제된다. 이 기술은 유전 질환을 자식에게 전달하지 않게 할 수 있는 방법으로 평가되지만, 동시에 이는 우생학에 근거해 태어나야 할 유전형질과 태어나지 말아야 할 유전형질을 착상 전부터 선별하는 기술임을 의미한다.

장애나 질병이 있는 태아를 선별하기 위한 산전 진단 기술의 발전과 선별적 임신중지는 이미 임신중지는 단순히 '생명권' 대 '선택권'

의 문제로 다룰 수 없는 문제임을 잘 드러내준다. 장애학 연구자인 마샤 색스턴Marsha Saxton은 재생산에 대한 여성의 선택권을 주장한 페미니스트들이 이제까지 장애아 선별 임신중지와 이를 뒷받침하고 있는 우생학적 아이디어에는 충분히 관심을 가지지 않았음을 비판하며, 개인적 선택이 사회적 압력에 의한 결과라면 이것이 어떻게 진정한 선택이 될 수 있는지 의문을 제기한다.[25] 이는 진정한 의미로 '여성의 선택권'이 가능하기 위해선 장애가 있는 아이를 낳지 않는 선택지와 낳을 수 있는 선택지가 공평하게 고려되는 사회적 상황이 전제돼야만 한다는 것을 의미한다.

이러한 상황에서 착상 전 유전자 검사는 수정란 단계에서 검사가 진행되고 이식해야 하는 정상적인 배아와 폐기해야 하는 배아를 미리 구별하기 때문에 장애아 선별 임신중지(성별을 선택할 목적으로 사용되는 경우에는 여아 임신중지)를 방지하는 보다 더 윤리적인 기술이라고 주장되기도 한다. 하지만 주목해야 할 것은 이런 기술의 사용이 정상과 비정상, 장애와 비장애의 기준을 더욱 공고히 하고, 장애와 질병이 있는 사람은 태어나지 않는 것이 올바르다는 차별적 전제를 바탕으로 발전하고 있는 기술이라는 것이다. 또한 이런 착상 전 유전자 진단 같은 기술의 발전으로 다양한 유전적 증상들을 선별해 제거하는 기술들은 빠르게 발전하고 있는 반면, 유전적 손상을 치료하려는 노력은 시도조차 되지 않는다.[26] 이런 상황에서 임신한 여성 개인의 선택권이라는 이름으로 이런 재생산 기술의 사용을 허용하거나 정당화될 수 있는지, 이와 반대로 우생학적 재생산 기술의 사용을 반대하는 페미니

스트들이 태아의 생명권을 옹호한다고 볼 수 있는지에 대한 고찰이
요구된다.

대리 임신·출산에서의 임신중지

마지막으로 살펴볼 것은 체외수정 기술을 통한 대리모[27] 시술의 과정
에서 나타나는 임신중지 문제다. 보조생식기술이 제기하는 다양한
사회적·윤리적 문제 중에서 대리모에 의한 임신과 출산은 특히 첨예
한 의견 대립이 나타나는 영역이다. 2011년에 발간된 〈대한산부인과
학회 보조생식술 윤리지침〉에 의하면 대리모를 통한 임신은 부부간
의 정자와 난자로부터 형성된 배아를 타인의 자궁에 이식해 임신을
시도하는 것으로 정의된다. 최근 10여 년간 대리 임신·출산 산업은
전 세계로 확장되고 있으며, 2015년 한 해 인도에서만 4만 명의 아이
가 대리모를 통해 태어난 것으로 추정되고 있다.[28] 대리 임신·출산 계
약에서 의뢰인 부부는 유전적·법적·사회적 부모고, 대리모는 임신
과 출산의 과정만을 담당한다. 임신과 출산의 과정에 개입되는 주체
가 더 많아지는 만큼, 누가 임신중지의 권리를 가지고 있는가는 더욱
복잡한 문제가 된다.

현재 한국에서 대리 임신·출산 거래에 대한 법적 규정은 없다. 현
행 〈생명윤리 및 안전에 관한 법률〉(이하 '〈생명윤리법〉')에서는 생식세포
공여자에 대해 금전상의 이득을 목적으로 한 거래를 금지하는 규정

이 존재하지만, 대리 임신·출산에 대한 조항은 존재하지 않는다.[29] 친권의 문제를 보자면, 민법 제844조(남편의 친생자의 추정)에 의하면 "아내가 혼인 중에 임신한 자녀는 남편의 자녀로 추정한다". 민법에서 친생자의 규정은 보조생식기술의 발전 이전에 정의된 것이기 때문에, 모자 관계는 자연적으로 당연한 것으로 전제하고 있으며, 처가 낳은 아이와의 관계가 부자 관계가 된다.[30] 입양의 경우 생모와 입양모를 정의하고 구분하는 것이 비교적 간단한 반면, 대리모 출산의 경우 대리모는 출산모인 반면에 유전적 모는 의뢰인이기 때문에 누가 생물학적 모(母)인가에 대해서도 다른 기준이 제시될 수 있다. 대리모에 대한 법적 규정이 존재하지 않고, 출생아의 법적 지위에 대해서도 논란이 많기 때문에 대리 임신·출산은 의뢰인과 대리모 여성 모두에게 위험부담이 높은 거래일 수밖에 없다. 여러 대중매체에 보도됐던 것처럼 대리모를 지원한 여성이 사라지거나 임신중지를 하는 등의 행위도 존재하고, 반대로 대리모가 임신한 상태에서 의뢰인이 이혼을 한다거나 아이가 생겨 임신중지를 요구하는 경우도 발생한다. 대리모 혹은 대리모의 남편이 출생아의 친권을 주장하며 금전을 요구하는 일이 일어나기도 한다.[31]

하지만 현행 법체계나 법적 구속력과는 상관없이 대리 임신·출산 거래가 이뤄지고 있고, 개별 난임 클리닉에서는 〈대한산부인과학회 보조생식술 윤리지침〉에 따라 시술을 진행하고 있다. 이 지침이 제시하는 대리모 동의서[32]에는 인공임신중절과 관련된 조항이 포함돼 있다. 예를 들어 동의서의 조항 중에는 "동의권자는 배아 이식이 시행된 후 착상을 고의적으로 방해하거나 임신이 확인된 후 불법적 인공임신중절을 하지 않을 것을 서약합니다"라는 것이 있다. 동의서에 의하면 대리모는 배아 이식이 시행되기 전에는 언제든지 동의 의사를 철회할 수 있다고 명시되어 있으나, 이식이 시행된 후에는 착상을 방해하거나 임신중지를 하면 안 된다. 배아 이식이 이뤄진 이후에는 대리모 혹은 의뢰인이 계약을 파기할 수 없는 것인가? 대리모 동의서에는 인공임신중절을 하지 않을 것을 서약하는 항목이 존재하지만, '의뢰인(유전적 부모)의 동의서'에는 임신중지에 대한 항목이 없다. 대리 임신·출산의 과정에서 누가 임신중지를 요구하거나 결정할 수 있는가는 매우 복잡한 문제며, 대리 임신·출산 계약이 합법화된 나라에서는 이를 둘러싼 법적 공방과 논쟁들이 본격적으로 이뤄지고 있다.

대리 임신·출산 계약에서 임신중지와 관련된 복잡한 법적·윤리적 문제를 가장 대표적으로 보여주는 사례는 태국의 베이비 가미Baby Gammy 사건이다. 2013년 호주의 한 부부가 태국의 대리모와 대리 임신·출산 계약을 맺었다. 그 대리모는 쌍둥이를 임신했다. 산전 진단으로 쌍둥이 중 한 명이 다운증후군임이 밝혀지자 의뢰인은 다운증후군이 있는 태아를 선별 유산할 것을 대리모에게 요구했다. 하지만 이를 거부한 대리모가 2013년 12월 23일 쌍둥이를 출산했고 의뢰인 부부는 다운증후군이 없는 아이만 데리고 호주로 돌아갔다.[33] 대리모는 다운증후군이 있는 아이의 법적 어머니가 되어 현재 태국에서 아이를 키우고 있다.

이 밖에도 이제까지 언론에 보도된 대리모 및 인공임신중절 수술과 관련된 이슈들은 주로 체외수정으로 발생한 다태아 임신 혹은 태아의 장애와 질병을 이유로 의뢰인이 대리모에게 선택적 유산을 요구한 사례들에서 일어났다. 이런 상황에서 대리모가 개인적인 신념 등으로 이에 동의하지 않아 현재 법적 공방이 진행 중인 사례들이 많이 알려지고 있다. 이때 선택적 유산이나 장애아 선별 유산을 거부하는 대리모를 지지하는 사람은 여성의 선택권을 지지하는 것일까 아니면 태아의 생명권을 지지하는 것일까? 나아가 대리 임신·출산에서 누가 임신중지를 결정할 수 있는가의 문제는 임신과 출산의 과정에 개입하는 행위자들의 수만큼이나 복잡한 문제가 된다. 임신한 여성의 몸 안에서 이뤄지는 일에 대해서는 (태아와 여성을 분리해서 사고할 수 없다는 측면에서) 대리모의 결정을 존중해야 하는가? 아니면 태어난 아이를 실질적으로 돌보고 키우는 책임이 있는 의뢰인(생물학적·사회적 어머니)의 결정을 존중해야 하는가? 임신·출산의 과정에 개입하는 두 여성의 이해관계가 다를 때 누구의 결정과 판단이 우선순위를 가질 수 있는지의 문제는 기존의 임신·출산모와 양육하는 모가 동일할 때 임신중지의 문제보다 훨씬 더 다층적으로 고려해야 할 문제들을 제기하고 있다.

새로운 재생산 윤리의 요청

이 글에서는 보조생식기술을 사용할 때 나타나는 임신중지의 문제들을 기존의 임신중지를 둘러싼 논쟁의 주요 프레임이었던 선택권 대

생명권 담론으로는 풀어내기 어렵다는 것을 다양한 예를 통해 개괄적으로 살펴봤다. 아이를 낳기 위해서 사용되는 체외수정은 역설적으로 다태아 임신에 의한 선택적 유산의 증가를 가져왔다. 다태아 임신은 모체의 건강에 위협이 될 뿐만 아니라 선택적 유산을 하지 않는 경우 모든 태아가 위험한 상황에 놓이게 되는 경우도 발생하기 때문에 선택적 유산이 행해진다. 한 태아를 살리기 위해서 다른 태아를 선택해 유산해야 하는 무수한 경우들을 태아의 생명권과 여성의 선택권이 벌이는 경쟁 상황으로 보기는 어렵다. 또한 배아 선별과 착상 전 유전자 진단처럼 체외수정의 연장선상에서 발전하고 있는 기술은 기존의 우생학적 개념과 장애와 질병에 대한 차별적인 편견과 무관하게 존재하지 않는다. 산전 진단의 목적이 장애나 질병이 있는 태아를 미리 알아내는 것이라고 했을 때, 이런 검사를 거부하고 어떤 장애가 있는지와 상관없이 아이를 낳겠다고 결심한 여성을 가리켜 '프로초이스'라고 명명할지 '프로라이프'라고 명명할지는 명확하지 않다. 또한 임신과 출산, 양육으로 이어지는 재생산의 연속적 과정 속에서 여러 명의 주체들이 개입되는 경우 누가 임신중지의 권한을 가지고 있는지, 정말로 태아와 모체 사이에 이해관계가 대립하는지에 따라 생명권 대 선택권의 개념 구분은 더욱 모호하게 된다.

보조생식기술이 보편적으로 사용되기 전에도 임신중지를 둘러싼 윤리적 문제는 태아와 임신한 여성 중 누가 더 먼저인지의 단순한 문제가 아니었다. 임신중지 반대를 주장하는 사람은 태아를 독립적인 개체로 보고 임신한 여성을 언제나 태아의 생명을 위협할 수 있는 존재 혹은 갈등적인 존재로 생각했다. 하지만 태아와 모체는 분리돼서 존재할 수 없다. 소중하고 무고한 생명의 원천으로 재현되는 태아가 인간이 되도록 보살피고 키우는 역할을 해온 주체가 바로 임신한 여성들이며, 임신중지가 이뤄지는 구체적인 장소도 임신한 여성 자신의 신체다. 임신한 여성과 태아가 완벽하게 독립적이고 분리된 주체로서 대립적인 이해관계를 가지고 있다고 상정하는 것 자체가 임신과 출산을 둘러싼 여러 복잡한 사회적 관계와 정치적 문제들을 보이지 않게 만든다. 나날이 발전하고 있는 재생산 의료기술과 그것이 야기하는 다양한 윤리적 문제는 생명권 대 선택권이라는 허구적 프레임으로 모든 문제를 파악하는 관점에 균열을 야기하고, 그 문제에 접근하기 위해 복잡한 현실을 이해할 것을 요구한다. 이는 실질적인 재생산의 실천 과정에서 젠더·계급·인종·장애와 같은 권력 관계들이 임신한 여성의 몸에 어떻게 작동하고 있는지, 그 속에서 임신한 여성은 어떤 경험을 하고 있는지에 대한 정치한 분석을 통해서 이뤄질 수 있을 것이다.

4

보조생식기술을 통한
비혼모 출산이 드러내는
한국 사회의 쟁점들

+ 윤지영

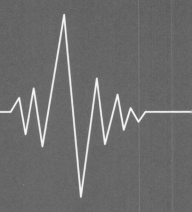

최근 한국 사회는 여성의 임신과 출산, 임신중절권을 둘러싼 사회적 쟁점들에 의해 큰 변동을 겪고 있다. 2019년 4월 헌법불합치 판결이 내려진 낙태죄 조항을 대체할 입법 방향을 고민하는 과정에서 임신 중절권의 전면적 인정과 조건부적 인정을 두고 사회적 논의가 팽팽하게 대립해 있던 시점에, 여성 혼자 임신할 권리에 대한 논의가 수면 위로 떠올랐다. 이러한 논의의 방아쇠를 당긴 것은 2020년 11월 16일, 방송인 사유리 씨의 비혼 출산 소식이었다. 이를 두고 일각에서는 임신을 중단할 권리와 임신을 선택할 권리는 서로 상충되고 모순되는 것으로, 함께 갈 수 없는 것이 아닌가라는 의문을 제기하기도 했다. 그러나 여성의 재생산 권리의 보장이란 여성이 자유로이 임신과 출산 여부 및 시기 등을 선택하는 것뿐 아니라 '임신을 하지 않을 권리인 피임권과 임신을 하더라도 출산을 하지 않을 권리인 임신중단권까지 포함'[1]하는 것이다. 이러한 관점에서 2020년 말을 동시에 달군 낙태죄 전면 폐지 운동과 비혼모 출산 이슈는 여성이 누려야 할 재생산 권리의 복합성과 중층성을 드러낸 사건들이라 할 수 있다.

이 글에서 논할 '비혼모 출산'은 보조생식기술을 통한 재생산 건강권에 관한 것으로 한정하고자 한다. 보조생식기술을 통한 비혼모 출산의 문제는 여성의 재생산 권리와 직접적으로 연동된다. 그렇다면 재생산 권리란 무엇인가? "재생산 권리란 임신·출산에 관계되는 부분의 건강뿐만 아니라 신체적, 정신적, 사회적 측면 모두의 총체적인 안녕 상태를 의미하는 재생산 건강을 누릴 수 있는 권리the reproductive health rights, 임신·출산과 재생산 건강에 관련되는 모든 사항에 대해 자유롭고 책임감 있게 결정할 권리the right of free and responsible decision, 건강한 임신·출산 및 재생산 건강의 향유를 위해 정보와 의료서비스를 요청하고 제공받을 수 있는 권리the right to claim information and medical service 등을 포괄하는 것"[2]이다. 비배우자 간 보조생식기술의 활용은 비혼모 출산의 경우, 부모가 될 의지가 없는 생식세포 증여자(정자 제공자)와 부모가 되고자 하는 수증자(정자 기증을 받은 비혼 여성이나 여성 동성 커플), 태어날 자녀 간의 여러 권리가 중첩되어 있는 중대한 사안이라 할 수 있다. 그뿐만 아니라, 임신과 출산은 그 방법이 자연적이든 인공적이든 여성의 신체에서 일어나는 일이라는 점에서 여성의 권리에 관한 관점 역시 소홀히 할 수 없는 사안이기도 하다.

이러한 보조생식기술을 통한 비혼모 출산은 비단 2020년도의 일만은 아니다. 이미 2008년에 방송인 허수경 씨가 보조생식기술을 통한 비혼 출산을 한 바 있기 때문이다. 그 당시 허수경 씨의 비혼 출산에 대한 사회적 여론은 전반적으로 부정적이었다면, 사유리 씨의 비혼 출산에 대해서는 연예계는 물론 사회 전반에서 많은 관심과 축하를 받았다.[3] 한편 정치권에서는 비혼모 출산 이슈를 인구 절벽과 저출생 문제에 대한 대책으로써, 매우 단면적으로 접근하는 한계를 보였다. 이는 여전히 여성을 국가의 인구재생산을 위한 도구적 존재로만 바라보는 관점으로, 비혼모 출산이 우리 사회에 던진 여러 복합적 문제의식의 결들을 제대로 가늠하지 못한 결과라고 할 수 있다. 그런 복합적인 문제의식들을 살펴보기 위하여, 필자는 이 글에서 보조생식기술을 통한 비혼모 출산이 한국 사회에서 가능한가에 대한 법적·의료적 현실은 물론 보조생식기술을 통한 비혼모 출산의 권리를 허용하고 있는 해외 사례들을 먼저 살펴보고자 한다. 두 번째로 비혼모 출산이 제기하는 여러 쟁점들에 관한 찬반 입장이 무엇인가를 살펴볼 것이다. 세 번째로 비혼모 출산의 제도화를 위한 여러 변화의 방향들에 대해 논하고자 한다.

보조생식기술을 통한 비혼모 출산 가능성의 법적·의료적 현실

비혼모 출산이라는 사회적 이슈에 대한 찬반 논쟁을 다루기에 앞서 남성과의 유성생식 없이, 여성 혼자 임신을 선택하는 일이 한국 사회에서 가능한가라는 원론적 질문으로부터 시작해보고자 한다. 이는 보조생식기술을 통한 비혼모 출산이 한국 사회에서 가능하기 위한 법제적·의료적 제도가 마련되어 있는가에 대한 질문이기도 하다. 여기에서 보조생식기술이란 "임신을 목적으로 자연적인 생식과정에 인위적으로 개입하는 의료행위로서 인간의 정자와 난자 채취 등 보건복지부령으로 정하는 시술"[4]을 뜻한다. 더 엄밀하게 말하자면, 현재 보조생식기술이란 "인간생명체의 출현의 전 단계인 생식자生殖子, gamete로서의 정자, 난자 그리고 배아를 체외에서 조작하여 임신이 되도록 하는 생식 의학 및 생명과학의 적용을 의미"[5]한다.

비혼모 출산을 논하기 위해서는 〈생명윤리법〉제24조를 살펴볼 필요가 있다. 이 법 조항에 따르면 "배아를 생성하기 위하여 난자 또는 정자를 채취할 때에는 난자 기증자, 정자 기증자, 체외수정 시술대상자 및 해당 기증자·시술대상자의 배우자가 있는 경우 그 배우자의 서면동의를 받아야 한다"고 규정하고 있고, 비혼모 출산의 경우에는 정자 기증자와 체외수정 시술 대상자인 여성 본인의 동의가 필요하다. 체외수정 시술 대상자인 여성에게 배우자가 없는 경우에는 배우자의 동의가 필수인 것은 아니다. 즉 이 법 조항에 의한다면 비혼 여성이 보조생식기술을 받는 것이 법률에 저촉되는 행위는 아니라는 원론적 결론이 도출된다.

하지만 비혼 여성이 정자 기증자를 구하는 일부터 녹록치 않은 것이 한국 사회의 현실이다. 왜냐하면 〈생명윤리법〉제23조 3항에 의하면, "누구든지 금전, 재산상의 이익 또는 그 밖의 반대급부를 조건으로 배아나 난자 또는 정자를 제공 또는 이용하거나 이를 유인하거나 알선하여서는 아니 된다"라고 명시되어 있기에, 제3자의 개입에 의한 임신을 하기 위해서는 타인의 생식세포인 정자를 아는 이의 시혜를 통해 무료로 기증받거나 산부인과의 정자은행을 통해 받는 방법으로 제한되어 있기 때문이다. 그러나 지인에 의한 정자 기증 역시 한국 사회에서의 여러 통념들(생물학적 부모와 법적·사회적 부모의 불일치)에 대한 편견이나 훗날 자녀의 알 권리 행사로 발생할 수 있는 친권 분란의 소지 등의 부담으로 인하여 손쉽게 이루어지지는 않는다. 또한 산부인과의 정자은행 역시 난임 부부들을 위한 서비스이기에 비혼 여성이 정자 기증을 받는 절차를 취하기도 쉽지 않다. 여기에서 난임이란 "혼인 관계에 있거나 사실혼 관계에 있는 이들이 피임을 하지 않은 상태에서 부부간 정상적인 성생활을 해도 1년 지나 임신이 되지 아니하는 상태"[6]로 정의된다. 다시 말해, 보조생식기술 역시 법적 부부나 사실혼 상태에 있는 여성과 남성 커플의 난임에 관한 사안으로 여겨지기에, 비혼 여성이 산부인과에서 정자 기증의 수혜를 받기는 매우 어려운 것이 현실이다.

설령 보조생식기술에 대한 접근권을 어렵게 얻어냈다 할지라도 비혼 여성의 난임 시술은 건강보험의 적용을 전혀 받지 못한다는 점도 주목할 필요가 있다. 〈모자보건법〉 제11조(난임 극복 지원 사업) 조항에 따르면, 난임 치료를 위한 시술비 지원이 국가와 지방자치단체에 의해 이루어질 수 있음이 명시되어 있으나 그 수혜자는 법적 부부와 사실혼 부부로 한정되기 때문이다. 다시 말해, 비혼 여성은 개인 비용으로 수백만 원대에 이르는 인공수정·체외수정 비용을 치러야만 보조생식기술에 의한 임신이 가능하다. 비혼 여성이 보조생식기술에 접근하기도 어렵지만 이를 실행하기 위해서는 경제적 부담을 개인이 오롯이 떠안아야 하는 것이다.

그렇다면 의료 현장의 현실은 과연 어떠한가? 〈대한산부인과학회 보조생식술 윤리지침〉에 의하면 시술 대상 환자의 조건이 '법률혼과 사실상의 혼인 관계에 있는 경우'로 2020년 11월 25일 수정·확대되었다. 그러나 비혼 여성에 대한 보조생식기술 시행은 현실적으로 의료 현장에서 이루어질 수 없는 구조이다. "국가인권위원회는 2022년 5월 30일 대한산부인과학회장에게, 비혼 여성에 대한 시험관 시술 등을 제한하는 '보조생식술 윤리지침'을 개정할 것을 권고한 바 있"[7] 으나 대한산부인과학회는 이를 거부함으로써 비혼 여성의 재생산 권리에 제동을 걸고 있다. 다시 말해, 〈생명윤리법〉과 〈모자보건법〉상 법적으로 보조생식기술에 의한 비혼모 출산이 금지되고 있지는 않으나 정작 의료 현장에서 실행될 수 없기에, 비혼모 출산은 한국 사회에서 실질적으로 불가능하다는 결론을 내릴 수 있다.

비혼 여성 및 여성 동성 커플에게 보조생식기술의 접근권을 허용하는 해외 사례들

보조생식기술의 접근권에 대한 세부 규정이나 방향은 각 국가들마다 상이하다. 왜냐하면 보조생식기술은 한 개인의 재생산 권리이자 자기결정권의 문제일 뿐 아니라 한 국가의 미래 세대를 갱신해나가기 위한 사회적 차원의 문제이기 때문이다. 미국은 보조생식기술에 관한 법령이 주마다 조금씩 다르지만, 메릴랜드·하와이·텍사스 정도를 제외하면 대부분 규제를 하지 않는다.[8] 유럽에서는 유럽연합EU에 가입된 27개 국가 중 10개국(포르투갈·스페인·아일랜드·벨기에·네덜란드·룩셈부르크·덴마크·스웨덴·핀란드·프랑스)이 비혼 여성과 여성 동성 커플에게 보조생식기술을 허가한다.[9] 그리고 7개국(에스토니아·리투아니아·헝가리·크로아티아·불가리아·그리스·키프로스)이 비혼모에게 보조생식기술을 허용하나 여성 동성 커플에게는 허용하고 있지 않다. 또한 2개국(오스트리아·몰타)에서는 여성 동성 커플에게는 보조생식기술을 허용하나 비혼모에게는 허용하고 있지 않다.

프랑스에서는 마크롱 대통령이 보조생식기술을 모든 여성에게 합법적으로 확대하는 법안을 2017년 정부 제출 입법안으로 발의하였으며, 이 생명윤리법 개정안이 2019년에 하원의원에서 통과되었다. 이성애자 커플만이 수혜를 누렸던 보조생식기술을 비혼 여성은 물론 여성 동성 커플에게도 확대·적용할 뿐 아니라, 이에 대한 보험 지원을 하겠다는 것이 개정된 생명윤리법안의 내용이었다. 그러나 이 법안은 '여성 신체의 온전성을 침해하고 만 9개월간의 심리적·신체적·정신적 침습 작용을 낳는 대리모는 전적으로 금지하겠다'는 기존의 입장은 고수하였다. 이 생명윤리법 개정안은 동성결혼 합법화 반대 세력을 중심으로 여러 논쟁을 유발하며 난항을 거듭하다, 2021년 8월 3일 프랑스 헌법위원회에서 마침내 허용되었다.[10] 이처럼 프랑스에서는 1975년 〈시몬 베유Simone Weil 법안〉에 의한 자발적 임신중절 시술의 합법화[11]에서 1999년 결혼 제도 외에 가족을 구성할 수 있는 제도인 시민연대계약Pacte Civil de Solidarite, PACS 도입, 2013년 동성결혼 합법화, 2019년 생명윤리법 개정안의 하원의원 통과, 2021년 이 개정안의 헌법위원회 통과 등, 재생산 권리와 다양한 가족 구성권에 대한 논의들이 역사적으로 축적되어왔다고 할 수 있다.

하지만 우리나라에서는 아직까지 낙태죄 폐지에 따른 관련 법조항이 마련되지 않아 공백 상태이다. 또 결혼 제도 바깥에서 가족을 구성할 권리에 대한 논의나 동성결혼에 대한 논의 역시 제대로 이루지지 않는다. 그런 점에서 이번 보조생식기술을 통한 비혼모 출산 논의는 이러한 여러 논의들을 한꺼번에 함축하는 일일 수 있다는 점에 주목해야 한다.

비혼모 출산을 둘러싼 쟁점들에 대한 반대 논거

보조생식기술을 통한 비혼모 출산에 대한 반대 입장을 비판적으로 검토해보고자 한다. 이에 대한 첫 번째 반대 논거로는 "비혼 보조생식술이 허용된다면 정자생식세포의 상업적 거래 위험성은 쉽게 예상이 되는 사회적 문제가 된다"는 것이며 "또한 국가의 통제 영역을 벗어난 거래로 인해 생식세포의 보건적 문제점도 발생할 것"[12]이 있다. 그런데 이러한 주장은 정자가 상업적으로 거래·유통되는 미국의 케이스에만 집중한 것이다. 우리나라의 〈생명윤리법〉 제23조 3항에 의하면 생식세포가 상업적으로 거래되지 못하도록 법적으로 명시하고 있기에, 비혼 여성도 상업적 거래가 아닌 방식으로 생식세포 기증 시스템의 합법적 수증자가 될 수 있는 권한을 국가 차원에서 보장함으로써 이 문제는 충분히 해결될 수 있는 사안이다. 오히려 비혼 여성이나 여성 동성 커플에게 공식적인 절차를 통해 생식세포 수증자로서의 권한을 갖지 못하게 할수록, 생식세포의 상업적 거래 시장의 활성화로 이어질 수밖에 없을 것이다.

두 번째 반대 논거는 "비혼 보조생식술은 생식세포의 동의 없는 사용으로 인해 부父를 확인하기 어려운 상황이 발생한다"라는 것이다. "정자생식세포의 활용에 대해 포괄적인 동의가 이루어지고, 이후 의료인의 의도대로 무분별한 생식세포의 시술로 인해 제공자의 동의 없이 생명이 태어나는 일들이 생겨난다. 이는 예상하지 못한 생식세포 제공자의 인격권이 침해되는 결과를 낳는다"[13]라는 주장이다. 그런데 앞서 언급했듯 〈생명윤리법〉 제24조는 "배아를 생성하기 위하여 난자 또는 정자를 채취할 때에는 난자 기증자, 정자 기증자, 체외수정 시술대상자 및 해당 기증자·시술대상자의 배우자가 있는 경우 그 배우자의 서면동의를 받아야 한다"고 규정하고 있어 생식세포를 기증한 자의 동의 없이는 이것이 사용될 수 없는 구조이다. 즉 정자 기증자는 자신의 생식세포를 기증할 시에, 반드시 이에 대한 서면동의를 해야만 기증자로 등록되기 때문이다. 필자는 서면동의보다 좀 더 충분한 동의를 구하기 위한 숙의적 동의 시스템이 도입돼야 한다는 의견에는 동의할 수 있다. 하지만 이 반대 논거가 주장하는 대로 생식세포가 정자 기증자의 동의 없이 의료인의 자의적 의도대로 사용될 수 있는 시스템은 아니라는 점을 지적하고자 한다. 또한 비혼 여성 및 여성 동성 커플이 기증된 정자를 수증받는 일이 정자 제공자의 인격권에 어떠한 침해를 일으키는가 또한 구체적으로 논증되어 있지 않다.

세 번째 반대 논거는 "시술의 성공을 위해서는 여러 차례의 과배란제, 배란유도제 투입 등이 필요하"며 "이 과정에서 여성이 겪는 고통은 이루 말할 수 없이 크다"는 것이다. "일반적인 보조생식술은 정해진 특정 생식세포를 사용하지만 비혼 보조생식술의 경우 임신 확률을 높이기 위해 빈번히 해당 생식세포를 교체할 수 있어 원하지 않는 유형의 임신과 의료 사고가 많이 발생할 수 있다. 시술에 있어서 2개 이상의 배아를 임신하게 되는 다태아 임신이 보고되고 있다. 이러한 보조생식술의 난해한 과정은 시술대상인 여성과 아이의 인간의 존엄성을 침해한다"[14]라고 주장하고 있다. 이 주장은 일반적인 보조생식기술을 체내 인공수정(외부에서 채취한 정액을 처리하여 얻은 정자를 여성의 내부 생식기 내로 넣어주는 방법)[15]으로 한정하고 체외수정(통칭 시험관 아기라 불리는 시술로서 난소로부터 배란되기 전 난자를 체외로 채취하여 시험관 내에서 수정시키고, 수정된 배아를 다시 자궁경부를 통하여 자궁 내로 이식하는 방법)[16]을 오직 비혼 여성들만 실행하는 것으로 오인하고 있다. 이러한 주장은 혼인 관계의 이성애 난임 커플도 체외수정 시술의 수혜자가 될 수 있음을 간과하고 있다. 즉 세 번째 반대 논거는 체외수정의 난자 채취 과정에서 일어나는 과배란 유도제 투입으로 인한 여성의 고통이나 다태아 임신이 갖는 위험을 마치 비혼 여성의 경우에서만 발생하는 문제로 축소하고 있다는 점에서 문제적이다. 난자 채취 과정과 다태 임신으로 인해 여성이 겪을 수 있는 신체적, 심리적 고통을 낮추기 위한 여러 조치들에 대한 논의는 매우 유의미하나, 이 문제는 체외수정 시술을 받는 이성애 커플 여성과 비혼 여성 모두가 다 겪을 수 있는 문제라는 점을 은폐해서는 안 된다.

네 번째 반대 논거로는 "비혼 보조생식술은 여성의 심경 변화로 인해 낙태로 이어질 수 있는 문제점이 있다는 것이다. 긴 기간의 임신 생활 도중에 여성은 부가 없는 아이의 육아로 인해 생활에 안정을 갖지 못하는 환경에 처해질 수 있어 낙태의 위험이 증가된다"[17]는 것이다. 그러나 이러한 이유로 반대 논거의 정당성이 확립되기는 어렵다. 비혼모는 보조생식기술에 대한 접근권을 어렵게 확보한 후, 기나긴 절차를 통해 부모 되기가 무엇인지 심사숙고해야 하고 여러 번의 검증을 받아야 한다. 이처럼 자신이 오롯이 선택한 임신과 출산이기에 임신에 대한 책임감이 훨씬 더 높아질 수밖에 없기 때문이다. 비혼 여성의 보조생식기술을 허용하는 영국의 경우엔 "아이를 갖고자 보조생식술을 실시하는 여성이 태어날 아이의 복지를 책임질 수 있는 역할을 충실히 할 수 있는지에 대한 것을 무엇보다도 먼저 평가하도록 하고 있"[18]다는 점에 주목해야 한다. 보조생식기술을 받는 비혼 여성이 아이를 혼자서 잘 키울 수 있는가의 여부(심리적·정서적·경제적 여건)를 검증하도록 하는 절차를 통해, 부모 되기의 의미와 사회적 책임에 대한 이해가 높아질 수 있을 것이다. 네 번째 반대 논거에는 아버지 없는 아이를 혼자 배태한 여성의 임신을 부정적으로 바라보는 통념이 전제되어 있음을 부인하기 어렵다.

　다섯 번째 반대 논거로는 "비혼 보조생식술의 경우에 아이의 부에 대한 정보를 공개하지 않는 것이 일반적이고, 이로 인해 아이의 알 권리가 보호받을 수 없다"는 것이다. "유엔아동권리협약Convention on the Rights of the Child, CRC 제7조(출생신고·성명·국적을 취득할 권리와 부모를 알고 부모에 의해 보호받을 권리) 제1항은 '아동은 출생 후 즉시 등록되어야 하며, 출생 시부터 성명권과 국적취득권을 가지며, 가능한 한 자신의 부모를 알고 부모에 의하여 양육받을 권리를 가진다'라고 규정하여 부모에 대한 알 권리와 부모에 의해 보호받을 권리를 인정한다. 비혼 보조생식술에 의해 태어난 아이의 알 권리도 중요한 기본권으로 보장되어야 하므로 이러한 유형의 출산은 국내에서 헌법적으로 허용될 수 없고, 우리나라가 가입한 유엔아동협약에도 위배되므로 불법으로 해석된다"[19]라고 주장한다. 그런데 이 논리에 의한다면 입양아의 경우에도 자신을 낳은 생물학적 부모에 대한 알 권리를 갖지 못하는 경우가 많으며 위탁 가정에서 돌봄을 받는 아동 또한 부모에 의해 보호받을 권리를 갖지 못하는 경우가 많기에, 입양이나 위탁 가정 역시 〈유엔아동권리협약〉에 위반되는 행위에 속하게 된다. 그러나 이러한 해석은 과잉 해석에 해당하며 〈유엔아동권리협약〉 역시 "가능한 한 자신의 부모를 알고 부모에 의하여 양육받을 권리를 가진다"라는 조건부적 명시를 통해, 이를 권장하기는 하나 가능하지 않은 경우의 가능성도 완전히 배제하고 있지 않다.

그리고 제3자에 의한 정자 기증자가 부로서의 지위를 갖지 못하도록 하는 조치는 이미 영국과 프랑스, 미국의 경우 입법적으로 해결되어 있기도 하다. "영국의 경우 생식보조의료에 대한 정자의 제공에 동의를 한 남성은 당해 생식보조의료에 의해 출생한 자의 부로 되지 않는다(인간 수정 및 배아 연구에 관한 법률 제28조 제(6)항 ⒜). 프랑스의 경우 제3기증자를 매개로 한 의료보조생식의 경우에 기증자와 이러한 방법으로 출생한 아이 사이에는 어떠한 친자관계도 설정될 수 없다(민법 제31-19). 미국의 경우 정자를 제공한 제공자는 출생한 자의 부로 되지 않는다(통일친자법 제7장 제702조)"[20]로 명시되어 있다. 즉 아동의 알 권리에서 정자 기증자는 부에 해당하지 않으므로 아동이 알아야 할 대상인 부모로 규정될 수 없다. 또한 대한의사협회 〈의사윤리지침〉 제34조 3항에 의하면 "의사는 인공수정에 필요한 정자 또는 난자를 제공하는 사람의 신원을 누설하거나 공개하여서는 아니 되"며, 이를 법적으로 명시할 필요성이 있다고 본다. 이러한 조치는 "태어나는 아이에 대하여 기증자가 부모로서의 권한을 행사할 수 없음을 분명히 함으로써 기증자와 수증자 각각의 동의하에 생성된 부모·자녀 관계가 단지 기증자와 태어나는 아이가 유전적 연관성을 갖는다는 이유로 파괴되거나 위협받는 상황이 발생하지 않도록" 함으로써 비혼모 여성의 재생산 권뿐만 아니라, "자신의 탄생을 스스로 의도하지 않은 자녀의 법적 지위 및 권리의 확실한 보장까지도 가능하게 한다는 점에서 의의가 있"[21]는 것이라 할 수 있다.

여섯 번째 반대 논거는 "비혼 보조생식술의 활용이 자칫 동성애자들의 임신 방법으로 활용되어 동성애를 유지하는 수단으로 이용될 수 있어 위험성이 존재한다"라는 것이다. "우리나라의 경우에도 이러한 비혼 보조생식술이 허용되면, 여성 동성애 그룹들이 이를 적극 활용하여 동성애 가족 제도를 합법화하려고 시도할 것"이며 이는 "현행 우리 헌법의 제36조 제1항의 가족 제도가 양성을 기초로 성립되므로, 동성결혼은 이러한 헌법 정신에 위배되고, 국민의 공감대에 비추어 보더라도 동성결혼이 허용될 수는 없다"라고 주장하고 있다. 이러한 의견은 동성애를 사회적 위험 요소로 보는 차별적 통념에 기반한 것으로 가족 구성권을 오직 이성애자 커플만이 독점할 수 있는 권한으로 한정하고 있다는 문제점이 있다. 그러나 EU의 27개국 중 11개 국가가 여성 동성 커플에게 보조생식기술 활용을 허용하고 있으며 이는 다양한 가족 구성권을 통해, 재생산의 권리가 이성애자에게만 제한될 수 없는 권리임을 인정하고자 하는 데에 있다.

일곱 번째 반대 논거는 "건강가정기본법에 의하면 국가는 출산과 육아에 대한 사회적 책임을 인식하고 모·부성권 보호 및 태아의 건강 보장 등 적절한 출산·육아 환경을 조성하기 위하여 적극적으로 지원하여야 한다(제8조 제2항). 국가 및 지방자치단체는 가족해체를 예방하기 위하여 필요한 제도와 시책을 강구하여야 한다(제9조). 부를 알지 못하는 비혼 여성의 보조생식술에 의한 가정 구성은 건강한 가정을 해체할 위험이 존재한다"[22]는 주장이다.[23]

이 반대 논거와 〈건강가족기본법〉에서 주장하는 '건강한 가정'이라는 개념은 왜 문제적인 것일까? 이는 여전히 부계 혈통 중심주의에 입각한 3·4인 가족 모델에 한정되어 있으며 다양한 가족 형태에 해당하는 1인 가구와 비혼 인구, 동거 커플 등이 증가하는 현실을 제대로 반영하지 못하는 한계를 띠고 있기 때문이다. 한국리서치가 2020년 전국 만 19세 이상 성인 남녀 1,000명을 대상으로 진행한 비혼 출산 관련 설문조사에 따르면, "정상 가족의 범위를 혈연 중심이 아닌 다양한 가족의 형태를 포함할 수 있는 방향으로 법을 개정하는 것에 대해서는 78퍼센트가 찬성"했으며 "비혼이라 할지라도 인공수정이나 보조생식술(시험관시술)에 따라 자녀를 가질 수 있도록 명확하게 법으로 규정하는 것에 대해서는 62퍼센트가, 보조생식술을 사실혼 관계에 있는 사람들뿐만 아니라 비혼에게까지 확대하는 것에 대해서는 59퍼센트가 찬성"[24]한 것으로 나타난다. 다시 말해, 정상 가족 개념이 내포하는 차별성과 다양한 가족에 대한 인정이 제도적으로 자리 잡는 것에 대한 사회적 포용력이 매우 높아졌으며 비혼 출산의 권리가 법적으로 규정되는 것의 중요성에 대한 인식 공유가 사회적으로 이루어지고 있음을 알 수 있다.

여덟 번째 반대 논거는 "비혼 보조생식술은 의료 과실 등으로 실패할 확률이 높아 대리모 계약으로 이어질 수 있"다고 주장한다. "대리모란 '출산한 아이를 타인에게 인도하고 그 타인으로 하여금 친권을 행사하게 할 목적으로 그 아이의 임신 전에 체결된 계약에 따라서 임신한 여성'을 말한다. 비혼 보조생식술은 나이가 들어 시도되는 경우가 많기 때문에 난자가 생성되지 않거나 임신기능을 잃은 후가 될 수 있다"[25]라고 주장하고 있다. 여기에서 보조생식기술의 성공과 실패 여부는 여성의 비혼 여부에 달린 것이 아니라 해당 여성의 건강 상태와 나이, "의료인 및 의료기관의 수준, 그리고 생명의료과학기술의 발전 정도에 따라서도 차이를 보일 수 있"[26]는 것임에도 불구하고 보조생식기술의 실패의 원인을 비혼이라는 상태로 돌리고 마는 논리적 오류를 저지르고 있다. 또한 여성은 자신의 생식세포인 난자를 냉동하였다가 필요한 때에 해동하여 이용하는 보조생식기술 또한 이용할 수 있다. 다시 말해, 대리모 계약 없이도 자신의 냉동 생식세포를 통한 보조생식기술의 활용을 통해, 완경 이후에도 임신이 가능하다는 의학적 사실마저 제대로 고려하고 있지 않다. 또한 여덟 번째 반대 논거는 대리모를 통한 의뢰모와 보조생식기술을 통한 비혼모의 범주를 혼동하고 있다는 점에서 비혼모 반대 논거로 적합하지 않은 견해라 할 수 있다.

비혼모 출산을 둘러싼 쟁점들에 대한 찬성 논거

그렇다면 이제 보조생식기술을 통한 비혼모 출산에 찬성하는 논거들을 살펴봄으로써, 비혼모 출산이 우리사회에 던지는 발전적 함의들을 다각도로 탐색해보고자 한다. 첫 번째 찬성 논거는 보조생식기술을 통해 여성의 혼인 여부, 남성 파트너의 존재 여부, 현재의 가임 능력 여부에 상관없이 임신의 시기와 방법을 선택할 수 있다는 점에서 보조생식기술은 자기결정권의 확대이자 폭넓은 재생산권의 실행 방안으로 작동할 수 있다는 것이다. 보조생식기술이 "임신과 출산의 조절 가능성을 제공하여 여성들이 자신의 신체에 대한 통제권을 가질 수 있도록"[27] 함으로써, 여성의 생애주기에 있어서 막대한 영향력을 미치는 임신과 출산을 더 이상 어쩔 수 없이 닥쳐오는 사태나 운명으로 받아들이지 않을 수 있게 된다. 이로써 임신과 출산의 의미를 여성의 관점에서 적극적으로 재의미화할 수 있도록 한다.

두 번째 찬성 논거는 보조생식기술을 통해 비혼모가 된다는 것은 앞으로 태어날 아이의 안전과 복지에 대한 충분한 책임과 의무가 무엇인가를 확인하고 고려하는 단계를 반드시 수반한다는 점이다. 제3자의 정자를 비혼 여성이 기증받는다는 것은 단순히 생식세포의 수증자가 됨을 의미하는 것이 아니라, 앞으로 탄생할 아기의 복지를 책임질 수 있는 부양 능력과 정서적·심리적 안정성 등을 갖추고 있는가에 대한 선제적 검토 절차를 통해 엄마 되기의 소양과 책임성을 체계적으로 고무·증진시킬 수 있다는 것을 의미한다.

세 번째 찬성 논거는 보조생식기술이 "가족을 구성하는 기본 단위가 이제 부모−자녀가 아니라 모(母)−자녀로 바뀌기에 충분한 근거가 되고 있"[28]음을 보여주고 있다는 것이다. 이를 통해 기존의 부계 혈통 중심의 전통적 가족관에 근거한 남성 중심주의를 넘어설 수 있는 가족 형태가 출현 가능하게 된다. 또 여성과 남성 간의 이성애적 결합만을 유일한 가족의 형태로 여기는 것에서 벗어나 다양한 성 지향성을

가진 이들도 가족을 구성하고 재생산의 권리를 누릴 수 있도록 보조
생식기술이 기여한다는 것이다. 여성과 아이는 반드시 남성에게 귀
속되어야 한다는 기존의 전통적 통념을 깨고서 남성의 존재 없이도
여성 동성 커플이 보조생식기술을 통해 엄마로서의 역할을 해냄으로
써, 이성애 중심적, 남성 중심적 가족 구성권을 넘어설 수 있게 된다.
이로써 다양한 가족 구성권을 인정하는 사회로의 진전을 통해 다양
한 사회 구성원들의 "행복 추구권에 이바지하며, 사회에는 (미래의 사회)
구성원을 발생시킴으로써 그 영속성 추구가 가능하도록 하는 데에
일조"[29]할 수 있게 된다.

네 번째 찬성 논거는 허수경 씨나 사유리 씨가 체외수정을 통해 비
혼 출산한 사례의 사회적 반향을 통해 "생명의료과학기술의 이용을
여성의 입장에서 바라보아야 할 필요성을 드러"[30]내는 것을 도울 수
있었다는 것이다. 이로써 남성의 부계 혈통을 계승하기 위한 가부장
제적 의무의 강요로 보조생식기술을 이용할 수밖에 없는 것이 아니
라, 남성 파트너의 유무나 남성의 의사와 상관없이 자신이 선택한 임
신과 출산을 위한 보조생식기술들이 여성 신체에 유발할 수 있는 침
습성들(과배란 유도제의 부작용, 다태아 임신의 위험성)이 무엇인가를 정확하고
도 충분하게 제공받을 권리와 더불어, 여성의 재생산 건강권을 해치
는 의료적 부작용들과 후유증에 대해 적극적 관리를 받을 수 있는 권
리, 의료진이 이러한 부작용을 적극적으로 개선하고 다태아 임신을
막기 위해 최소한도의 배아를 이식하게 하는 등의 법적 조치들을 더
욱 체계화하는 데에 일조할 수 있을 것이다. 즉 "여성에게 재생산권리

의 보장은 단지 임신·출산이라는 목적의 달성을 가능하도록 하는 것만이 아니라 안전하고 건강하게 재생산능력을 이용하는 전 과정이 이루어질 수 있도록 하는 데에까지 이르러야"[31] 하는 것임을 가장 중요한 사안으로 여기게 하는 방향으로, 재생산권에 대한 논의가 성평등한 방향으로 이행하는 데에 크게 기여할 것이다.

비혼모 출산을 위한
사회적·제도적·인식적 변화의 방향들

그렇다면 보조생식기술을 통한 비혼모 출산의 제도화를 위해 어떤 변화들이 필요할까? 사유리 씨가 우리 사회에 던진 화두 앞에서, 이를 단지 출산율을 증진시키는 사례로만 읽어내선 안될 것이다. 왜냐하면 이 사건은 매우 복합적인 문제의식을 우리에게 던져주기 때문이다. 이 사건은 우리 사회가 얼마나 다양한 가족 형태에 열려 있는지, 부계 혈통 사회에서 아버지가 없는 아이라는 낙인 대신 아버지 없이도 가족 공동체를 구성할 수 있는 가능성이 우리 사회에 시사하는 바는 무엇인지, 그리고 결혼 여부에 상관없이 비혼 여성이 정자 기증을 받아 아이를 낳고 키우는 일을 한국 사회의 제도와 의료 체계가 실질적으로 뒷받침하는 방향으로 어떻게 변화 가능한지, 비혼 출산 가족에 대한 돌봄 지원과 경제적 지원이 중장기적으로 마련되어 있는지 등을 실질적으로 논의하도록 촉구하는 계기이기 때문이다.

보조생식기술에 의한 비혼 출산이 제도화되기 위하여 첫 번째로 고려해야 할 사안은 아이와 여성이란 존재를 남성에게 귀속되어야만 안전과 생존을 중장기적으로 보장받을 수 있는 부차적 존재로 보는 통념, 그리고 아이를 부계 혈통의 계승물로만 보는 가부장적 인식 자체에 대한 재고이다. 우리 사회에 강력히 존재하고 있는 이러한 통념에 의해 비혼모 출산을 터부시하는 관습이 생겨난 것이기 때문이다. 비혼모 출산이 사회적으로 인정받기 위해서는 남성 중심적, 부계 혈통 중심적인 가족 제도를 개편하고 다양한 가족 구성권에 대한 제도적 지원이 전제되어야 한다. 즉 비혼 출산은 한 개인의 특별한 선택의 문제가 아니라, 이 사회에서 가족이란 무엇인가, 누가 가족을 구성할 권한을 갖는가 등에 대한 근본적인 차원에서의 재정의를 요구하는 일이다. 왜냐하면 비혼모 출산은 이 사회의 기본 단위인 가족 제도에 대한 구조적·제도적 변화를 요청하는 계기이기 때문이다.

두 번째로 고려해야 할 사안은 비혼 출산이 법률적으로는 허용된다고 하나 실질적으로는 실행되기 어려운 현실에 대한 제도적 변화의 필요성에 대한 논의가 진전되어야 한다는 점이다. 법률혼 또는 사실혼 부부에게는 보조생식기술에 대한 비용을 국가 차원에서 보조해 주지만 비혼 여성의 경우에는 이러한 혜택을 전혀 받을 수 없기에 보조생식기술을 통해 비혼 출산을 하려면 막대한 비용의 지출 부담을 여성 개인이 오롯이 떠안아야 하는 문제가 발생한다. 또한, 대한산부인과학회의 의료 지침에 의해 의료 현장에서 비혼 출산이 정작 허용되지 않는 문제에 대한 실질적 의료 지침 개선이 필요하다. 그리하여 비혼 출산에 대한 의료보험 적용에 대한 규정 마련과 금전 거래를 목적으로 하지 않는 난자 기증 및 정자 기증의 합법적 수증자 대상에 비혼 여성 및 여성 동성 커플이 들어가는 구체적인 법률 조항을 제시하는 논의가 진행되어야 한다.

세 번째로 이 사안은 임신과 출산의 단계에서 논의가 마무리되는 것이 아니라, 비혼 출산 이후 어떻게 아이를 키울 것인가의 문제를 사회가 함께 고민해야 하는 시작점이기도 하다. 즉 보조생식기술을 통해 비혼 출산한 여성과 아이뿐만 아니라 자연임신으로 비혼 출산한 여성과 아이를 지원하는 체계적인 돌봄 지원 정책에 대한 논의는 물론, 이들이 경제적 빈곤의 굴레나 정서적 고립 등에 빠지지 않도록 하기 위한 제도적 지원 정책을 구체적으로 마련해 나감으로써 엄마와 아이의 안정적 관계를 사회적 차원에서 보장할 수 있도록 해야 한다.

이처럼 보조생식기술을 통한 비혼모 출산의 문제는 사회의 기본 단위라고 할 수 있는 가족의 구조를 새롭게 정비해 나가는 사안임과 동시에, 기존의 여성과 남성 간의 사회 내 관계 변화 또한 수반하는 일이다. 나아가 기존의 임신과 출산이 가진 가부장제 내에서의 부정적·소극적 의미와는 다른 적극적·긍정적 의미화와 가치화가 가능하도록 할 뿐 아니라 사회 구성원의 미래적 지속가능성의 새로운 지평을 열어주는 발본적인 변화의 계기가 될 것이다.

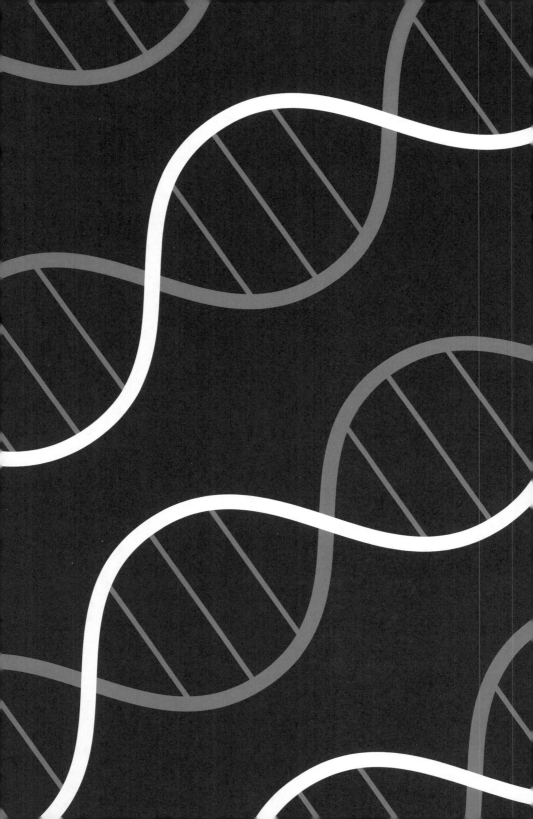

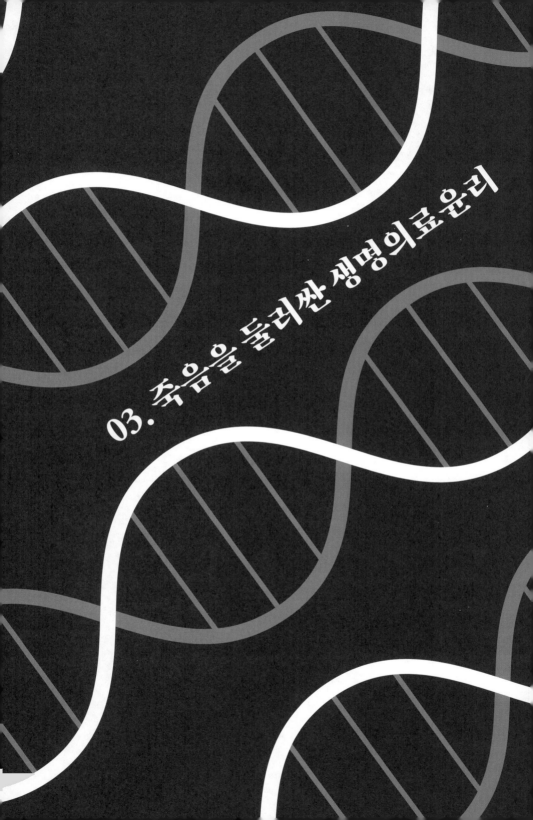

03. 죽음을 둘러싼 생명의료윤리

5

장기이식의 윤리적 쟁점
모아 보기

+ 최은경

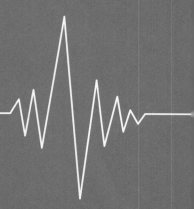

장기이식이란?

한 사람의 장기를 다른 사람에게 이식해 생명을 살릴 수 있다는 아이디어는 인류 역사에서 오래됐지만, 실제로 보편적으로 시행된 것은 각막 이식술이 성공한 1837년 무렵부터다. 혈관 봉합법이 개발되고 이식된 장기의 면역거부반응을 조절할 수 있게 되면서 장기이식은 더욱 널리 퍼지게 됐다. 1954년에 미국에서 일란성 쌍둥이 사이의 신장 이식이 성공하면서 고형 장기(신장·간·심장 등 고정된 형태의 장기)의 이식 시도가 급물살을 타게 됐다. 오늘날에는 수부hand 이식, 안면 이식, 자궁 이식 등 기존에는 시도되지 않았던 부위들의 이식이 첨단의 일종으로 각광받고 있다.

장기이식은 현대 의학의 발전을 상징하는 첨단 의술이다. 장기가 제 기능을 못해 필수적인 생체 기능을 유지할 수 없어 회복 가능성이 없거나 사망에 이를 수 있는 환자에게 장기이식은 생명을 구하기 위해 시도할 수 있는 마지막 치료이며 생명을 연장할 수 있는 주요한 수단이 된다. WHO의 통계에 따르면 2008년 이후 매년 10만 800건 가량의 고형 장기이식이 이뤄지고 있는데 신장이 6만 9,400건으로 가장 많고 간 이식은 2만 200건, 심장 이식은 5,400건 가량으로 뒤를 잇고 있다.[1] 장기이식은 현대 의학에서 생명을 구할 수 있는 보편적인 시술로 자리매김했다고 봐야 할 것이다.

하지만 장기이식의 이익은 큰 반면 얻을 수 있는 장기라는 자원은 희소해 윤리적 갈등이 발생할 여지가 크다. 그래서 현대 의학은 가용한 장기를 최대한 확보하려는 경향이 존재하며, 장기 취득 가능 범주가 새로이 규정될수록 새로운 윤리적 갈등이 발생한다. 현재는 사망한 또는 살아 있는 사람에게서 장기를 얻을 수 있다. 사망한 사람의 장기를 얻을 때는 사망시점 결정의 기준, 장기 취득 동의의 유효성, 장기 분배의 공정성 문제 등이 야기된다. 살아 있는 사람으로부터 장기를 얻을 때는 이타적·자발적 동기의 유무, 장기 매매의 가능성, 보상의 적절성 등이 문제가 된다. 장기를 기증하는 마음은 타인의 생명을 살리고자 하는 숭고한 선의에서 비롯된다. 그러나 실제로 장기 취득 과정에서 기증자의 의사를 존중하고, 개인의 신체의 온전성을 해치지 않으면서 장기를 취득하고 있는지의 문제에는 윤리적 관점과 숙고 과정, 정책적 개입이 필요하다. 장기는 가치를 따지기 어려운 선물인 동시에 중요한 사회적 자원이기 때문에 수요에 따라 어떻게 공정하게 배분해야 하는지도 사회적으로 풀어야 할 중요한 숙제가 된다.

장기이식의 쟁점들

1) 사후 장기이식

(1) 뇌사의 인정과 사망시점의 결정

뇌사는 죽음이라는 전통적 개념에 대비해 논쟁적으로 도입된 개념이다. 전통적인 관점에서는 생체 기능(호흡, 혈액 순환)의 자연스러운 종결만으로도 죽음을 결정할 수 있었다. 언제부터 죽음의 과정이 시작됐는지, 죽음의 상태로 결정해야 하는지는 의문이 되지 않았다. 그러나 인공호흡기가 개발되고 기계로 호흡과 심장박동을 유지할 수 있게 되면서 무엇이 죽음인지에 대한 질문이 제기됐다. 뇌사는 죽음 현상을 의학적 관점에서 재정의하기 위해 제기된 개념이다. 특히 장기이식 분야에서 기증자가 살아 있는 상태로 장기를 적출해야 이식 성공률이 높아진다는 사실이 알려지면서 뇌사가 전향적으로 검토되기 시작했다.

뇌사를 인정하는 의학계의 중론을 받아들여 1968년 '하버드 의과대학 뇌사 정의 특별위원회Ad Hoc Committee of the Harvard Medical School'에서는 공식적으로 전뇌whole brain의 영구적인 기능 정지를 개념화했고, 뇌사의 상태를 판단하기 위한 몇 가지 검사를 제시했다. 이는 뇌사로 정의내릴 수 있다면 기계로 호흡과 심박을 인위적으로 유지하더라도 사망을 선언할 수 있다는 것이다. 이 위원회가 정의한 뇌사의 핵심은 1981년 '미국의 의학·생의학 및 행동연구에서의 윤리 문제 연구를 위한 대통령 자문위원회President's Commission for the Study of Ethical Problems in Medicine and Biomedical and Behavioral Research'의 보고서 〈죽음을 정의하기 Defining Death〉에 반영돼, 혈액 순환과 호흡 기능의 비가역적 중지와 뇌간을 포함한 전뇌의 모든 기능의 비가역적 중지를 사망의 결정으로 정의하는 〈통일사망결정법Uniform Determination of Death Act〉을 제정할 것이 권고됐다. 이어 미국 전역에서 이 법이 수용되면서 오늘날의 전뇌사 기준whole-brain approach이 보편적인 것으로 수립됐다. 전뇌사의 기준에서 보면, 영구적 코마permanent coma 상태나 지속적 식물인간 상태persistent vegetative state는 사망 상태가 아니다. 이들 상태는 의식이 비가역적으로 소실될 뿐 뇌간의 기능인 혈액 순환과 호흡 기능은 중지되지 않고 있기 때문이다. 그러나 고등 뇌 기준higher-brain approach, 즉 의식의 비가역적 소실만으로도 사망으로 봐야 한다는 기준에 따르면 지속적 식물인간 상태는 사망으로 간주될 수 있다. 만약 고등 뇌 기준 옹호자들의 주장처럼 뇌의 기능 상실이 의식과 같은 개인의 인격 구성 요소의 상실을 의미하기 때문에 사망으로 볼 수 있다고 한다면, 지속적 식물인간 상태의 환자로부터 장기를 추출하는 것까지도 가능하다. 비록 고등 뇌 기준을 채택한 국가는 어디에도 없으나, 이 기준은 미국에서 무뇌아를 살릴지를 논쟁할 때에 중요하게 거론되기도 했다. 뇌간 외의 뇌 부위가 발달하지 않은 무뇌아를 사람으로 간주할 수 있을지 모호했기 때문이다.

　모든 이식용 장기를 심장사한 환자로부터 기증받았던 과거와 달리 뇌사 개념이 정착된 후로는 장기이식의 성공률 때문에 심장사보다 뇌사 상태의 환자로부터 장기를 이식받는 것이 선호됐다. 그러나 의료계에서는 이식용 장기가 희소하기 때문에 심장사 환자로부터 장기를 이식받는 비율을 높여가고 있다. 심장사 환자로부터 이식용 장기를 적출하는 것은 심장 정지를 비가역적인 과정으로 보고, 사망에 이르는 동시에 이식을 위한 적절한 장기 적출 시점을 찾는 것을 의미한다. 특히 중환자실 환경에서 연명의료 중단을 통해 사망하는 경우에 해당된다. 그러나 심장 정지에 이르는 비가역적인 과정에 돌입했다고 언제 결정할 수 있을지 의료계 내에서 합의된 바는 없다. 드물긴 하지만 심폐소생술 실패 이후에도 자발적 심소생과 회복이 이뤄진 사례도 있어 문제는 더욱 복잡하다. 연명의료 중단 결정이 이뤄질 때처럼, 비가역적인 죽음에 이르는 시점에 관한 의학적 판단이 필요하나 합의된 기준을 채택할 수 있을지 의문이 남는다.

장기이식의 필요성은 사망에 이르는 과정 중 가장 이른 시점에 장기를 적출해야 한다는 압박으로 작용한다. 즉 기준에 따라서는 아직 사망 선언이 내려지지 않을 시점임에도 장기이식을 위해 사망 선언을 받는 경우가 있는 것이다. 이런 상황에서 일각에서는 사망한(또는 사망이 선언된) 기증자로부터만 장기를 기증받는 것(사망한 기증자 규칙dead donor rule)이 윤리적인 원칙으로 작동할 수 있는지 의문을 제기한다. 분명한 사망의 시점을 정하기 어려운데도 사망 선언 순간부터 기증자의 신체에 대한 권리가 탈각되는 점에 대한 비판이다. 개인의 법적 권리에서 생존 상태와 사망 상태의 위상이 다른 만큼 분명하고 확고한 사망 시점 판단이 필요하나, 의학적으로 분명한 판단을 제시할 수 있을지는 여전히 해결이 불분명하다.

(2) 장기 취득 동의의 모델과 주체

현재의 장기 기증 모델은 자발성 존중과 신체 온전성 존중이라는 윤리 원칙에서 비롯했다고 볼 수 있다. 사후 기증자는 살아 있지 않기 때문에 생전의 자발성이 여전히 유효한지 의문이 있다. 그러나 장례에 관한 고인의 의사를 지키고자 하는 것처럼 고인의 생전 의사를 사회적으로 중요하게 다룬다는 점에서 그것을 무시하는 일은 비도덕적으로 간주될 수 있다. 자율성 존중의 원칙은 사망 이후에도 여전히 준수돼야 할 원칙으로 받아들여지기 때문이다. 신체 온전성 존중의 원칙은 개인을 넘어서 인간성 자체에 대한 존중의 의미가 크다. 고인의 신체 온전성을 훼손하며 장기를 적출하는 것은 타인의 생명을 살리는 이득이 크기 때문에 제한적으로 허용된다. 타인에게 또는 사회에 직간접적인 이익이 되지 않는 사체의 훼손은 비록 고인의 뜻이라 해도 정당화하기 어렵다. 신체 장기 적출이 제한적일 수밖에 없는 이유다.

자율성 존중의 원칙에 입각할 때 기증자가 생전에 장기 기증 의사를 밝혔는지 여부는 사후 장기 기증 여부를 결정할 때 제일 중요한 고려 요소다. 오늘날 장기이식 윤리에서 벌어지는 논쟁은 명시적으로 장기 기증 의사를 밝힌 것만 인정할 것인가(옵트인opt-in), 거부 의사를 명시적으로 표명하지 않으면 기증 의사가 있는 것으로 인정할 것인가(옵트아웃opt-out)이다. 전통적인 기증 모델은 옵트인 제도를 채택했으나 장기의 희소성이 문제가 되면서 오스트리아·스페인·크로아티아·벨기에·칠레·싱가포르, 최근에는 영국까지 옵트아웃 제도를 채택하는 사례가 늘고 있다. 옵트아웃 제도는 타인의 생명을 구하는 목적으로, 명시적 반대가 없는 한 장기를 적출할 수 있도록 함으로써 결과론적인 입장에서 생명을 구하는 데 좀 더 방점을 두었다고 볼 수 있다. 옵트아웃 제도를 채택한 국가와 그렇지 않은 국가 사이에는 기증 비율이 25퍼센트에서 30퍼센트 정도 차이가 나 제도에 따른 효과 차이가 큰 것으로 여겨진다. 그러나 칠레처럼 옵트아웃 제도 채택 후 기증 비율이 감소한 사례 또한 존재한다. 옵트아웃 제도의 정착을 위해선 사망 후 신체에 대한 사회적 귀속과 배분이 얼마나 사회적으로 납득 가능한지가 중요하다.

명시적 동의 제도를 채택한 국가라도 기증자의 명시적인 의사에만 절대적으로 의존하지는 않는다. 즉 기증자의 명시적 의사가 없어도 친인척 같은 대리인이 동의를 하는 것을 허용한다. 이 또한 자율성 존중의 원칙에 입각한 제도이지만 만약 고인이 사전에 장기 기증 의사를 충분히 상의하지 않은 경우 문제가 된다. 또 고인이 사전에 기증 의사를 밝혔음에도 가족이 반대하는 경우 이를 수용할 수 있을지도 중요한 주제다. 고인만을 동의의 주체로 간주하는 국가에서조차 실제로 가족의 반대를 무릅쓰고 고인의 기증 의사를 실천하는 것은 쉽지 않다. 가족이 장기 기증에 협력하지 않는 경우 이식 전에 필요한 고인 관련 정보(병력·전염력 등)를 얻기 어렵다는 현실적인 문제도 있다. 한 연구에 따르면 54개국을 조사한 결과 이 중 85퍼센트의 국가가 어떤 동의 제도를 채택하든지 관계없이 가족이 고인의 장기 기증을 반대하면 장기를 추출하지 않는다.[2] 재산에 대한 고인의 유언이 가족의 반대에도 불구하고 집행되듯 장기 기증에 대한 고인의 의사가 다른 주체들의 의사보다 우선돼야 한다는 점은 분명하나 실제 실현되기에는 어려운 점들이 있다.

(3) 공정한 장기 분배의 문제

장기는 매우 가치 있는 사회적 자원이자 선물이다. 그래서 어떤 원칙으로 분배할지가 중요한 윤리적 질문이 된다. 특히 생전 기증과 달리 사후 기증은 익명의 불특정 타인에게 기부하는 것이기 때문에 공정한 장기 분배의 원칙을 확립하는 일은 해당 사회의 윤리적 기준을 반영하는 것이며, 장기이식 프로그램에 대한 신뢰의 척도가 된다.

그렇다면 분배 결정을 윤리적으로 검토할 때 결정의 주체는 누가 돼야 하는가? 전통적으로는 환자의 최선의 이익을 직업적 소명으로 삼는 의사가 결정의 주체가 돼야 하나, 장기이식의 경우 기증자를 담당하는 의사와 수혜자를 담당하는 의사 간의 이해 충돌이 발생한다. 또한 수혜자를 담당하는 의사들 사이에서도 누가 장기를 수혜받아야 하는가의 문제를 두고 이해 충돌이 일어날 수 있다. 그러므로 현대 국가에서는 장기 분배에 관한 결정을 의사 또는 의사 집단에게 맡기는 것이 아니라 법에 의거한 공적 기관이 담당한다. 미국의 장기기증네트워크United Network for Organ Sharing, UNOS, 영국의 인체조직관리국Human Tissue Authority, HTA, 한국의 국립장기조직혈액관리원 등이 그것이다.

장기는 매우 희소한 자원이다. 국내에서 장기이식을 기다리다가 사망한 사람은 2012년부터 2017년까지 총 7,776명, 하루 평균 4.9명에 달한다. 이 때문에 장기를 분배하는 합리적인 기준이 중요해질 수밖에 없다. 분배의 기준에는 장기의 질, 이식 후 수혜자가 얻을 기대 여명, 항체 수준, 조직 적합성, 대체 치료(신장의 경우 투석) 기간, 생존 기증자 여부 이력, 연령, 의료취약지 거주 여부, 응급 상황 여부 등을 고려한다.

　누가 장기를 이식받을 최적의 수혜자인지를 계산하는 것은 공식으로 도출되는 것처럼 보인다. 하지만 그보다는 보편적인 도덕적 원칙에 의거해 이식 우선순위에 관한 배점이 이뤄진다고 보는 것이 타당할 것이다. 첫 번째 원칙은 장기이식의 이익이 최대여야 한다는 것이다. 이때의 이익은 수혜자 개인이 사회적으로 얼마나 기여할지와 같은 사회적 이익을 배제하는 것이어야 하고, 기대 여명이나 삶의 질 개선과 같은 의료적 이득에 한정돼야 하며, 수혜자 개인이 그 이익을 얻을 잠재력이 커야 한다. 두 번째 원칙은 장기의 이식이 공평성이나 정의로움을 담보하고 있어야 한다는 것이다. 만약 장기이식의 혜택이 특정 인구 집단(인종·계급·성별 등)에 집중된다면 이는 불공평하고 부정의한 일로 간주될 수 있기 때문에 차별적 요소를 배제해야 한다. 만약 다른 조건이 같다면 더 오래 기다린 사람에게 분배되는 것이 바람직하다. 또한 대중에게 장기 분배 기준과 관련 절차를 투명하게 제시해야 한다.

　UNOS는 유용성의 기준으로 환자 생존율, 이식편(이식되는 조직) 생존율, 삶의 질, 활용 가능한 대체 치료, 연령을 고려한다고 밝혔다. 그리고 정의의 기준으로 의학적 응급성, 미래에 적합한 장기를 발견할 가능성, 대기 시간, 이식 횟수, 연령, 지리적 공평성 등을 고려한다고 밝혔다. 유용성의 기준을 고려할 때 제일 먼저 생각해볼 수 있는 것은 이식을 통해 얻을 수 있는 추가 여명이다. 이식 후 최소 몇 년까지 추가 여명이 가능한지는 환자 생존율과 이식편 생존율로 측정된다. 특히 면역학적으로 인간백혈구항원human leukocyte antigen, HLA 불일치 여부가 이식편 생존율에 영향을 미치기 때문에 불일치가 없거나 적은 이식 대상자를 우선순위로 삼는다. 삶의 질 부분은 질보정수명quality-adjusted life-year, QALY으로 측정되는데, 기증자와 수혜자의 상태별로 다를 수 있고, 치료가 어려운 환자에 대한 차별이자 정의의 원칙에 위배될 수 있다는 이유로 비판받는다. 연령은 이식의 효과를 고려할 때 가장 크게 고려하는 요소 중 하나다. 일반적으로 더 젊은 환자는 수술을 견디기가 쉽고, 기대 여명이 노년 환자보다 길기 때문이다. 신장 질환의 경우 소아 환자는 투석을 통해 얻을 수 있는 효과가 제한적이거나 성장 문제가 발생할 수 있어, 신장 분배에서 소아 환자는 성인 환자보다 더 우선권을 가진다.

정의의 원칙에서는 부정의하거나 불공평한 분배가 이뤄지지 않는지를 검토한다. 효과성만을 따졌을 때 기대 여명이 높고 사회적 혜택이 높은 집단(예를 들어 젊은 중산층 남성)에 장기가 집중될 수 있고, 다른 집단에는 기회가 주어지지 않는 불공평함이 발생할 수 있다. 의학적 응급성, 현재 필요성, 전 생애에 걸친 필요성 등이 가장 크게 고려되는 정의의 기준의 판단 요소다. 가장 아픈 사람이 장기를 얻는 것이 바람직하다는 것, 이식하지 않으면 사망할 가능성이 높은 사람에게 우선권이 주어져야 한다는 것, 질환의 진행 속도가 급격한 사람일수록 빨리 이식받아야 한다는 것 등인데 이는 의학적 필요에 따른 판단이다. 그뿐 아니라 맞는 장기를 미래에 발견할 가능성, 대기 기간, 전 생애에서 가지는 기회 등이 같이 고려된다. 이를테면 패널반응성항체panel-reactive antibodies, PRA가 높은 이식 대기자는 교차 반응 양성 장기를 이식받았을 때 이식 거부율이 높을 수 있어 교차 반응이 음성인 장기가 나타났을 때 우선권을 가진다. 지역도 고려 요소가 된다. 만약 장기의 분배 범위를 시·도 단위로 국한한다면 지방의 이식 대기자는 서울의 이식 대기자보다 장기를 분배받을 기회가 훨씬 낮아질 것이다. 만약 장기이식의 효과에 유의미한 큰 차이가 없다면, 의학적 필요성에 따른 분배에서 지역에 차등을 두는 것은 정당화되기 어렵다.

유용성의 원칙과 정의의 원칙은 잠재적 충돌 가능성을 갖고 있다. 그리고 하나의 원칙이 다른 원칙에 비해 우선돼야 한다는 고정된 결론을 내리기 어렵다. 이를테면 유용성의 원칙에만 입각해서 건강한 사람이 이식 효과가 낮은 장기 투병 환자보다 늘 우선적으로 더 이식받을 수 있다고 할 순 없다. 그렇다고 정의의 원칙에만 입각해 의학적 필요가 높은 환자가 다른 환자보다 항상 먼저여야 한다고 할 수도 없다. 의학적 필요와 응급성은 물론 이식이 가져올 수 있는 효과가 합리적으로 높은지도 중요하기 때문이다. 분배 결정 하나하나에 각각의 원칙이 충돌할 가능성을 고려해 이들 원칙을 균형 있게 고려하며 이를 통해 장기라는 이익의 분배 효과를 극대화해야 한다.

2) 생체 장기이식

장기이식의 기본적 전제는 사망한 사람으로부터의 장기 적출이다. 살아 있는 사람의 장기를 적출하는 것은 기증자에게 심각한 해악이 가해지지 않는 단일 신장이나 간 일부 엽(간의 분획) 정도에 국한되며 그 외의 경우는 설령 살아 있는 사람이 적출에 동의했다 하더라도 윤리적으로 정당화되기 어렵다. 아무리 자발성에 기반했다 하더라도 생체 온전성을 비가역적으로 해치거나 삶의 질을 저하시키는 것을 용인하는 건 쉽지 않기 때문이다.

생체 장기 기증은 사후 기증보다 동의의 측면에서는 좀 더 나은 편이다. 언제든지 기증 의사를 거부하거나 철회할 수 있기 때문이다. 그러나 기증자에게 장기 기증에 대한 부당한 압력이나 강요가 존재할 가능성이 있어 주의해야 한다. 생체 장기 기증은 이타적 동기에 의한 기증만이 윤리적으로 용인되며, 대다수의 국가에서 매매를 이유로 한 기증을 금지한다. 글로벌 장기 매매 시장이 확대되는 상황에서 장기 매매에 대한 엄격한 금지 입장의 실효성에는 회의적인 시선이 있기도 하지만, 인체가 매매의 대상이 돼서는 안 된다는 윤리적 공감대는 여전히 견고하다.

(1) 생체 장기 기증의 이타적·자발적 동의 여부

생체 장기 기증은 기증자에게 아무런 이익이 없지만 이타적 동기에 따라 선택하는 행위다. 그렇기 때문에 기증자에게 가해지는 위험이 용인될 수 있는 수준이어야 한다는 공감대가 폭넓게 형성돼 있다. 그렇지 않으면 기증자의 이해가 이식 대상자의 이해에 종속되는 결과를 낳을 수 있고, 개인에 대한 착취로 이어질 수 있기 때문이다. 당사자에게 직접적인 이익이 없고 위험에 노출될 가능성이 높으나 자발적인 선택으로 참여한다는 점에서 생체 장기 기증은 의학 연구 참여와 유사하게 생각된다. 의학 연구의 위험이 용인될 수 없는 수준일 때 연구윤리심의위원회IRB의 승인을 얻을 수 없듯이, 생체 장기 기증의 위험 역시 용인될 수 없는 수준이라면 수행돼서는 안 된다.

충분한 정보에 근거한 기증자의 동의는 무엇보다 중요하다. 기증의 위험과 결과에 대해 일목요연하게 설명된 정보를 바탕으로 동의가 이뤄져야 하고, 기증자는 독립된 개인으로 동의를 제공할 수 있는 능력이 있어야 한다. 이 때문에 WHO의 장기이식 관련 지침을 포함해 대부분의 국가에서 극히 일부를 제외하고는 미성년자 생체 기증을 법적으로 금지하고 있다. 한국은 〈장기등 이식에 관한 법률〉(이하 '〈장기이식법〉')에서 생체 기증 동의의 기준을 만 16세로 하고 있는데, 기증자를 법적으로 대리하는 부모가 이식 대상자가 되는 경우가 많아 자발적 동의가 보장되기 어려울 수 있다.

생체 장기 기증의 신체적 위험은 가장 기본적으로 설명돼야 하지만, 단기적 위험 외에 장기적인 위험은 아직 충분히 의학적 근거가 쌓였다고 보기 어렵다. 생체 장기 기증자를 전수 등록해 기증 후의 위험에 관해 꾸준히 추적 관찰할 필요성이 있다. 생체 장기 기증자가 가질 수 있는 위험은 신체적인 것으로만 국한되지 않는다. 장기이식을 했으나 이식편에 면역거부반응이 일어나거나 이식 대상자가 장기를 이식받은 후 사망했을 경우의 상실감 같은 심리적 위험도 클 수 있다. 기증이 거부됐을 때에도 유사한 심리적 위험이 존재할 수 있다.

이식 대상자가 생체 기증을 받을 수 있는 대상은 점점 확장되는 추세다. 과거에는 유전적으로 연관 있는 관계에서만 기증과 이식이 가능하다고 여겼지만 면역억제제 같은 기술의 발전, 쌍 기증paired donation 과 같은 프로그램³의 발전으로 유전적 연관이 없지만 감정적인 연관이 있는 관계(배우자·친구 등)로부터 기증을 받는 것이 법적·정책적으로 허용되고 있다. 영국처럼 완전히 관련 없는 관계로부터의 이타적 기증을 허용하는 경우도 있다. 매매 가능성을 논외로 한다면, 이런 이타적 생체 기증의 위험은 윤리적으로 허용 가능한가? 가족 관계나 지인 관계에서 장기를 기증하는 것은 순수한 이타적인 행위로 볼 수 있으나, 가족 내에서도 어느 한 쪽의 과도한 영향력이 작용할 가능성이 있다. 만약 이식 대상자가 장기 기증의 필요성이 크고, 사후 기증을 받을 가능성이 낮다면 의료진이 생체 장기 기증 가능성을 언급했을 때 가족 구성원들은 압박을 피하기 어렵다. 만약 잠재적 기증자가 된 가족 구성원이 기증 요구를 직접적으로 거절하기 어려워서 의료진에게 의학적 사유를 지어내달라고 요청한다면 이를 수용할 수 있을까? 이처럼, 충분한 설명에 근거를 둔 자발적 동의가 생체 기증이 성립하는 근간임에도 불구하고 이를 현실적으로 보호하는 방법에는 어려움이 존재한다. 그래서 오히려 관련 없는 관계로부터의 이타적 기증이 더 자발적 동의에 기초한 것이라는 입장도 존재한다.

(2) 장기 매매 가능성

장기 매매 시장은 장기는 지나치게 적은데, 장기가 필요한 사람은 많아서 생겨난다. 높은 비용을 감당할 수 있는 사람만이 장기를 구입할 수 있기에 돈이 필요한 저소득 계층이 영향을 받을 수 있다. 그래서 장기 매매 시장의 공급원은 저소득 국가, 저소득층이 될 가능성이 높고 수혜자는 고소득 국가, 부유층이 될 가능성이 높다.

기술의 발전으로 국제적인 장기 매매 시장이 형성되자 WHO를 비롯한 국제기구에서 이를 심각한 이슈로 다루기 시작했다. 2004년 WHO 총회에서 회원국들이 "'이식 여행'과 조직 및 장기 매매로부터 가난하고 취약한 계층을 보호하는 조치를 취할 것"을 요청했다. WHO는 2007년 약 6만 건의 신장 기증이 국제 장기 매매를 통해 이루어진다고 추산하였다.[4] 해외 장기이식 경험에 관하여 2000년부터 2015년까지 출판된 문헌들을 체계적으로 연구한 한 연구에 따르면 총 6,002명의 환자들 중 가장 많이 이동한 경로는 대만 및 한국에서 중국으로 향한 경로이다.[5] 그러나 장기 판매자의 건강 상태와 장기적인 결과를 조사한 국가는 없다. 장기 판매자가 장기를 판매한 후 신체적·정신적 건강이 악화되어 직장에 다니기 어려워지고 경제적 여건이 도리어 나빠졌다는 보고가 많다.[6]

살아 있는 인간으로부터 장기를 적출하는 장기 매매 시장은 여러 가지 윤리적인 문제가 있다. 그러나 이것이 장기 매매의 심각성을 정책적으로 해결하는 동력이 되기엔 아직 부족하다. 우선 이타적 기증이 합법적으로 이뤄지고 있으므로 살아 있는 인간의 장기 매매 역시 문제가 없는 것으로 인식하기 쉽다. 인체가 시장에서 교환 가능한 상품이 돼서는 안 된다는 원칙은 유효하지만 국제적인 장기 매매 시장을 막기는 어렵다. 사실 자율성 존중의 원칙을 근간으로 하는 의료윤리의 입장에서는 이 문제를 아직 정면으로 다루고 있지는 않다. 예를 들어 장기이식의 내용을 충분히 이해하지 못하는 빈곤층으로부터 받는 동의가 유효하다고 볼 수 없다는 주장은, 다른 종류의 생명의학 연구에서도 동일하게 주장돼야 하지만 그렇지 못한 실정이다. 다른 연구에서는 이들에게 동의 능력이 있는 것으로 인정된다. 동의가 (빈곤에 따른) 강압에 의한 것이므로 무효로 봐야 한다는 주장은 빈곤층이 한 선택을 철회하는 것이 과연 정의로운 것인지 또 다른 의문을 제기한다. 장기 매매가 개인의 빈곤을 해결할 수 있는 방법 중 하나이기 때문이다. 장기 기증은 이타적인 동기에서 이뤄져야 한다는 주장, 매매가 인간 존엄성을 해친다는 주장은 매매의 동기와 이타적 동기를 구분하기 어렵다는 반론과 자율성과 존엄성 존중이 별개가 아닐 수 있다는 반론에 직면한다.

그럼에도 불구하고 장기 판매자가 겪는 착취는 심각하다. 약속된 금액을 지급받지 못하는 일이 빈번하고 판매자가 받는 금액보다 병원과 브로커가 받는 금액이 많은 경우가 대부분이다. 모집 과정에서 사기나 속임수도 일어나며 장기 적출 후 의학적 추적 관찰도 없다. 국가에서 이런 남용을 방지해야 하지만 국제적 협력 없이는 어렵다. 한 국가가 규제를 강화하면 수요자들은 규제가 느슨한 다른 국가로 이동할 뿐이기 때문이다. 이처럼 장기 매매의 문제에는 장기 매매 그 자체가 지니는 도덕적 문제점과 장기 매매 시장이 갖고 있는 착취적 성격이 얽혀 있기 쉽다. 그러므로 장기 매매 그 자체의 문제와 별도로 장기 매매 시장에 개입하는 정책이 필요하며, 정책 결정에 충분한 근거를 수집하기 위해서는 먼저 장기 매매가 존재한다는 현실을 공개적으로 인정하는 것이 필요하다.

국내외 장기이식 관련 법률

여러 국가들의 장기이식 관련 법률은 죽음의 정의, 개인의 동의, 매매의 금지 등을 정의하고 있고 대체로 유사하다. 하지만 개인의 죽음을 어떻게 정의하는지, 장기이식에 필요한 기증자 동의를 어느 수준까지 받아들이는지, 장기 매매를 법적으로 어떻게 다루는지, 보상은 어떤 수준으로 정의하는지 등에는 차이가 있다.

죽음의 정의, 기증자 동의는 문화마다 다르다. 대부분의 서구 국가에서는 1960년대 말부터 전뇌사를 보편적인 사망의 정의로 받아들였으나 가톨릭교·이슬람교·유대교 국가에서는 아직 수용되지 않았다. 일본에서는 심장이 뛰고 있을 때 죽음을 선언하는 것에 회의가 컸던 탓에 장기 수증을 위해 해외로 원정을 떠나는 환자가 많았다. 이후 1997년 통과한 일본의 장기이식 관련 법률은 사망의 정의를 두 가지(뇌사·심장사)로 두고 기증자의 가치에 따라 선택할 수 있게 함으로써 죽음에 관한 복수의 정의를 포용하는 것이 특징이다. 이스라엘에서는 유대교의 강한 반대로 뇌사를 정의하는 일에 매우 오랜 시간이 걸렸는데, 일본과 마찬가지로 죽음의 정의에 심장사와 뇌사를 두고 기증자가 선택할 수 있도록 했다. 한국은 죽음의 정의를 두 가지 중 선택하지 않고 기증을 할 수 있는 경우에만 뇌사를 인정할 수 있게 했다. 이러한 국내 〈장기이식법〉의 입장은 윤리적 원칙이 구현됐다고 하기 어렵다. 왜냐하면 죽음 정의의 다양성을 인정하고 개인 가치관의 존중 요구가 반영됐다고 보기엔 무리가 있으며, 목표에만 입각한 나머지 죽음 정의의 변경을 허용하기 때문이다. 뇌사의 인정 자체가 장기 기증이란 목표에 종속된다면 삶과 죽음의 경계 또한 장기 기증이란 효용성 안에서만 생각될 수 있기 때문이다. 결국 삶과 죽음의 경계에 대한 한국의 법 정신이 없는 셈이다.

대부분의 국가에서는 사후 기증 시 장기 기증자의 동의를 구하며, 소수의 국가를 제외하고는 옵트인 제도를 실시하고 있다. 싱가포르와 일부 유럽 국가에서는 '추정 동의'와 옵트아웃 제도를 실시한다. 아시아 국가의 기증 동의 문제에서 독특한 것은 개인의 동의를 가족 동의보다 우선하지 않고, 가족 동의 없이는 기증을 허락하지 않는다는 점이다. 일본의 법률과 한국의 〈장기이식법〉이 이를 따르고 있는데, 가족이 환자 개인의 자율성을 존중하기보다는 그들 최선의 이익을 위해 환자를 보호하는 단위라는 관념이 강하며, 죽음 역시 개인의 과정이라기보다 공동체의 과정이라는 생각이 반영됐다고 볼 수 있다. 서구의 자율성 존중의 원칙이 엄격하게 적용되고 있지 않은 의료 상황이 장기이식 관련 법률에도 반영된 것이다.

장기이식이 안고 가야 할 윤리적 쟁점들

장기이식은 인류가 최근에 눈부시게 발전시킨 기술이다. 사망을 피할 수 없게 된 이들이 의지할 수 있는 최후의 시술로 각광받으면서 그 수요가 날로 증가했으나, 공급은 매우 낮은 것이 현실이다. 높은 수요에 비해 낮은 장기 공급량은 윤리적 긴장을 낳는다. 죽음을 어떻게 정의할 것인가, 사전 동의를 어떻게 이해할 것인가, 장기 분배를 어떻게 하는 것이 바람직한가 등 장기이식에 관련된 윤리적 문제는 다양하다. 장기 공급량을 높이기 위해 동물 장기를 사용하거나 인공장기를 개발하는 등 다양한 시도가 이뤄지고 있으나 아직 임상적 유용성도, 윤리적 정당성도 충분히 얻지 못했다. 타인의 선의에 기대서만 마지막 생존 기회를 얻을 수 있는 것이 장기이식의 세계다.

장기이식은 생명을 구하는 고귀한 가치를 지니고 있으나 장기의 수급과 분배가 윤리적으로 안내되지 않으면 그 가치를 살리기 쉽지 않다. 장기의 분배가 제대로 되지 않는다면 시스템에 대한 대중의 신뢰를 잃게 되고, 시스템의 성공적 운영이 어려워진다. 장기 적출과 공급에서 잘못된 사례가 알려져도 시스템이 실패하기 쉽다. 장기이식은 국가가 운영하는 대표적인 시스템인 만큼 윤리적인 운영을 통해서만 시스템의 목표를 달성할 수 있음을 명심해야 할 것이다.

6

안락사를
어떻게 볼 것인가

+ 구영모

안락사의 개념

'안락사euthanasia'는 어원적으로 '수월한 죽음easy death'을 의미한다. 그러나 오늘날에는 치유될 수 없는 질병으로 커다란 어려움을 겪고 있는 사람들의 고통을 덜어주기 위해 그를 죽음에 이르게 하는 것을 뜻하게 되었다. 안락사는 '한 사람의 최선의 이익을 위해 행위 또는 무위無爲로 그 사람을 의도적으로 죽음에 이르게 함'이라고 정의할 수 있다. 여기서 하나의 행위가 안락사가 되기 위해서는 그 행위가 반드시 죽임을 당하는 사람의 이익을 위한 것이어야 한다는 점이 중요하다. 그러므로 설령 약물 등을 이용해 한 사람을 아무 고통 없이 죽음에 이르게 한다 하더라도, 그 죽임이 당사자의 최선의 이익에 부합하는 것이 아니라면, 예를 들어 그것이 가족이나 그 사람이 속한 사회의 이익을 위해 수행되었다면 정의定義상 안락사라고 말할 수 없다.

안락사는 의사가 말기 환자에게 진통제를 투여하는 행위와 구별
되어야 한다. 의사들은 말기 환자에게 충분한 양의 진통제를 투여하
기를 꺼려하는 경우가 종종 있다. 환자들이 진통제 때문에 죽게 될까
봐 두려워하기 때문이다. 의사들은 만약 그런 일이 일어날 경우 안락
사를 행한 것으로 간주되어 처벌받을지도 모른다는 점을 걱정한다.
하지만 의사가 말기 환자에게 진통제를 투여하는 행위는 안락사가
아니다. 결코 환자의 죽음을 의도한 것이 아니기 때문이다. 도덕적 관
점에서 볼 때, 한 사람을 죽음에 이르게 하려고 의도적으로 치사량의
진통제를 투여하는 행위는, 비록 그 행위가 결국에는 환자를 죽음에
이르게 할지도 모른다는 점을 예견하면서도 환자의 통증을 완화시키
려는 의도로 진통제를 투여하는 행위와 분명 차이가 있다. 전자가 명
백한 안락사인 반면, 후자의 경우는 '이중결과의 원리'에 의해 정당
화될 수 있다.

한편, 어떤 학자들은 그 죽음이 비록 당사자들의 소망과 대립되는
것은 아니지만 특별히 그 인격체의 최선의 이익을 위해서 야기된 것
이 아닌 경우들도 안락사에 포함시키자고 제안한다. 심한 장애를 안
고 태어난 신생아의 경우가 여기에 해당한다. 이 경우, 엄밀한 의미에
서는 안락사가 아니지만 우리가 그 차이점을 명백히 한다면, 편의상
같이 논의할 수 있을 것이다.

만약 우리가 '안락사'라는 말을 엄밀한 의미로만 사용하도록 제
한한다면, 어떤 행위가 안락사가 되기 위해서는 당사자가 아닌 타인
이 죽음을 야기해야만 한다. 그렇다면 엄밀한 의미에서 '의사조력자

살'은 안락사에 속하지 않을 것이다. 의사조력자살은 본질적으로 자살이고, 이때 의사의 역할은 환자의 자살을 도와주는 것에 지나지 않기 때문이다. 하지만 오늘날 안락사라는 말이 보통 의사조력자살을 포함하는 의미로 쓰이므로 이 글에서는 안락사에 의사조력자살을 포함해 논의하겠다.

1) 자발적 안락사[1]

안락사에 대한 일반적인 정의 내에는 세 가지 유형이 있는데, 이들 각각은 독특한 윤리적 문제들을 일으킨다. 우선 자발적 안락사voluntary euthanasia는 죽임을 당하는 당사자의 의사에 따라 수행되는 안락사의 유형이다. 이때 당사자는 명령·의뢰·신청 등의 방식으로 안락사를 요청하거나 소극적인 방식으로 안락사에 동의한다. 오늘날 서구에서 안락사를 허용하도록 법을 개정하려는 캠페인을 벌이는 대부분의 단체는 이 자발적 안락사를 위해 운동을 하고 있다. 때로 자발적 안락사는 조력자살과 구별하기 어렵다.

　가족의 자발적 안락사 경험을 담은 책《진의 길Jean's Way》에서 데릭 험프리Derek Humphry는 암으로 죽어가는 아내 진이 고통 없이 빨리 죽을 수 있는 방법을 요청했다고 이야기한다. 그들은 다가오는 상황을 알았고 이에 대해 미리 의논했다. 그 결과, 데릭은 진에게 약을 구해주었고, 진은 그 약을 먹고 사망했다.

　죽기를 원하는 사람이 스스로를 죽일 능력이 없는 경우도 있다.

1973년 조지 지그매니악$_{George\ Zygmaniak}$은 뉴저지의 자기 집 근처에서 오토바이 사고로 다쳐 병원으로 옮겨졌으나, 목 아래의 전신이 마비되었다. 고통도 심했다. 그는 의사와 형인 레스터에게 이런 상태로 살기를 원하지 않는다고 말하며 자신을 죽여주기를 청했다. 레스터는 의사와 의료진에게 동생이 회복될 전망이 있느냐고 물었고, 그럴 가능성은 전혀 없다는 대답을 들었다. 그는 병원에 총을 몰래 들고 들어가 동생에게 물었다. "네 고통을 끝내주려고 왔어. 조지, 그래도 좋아?" 숨쉬기를 편하게 하기 위해 수술을 한 터라 말을 할 수 없었던 조지는 동의한다는 뜻으로 머리를 끄덕였고, 레스터는 그의 관자놀이를 쏘았다.

조지의 경우는 비록 자발적 안락사의 법제화를 주장하는 사람들이 제안하는 절차상의 안전장치를 결여했지만, 그럼에도 자발적 안락사의 명백한 예라고 볼 수 있다. 절차상의 안전장치가 결여됐다는 문제는 레스터가 환자가 회복될 전망에 대한 의학적 견해를 공식적으로 얻지 않았고, 조지의 안락사 요구가 자신의 상황에 대한 최선의 정보에 기초한 합리적이고 확고한 것임을 확증하고자 하는 신중한 시도가 없었으며, 의사도 아닌 자신이 안락사를 행했다는 것이다. 주사를 놓는 것이 총을 쏘는 것보다는 남겨진 사람들에게 덜 고통스러웠을 것이다. 그러나 레스터는 이런 절차를 밟을 수 없었다. 뉴저지주의 법은 다른 대부분 법들과 마찬가지로 안락사를 살인으로 간주하므로 그 계획을 공개할 수 없었던 것이다.

안락사는 진이나 조지와 달리 약을 삼키거나 방아쇠를 당기는 바로 그 순간에 죽고 싶다는 소망을 드러내지 않는 경우에도 자발적일 수 있다. 어떤 사람이 건강할 때 미리 유서를 쓰는 식의 방법으로 안락사를 요청할 수도 있다. "만약 내가 사고나 질병으로 정신이 온전치 못하게 되거나 고통 속에 있으면서도 안락사하겠다는 결심을 하거나 표현할 수 없게 되었을 때, 합리적으로 생각해서 회복 가능성이 없다면 안락사를 시켜주시오." 지인들에게 이렇게 요청하고 때때로 그 사실을 상기시켰던 사람이 이런 상태에 놓이게 된다면, 그 사람을 안락사하는 것은 당사자의 동의하에 죽이는 것이라고 주장할 수 있다.

자신이 살 것인지 죽을 것인지를 스스로 선택할 능력이 있고, 또 자신의 상황을 모두 알고도 확고하게 죽겠다고 결심하는 경우, 자발적 안락사가 법적·윤리적으로 정당화될 수 있는가에 대해서는 찬반 양론이 있을 수 있다. 이에 대해서는 뒤에서 다루기로 한다.

2) 반자발적 안락사와 비자발적 안락사

반자발적 안락사는 자신의 안락사에 동의할 능력이 있는 사람을 죽음에 이르게 한다는 점에서 자발적 안락사와 비슷하지만, 당사자가 동의하지 않는다는 점에서 다르다. 자신의 죽음에 동의할 능력이 있지만 동의하지 않은 사람에게 안락사를 수행하였을 때, 이것을 '반자발적 안락사involuntary euthanasia'라고 부른다. 이 유형에는 두 가지 경우가 포함된다. 계속 살기를 원하는 사람에게 안락사를 행하는 경우와, 안락사에 명시적으로 동의하진 않았지만 의사를 물었다면 동의했을 사람에게 안락사를 행하는 경우이다.

우선, 아주 특이한 경우를 제외하고는 자신의 안락사 여부를 동의할 수 있는 능력이 있고 또 의사를 물었다면 동의했을 사람에게 의사를 묻지 않는 경우를 상상하기는 어렵다. 다음으로, 자신의 죽음에 동의하지 않는 사람을 죽이는 것이 안락사로 간주될 수 있는 경우는 그 동기가 당사자의 고통을 덜어주는 것일 때뿐이다. 물론 이런 동기로 안락사를 수행하려는 사람이 당사자의 의사를 무시한다는 것도 상상하기 어렵다. 어떤 행위가 안락사가 되기 위해서 당사자의 최선의 이익에 부합해야 한다면, 자신에게 무엇이 최선의 이익인지를 가장 잘 판단할 수 있는 사람은 아마도 자기 자신일 것이다. 극단적인 고통으로부터 어떤 사람을 구해내기 위해 '온정적 간섭주의적paternalistic'인 이유로 반자발적 안락사를 정당화하는 것이 가능할까? 온정적 간섭주의적 논변이 타당성을 얻을 수 있는 경우는 단 한 가지로, 당사자가 앞으로 자신에게 닥칠 고통을 알지 못해서 지금 죽지 않으면 죽을 때까지 그런 고통을 겪으면서 살아야만 할 때이다. 예를 들어 고문 끝에 사람을 죽이는 가학증 환자에게 누군가가 붙잡혔는데 그 사람이 자신의 처지를 전혀 모르고 있다고 하자. 이때는 극단적인 고통으로부터 그 사람을 구해내기 위해 그를 죽일 수도 있을 것이다. 하지만 이런 일은 현실에서 거의 일어나지 않는다. 이처럼 실제 삶에서 정당화될 수 있는 반자발적 안락사를 접할 가능성이 거의 없다면 —이를 옹호하기 위해 상상할 수 있는 가상의 경우를 염두에 두지 않고— 실천적인 목적을 위한 반자발적 안락사는 정당화되지 않는다고 보아도 별

무리가 없다.

만약 어떤 사람이 자신의 삶과 죽음을 이해하고 선택할 능력이 없다면, 그 안락사는 자발적일 수 없을 것이다. 이러한 유형을 가리켜 '비자발적 안락사nonvoluntary euthanasia'라고 한다. 이 경우에 속하는 사람들은 세 부류이다. 첫째, 신생아와 중증의 정신장애인처럼 안락사에 동의할 수 있는 능력이 처음부터 없는 사람들. 둘째, 이전에는 그런 능력이 있었지만 노인성 치매나 노쇠 등으로 인해 지금은 상실한 사람들. 셋째, 능력이 있지만 혼수상태에 빠져서 의사소통을 할 수 없는 사람들이다. 특히, 둘째와 셋째 부류이면서 비자발적 안락사의 고려 대상이 되는 사람들은 만약을 대비해 사전에 안락사를 요청하지도, 거부하지도 않은 사람들이다.

우선, 셋째 부류에게 비자발적 안락사를 행하는 것은 도덕적으로 허용되지 않는다고 판단하는 것이 안전할 것이다. 살기를 원하는지 죽기를 원하는지를 확인할 수 있는 방법이 없기 때문이다. 만약 그들의 의사를 모르는 상태에서 비자발적 안락사를 수행하면, 우리는 환자의 자율성과 생명권을 침해하게 될지도 모른다. 반면, 첫째와 둘째 부류에게 비자발적 안락사를 수행하는 것을 도덕적으로 어떻게 평가할지는 찬반양론이 있을 수 있다. 여기서 주의할 점은, 환자의 자율성과 생명권의 개념이 첫째와 둘째 부류의 비자발적 안락사를 논의하는 데 아무런 역할도 하지 못한다는 것이다. 이들은 정신적 능력이 결여되어 살고 싶다는 욕구를 가질 수 없다고 여겨진다. 살고 싶다는 욕구를 가진다는 것은 자기생명결정권을 가지기 위한 필수불가결한 전제조건이다. 따라서 우리가 첫째와 둘째 부류에게 비자발적 안락사를 수행한다 해도 그들의 자기생명결정권을 침해한다고 보기는 어려울 것이다.[2]

3) 적극적 안락사와 소극적 안락사

자발적·반자발적·비자발적 안락사의 구분이 당사자의 의사에 따른 것이라면, 적극적 안락사와 소극적 안락사는 안락사를 행하는 사람의 행위에 따른 구분이다. '적극적 안락사active euthanasia'는 안락사를 수행하는 사람이 처음부터 타인의 생명을 단축시킬 의도로 구체적인 행위를 능동적으로 취하는 형태이다. 예를 들어 의사가 치사량의 약물을 주사하여 환자를 안락사시키는 경우 등이다. 반면 '소극적 안락사passive euthanasia'는 당사자의 질병 등이 원인이 되어 죽음의 과정에 들어섰을 때 그 진행을 일시적으로나마 저지하거나 지연시킬 수 있지만 이를 방치하여 안락사시키는 경우이다.

적극적 안락사와 소극적 안락사의 구분은 어떤 적극적인 행위로 생명을 끝내느냐, 생명을 유지하는 데 필요한 치료를 제공하지 않아 생명이 끝나는 것을 방치하느냐에 있다. 이 문제는 안락사의 찬반 논쟁에서 오랫동안 논의되어왔다. 오늘날 많은 사람들이 적극적 안락사를 거부하는 반면 소극적 안락사는 법적·윤리적으로 받아들이고 있다. 우리나라를 포함한 대부분 나라에서 적극적 안락사는 불법이다. 예외적으로 네덜란드는 1970년대부터 자발적·적극적 안락사를 허용했다. 반면 소극적 안락사는 세계적으로 널리 허용되고 있다. 과거 우리나라에서도 가망 없는 환자에 대해 본인이나 가족이 퇴원을 요청하면 병원이 이에 응하는 방식으로 사실상의 소극적 안락사를 시행했던 시절이 있었다. 병원에서는 이를 가리켜 '가망 없는 퇴원hopeless discharge'이라고 불렀다.

그런데 적극적 안락사와 소극적 안락사의 구분은 우리가 생각하는 것만큼 명확하지 않다. 의료진이 급식관을 제거함으로써 환자를 안락사시키는 경우를 생각해보자. 여기에는 의심할 것 없이 적극적인 행위가 포함되어 있다. 그러므로 환자의 급식관을 제거하여 죽음에 이르게 하는 것은 환자의 죽음을 적극적으로 야기하는 것, 적극적 안락사의 사례이다. 그러나 급식관을 그대로 놓아두되, 관으로 음식물을 공급하지 않으면 그것은 흔히 소극적 안락사로 간주된다. 이 경우는 적극적인 행위 없이 단지 생명 유지에 필요한 치료를 제공하지 않음으로써 죽음을 야기했기 때문이다. 하지만 여기서 본질적인 것은 음식물 공급이 중단되었다는 것이지, 적극적 행위의 개입 여부가 아니다. 만약 내가 먹이를 주지 않아서 반려동물이 굶어 죽었다면, 그런 행위가 적극적이든 소극적이든 도덕적 관점에서 도대체 무슨 상관이란 말인가?

적극적 안락사를 거부하고 소극적 안락사를 지지하는 사람들은 환자의 산소호흡기를 끄는 행위 또한 적극적인 행위를 포함하므로 허용되지 않는다고 주장할 것이다. 그런데 그 산소호흡기에 24시간짜리 타이머를 부착해서 매일 같은 시각에 스위치를 켜주지 않으면

산소호흡기가 작동을 멈춘다고 가정해보자. 만약 환자를 안락사시킬 의도로 다음 날 산소호흡기의 스위치를 켜지 않는다면 이는 분명 소극적인 안락사로 분류될 것이다. 그러나 도덕적 관점에서 볼 때 이 둘 사이에 도대체 어떤 차이점이 있는가? 이 같은 반례를 고려한다면, 적극적 행위의 존재 유무가 상황의 도덕적 성격을 파악하는 데 항상 도움이 되는 것은 아니라는 점에 주의할 필요가 있다.

안락사의 고전적 사례

1) 캐런 퀸란의 사례

1975년 4월 15일, 당시 스물한 살이던 미국의 백인 여성 캐런 퀸란 Karen Quinlan은 친구의 생일파티에서 진 토닉을 몇 잔 마신 후 갑자기 현기증을 일으켜 집으로 옮겨졌으나 혼수상태에 빠졌다. 캐런은 뉴저지주의 생클레어병원에서 6개월간 정맥주사와 인공호흡기로 연명하는 지속적 식물인간 상태로 살았다. 독실한 가톨릭 신자였던 캐런의 부모 조지프와 줄리아는 딸의 소생이 불가능하다는 의사의 판단과, 희망이 없는 딸에게 당시로서는 특수치료extraordinary treatment인 인공호흡기를 사용하면서까지 목숨을 연명해야 할 윤리적인 의무가 없다는 본당 신부의 신학적 해석에 고무되어 캐런이 품위 있는 죽음을 맞이할 수 있도록 인공호흡기를 제거해줄 것을 의료진에게 요청했다. 그러나 가톨릭계 병원의 담당 의사는 이를 거절했고 이 문제는 마침내 법정으로 옮겨갔다.

1975년 11월 하급심 법원은 의사가 인공호흡기를 제거해서는 안 된다는 판결을 내렸으나 이듬해 1월 뉴저지주 대법원은 두 달간의 심리 끝에 캐런 부모의 손을 들어주게 된다. 법원은 미국 헌법이 보장한 사생활권이 죽어가는 환자의 가족이 환자에게서 생명 유지 수단을 제거함으로써 환자가 죽게 하는 것을 허용할 정도로 넓다고 판시했다. 이로써 뉴저지주는 사생활권을 '환자가 죽게 방치하는' 경우에 적용한 최초의 주가 되었다.

인공호흡기를 제거하면 곧 사망할 것으로 여겨졌던 캐런은 놀랍게도 사망하지 않았다. 의료진은 캐런의 전원을 요구하는 부모의 의견을 무시한 채 그녀의 산소호흡기를 단번에 떼어내는 대신 서서히 떼어내는 시도를 했다. 1976년 5월 말에 이르자 캐런은 산소호흡기 없이도 숨을 쉴 수 있게 되었다.

생클레어병원은 비로소 캐런의 전원을 허락했고, 지난 14개월간 무의식 상태였던 캐런은 뉴저지주의 한 사립 의료원에 강제로 수용되었다. 캐런은 이곳에서 1986년 6월 13일 사망할 때까지 10년 넘게 생존하였다. 사망하기 몇 달 전 그녀는 폐렴에 걸렸고 부모는 딸의 폐렴을 호전시키기 위한 항생제 치료를 거부했다. 캐런의 어머니는 딸 곁에서 밤새 간호했고 캐런은 감염 합병증으로 사망했다.

2) 낸시 크루잔의 사례

1983년 1월 11일 한밤중, 당시 스물네 살이던 백인 여성 낸시 크루잔 Nancy Cruzan이 미국 미주리주의 시골길을 운전하던 중 빙판길에 미끄러지는 사고를 당했다. 그녀는 차에서 무려 10미터나 튕겨 나가 물구덩이에 얼굴을 처박았다. 구조대가 도착했을 때 그녀의 심장은 이미 멎어 있었고 뇌에 산소 공급이 끊긴 지 15분가량이 지난 후였다. 그 결과 그녀는 지속적 식물인간 상태에 빠졌고 그런 상태는 거의 8년 동안이나 지속되었다. 시간이 지날수록 그녀의 몸은 굳어갔고, 손은 심하게 비틀어져서 손톱은 마치 짐승의 발톱처럼 되었다. 미주리주는 그녀를 돌보는 데 매년 13만 달러를 지출했다. 낸시의 뇌간은 인공호흡기 없이도 숨쉬기에 충분할 만큼 기능하고 있었으나, 물과 음식물은 비위鼻胃관을 통해 공급되었다.

　낸시의 부모인 조와 조이스는 딸이 이런 상태로 살아 있어야 한다고 생각하지 않았다. 그들은 음식물을 공급하는 관을 제거할 수 있도록 해달라고 법원에 요청했다. 미주리주 최고 대법원은 낸시가 생명유지 치료를 스스로 거부할 의사결정 능력이 없고 주는 생명을 보존해야할 이해관계가 있다는 점을 들어 그들의 요청을 거부했다.

　낸시의 부모는 이에 불복하여 미국 연방대법원에 상고했다. 그들은 자신들이 낸시의 죽음을 허용할 수 있는 헌법적 권리를 가진다고 주장했다. 1990년 6월, 연방대법원은 이에 대해 판결을 내리게 된다. 이 판결은 미국 연방대법원이 죽어가는 환자의 권리를 명시적으로 인정한 최초의 판결이었다. 1970년대 캐런 퀸란의 사례는 뉴저지주 법의 체계를 넘어서지 않았기 때문이다. 퀸란의 부모는 급식관을 제거해달라고 요청한 게 아니라 인공호흡기를 제거해달라고 요청했었다.

연방대법원은 낸시의 급식관을 제거하는 것을 허가할지 여부에 관해 직접적인 결정을 내리지 않았다. 대신 대법원은 관을 제거하는 것이 낸시가 원했을 결정이라는 분명하고도 확실한 증거를 요구했던 미주리주의 결정을 받아들였다. 대법원의 판결이 나오고 얼마 후, 그녀의 친구가 '낸시가 과거에 이런 상황에 처한다면 죽는 게 낫다는 말을 했던 적이 있다'고 증언했다. 미주리주 법원은 이를 증거로 받아들여 급식관을 제거하도록 허락했고, 낸시는 13일째 되던 날 결국 탈수로 사망했다.

외국의 안락사 사례

1990년 잭 케보키언Jack Kevorkian이라는 미국 미시간주 출신의 은퇴한 병리의사가 자살 기계를 고안했다. 첫 번째 모델은 하나의 쇠막대에 세 개의 병이 연결되어 있다. 우선, 링거 바늘을 통해 환자의 정맥으로 생리식염수를 주입한다. 그리고 나서 환자가 스위치를 돌리면 강력한 진정제인 티오펜탈이 주사되고, 환자는 의식을 잃게 된다. 60초 후에 염화칼륨 용액이 주입되면, 몇 분 내에 심장이 멎어 환자는 사망에 이른다. 그 뒤에 고안된 모델에는 일산화탄소가 사용되었다. 환자가 스위치를 누르면 일산화탄소가 관을 타고 환자의 머리 위에 씌워진 주머니 안으로 흘러든다.

케보키언의 기계를 사용해서 죽은 사람들 중에는 불치병 환자가 아닌 경우도 있었다. 한 사람은 노인성치매의 초기 단계였고, 다른 한 사람은 다발성경화증이었으며, 또 한 사람은 골반 이상이었다. 수십 건에 이르는 의사조력자살이 미시간주에서 행해졌다.

케보키언은 병세로 보아 회복될 가능성이 전혀 없고 고통이 계속될 때 환자 본인이 원하면 안락사를 돕는 것이 의사의 임무라며, 이 때문에 감옥에 간다 해도 조금도 두렵지 않다고 말하며 환자들의 자살을 돕는 일을 멈추지 않았다. 1998년이 되자 그는 100명의 자살을 도운 역사적 경력을 갖기에 이르렀다. 하지만 다섯 건의 사망 사건에 연루되어 1990년~1991년에 세 번의 재판을 받고도 모두 무죄 판결을 받았다.

1998년 말 미국의 방송국 CBS TV의 〈60분_{60 Minutes}〉이라는 프로그램은 한 비디오테이프를 방송했다. 이 비디오테이프는 케보키언에게 자신의 죽음과, 자신의 사망 과정을 텔레비전에 방송하는 데 동의한 52세의 루게릭병 환자 토머스 유크_{Thomas Youk}의 죽음을 담고 있었다. 이로 인해 케보키언은 유크를 살해한 1급 살인죄 혐의로 기소되었으며, 2급 살인죄를 선고받았다. 1999년 판사는 케보키언에게 10년에서 25년 형을 선고했다. 케보키언은 미시간주의 한 교도소에서 복역하다가 2007년 6월 질병을 이유로 가석방되었다. 2011년 83세의 나이에 사망한 그는 고향 미시간주의 한 공원묘지에 안장되었다.

1994년 11월 오리건주에서는 의사조력자살을 허용하는 법안인 〈존엄사 법Death With Dignity Act〉이 주민 투표 찬성 51퍼센트, 반대 49퍼센트를 통해 통과되었다. 1995년 6월 오리건주 의회는 주민들이 통과시킨 이 법을 폐지했으나, 1997년 11월 선거에서 주민들은 60대 40으로 다시 승인했다. 이 법은 조건을 만족시키는 사람이 극소수에 불과할 만큼 엄격한 제한을 두고 있다. 그 조건은 첫째, 환자는 명백하게 의사결정 능력이 있어야 하고 둘째, 질병 말기 상태여야 하며(남아 있는 생존 기간이 6개월 미만임을 주치의와 두 번째 자문 의사가 확인해야 함) 셋째, 환자가 마음을 바꿀 경우와 충동적인 결정을 내릴 경우를 대비하여 보름간의 유예기간이 경과하여야 한다는 것이다. 의사는 치명적인 약물을 처방할 수 있을 뿐, 이를 주입할 수는 없다. 1997년 10월 14일 미국 연방대법원은 이 법에 대해 부분적인 합헌 판결을 내렸다. 이에 앞서 1997년 6월 대법원은 '각 주 당국이 안락사를 금지시킬 수 있다'며 '헌법은 개인이 의학의 도움으로 죽을 권리를 인정하지 않는다'고 판결했으나, 의사조력자살 자체는 반대하지 않고 '이 문제는 각 주 당국과 유권자들에게 맡겨야 한다'는 입장을 밝혔다. 2006년 1월 연방대법원은 6대 3으로 이 법이 유효함을 재확인했다.

오리건주와 이웃한 워싱턴주에서도 2008년 11월 〈존엄사 법〉이 주민 투표 찬성 58퍼센트, 반대 42퍼센트로 통과되어 시행되고 있다. 이 밖에도 7개 주(콜로라도·워싱턴 D.C.·하와이·메인·뉴저지·뉴멕시코·버몬트)가 주 법으로 의사조력자살을 허용하고 있고, 2개 주(몬태나·캘리포니아)는 법원 판례에 의해 허용한다.

한편, 네덜란드는 1971년부터 안락사를 처벌하지 않았다. 당시 의사였던 트뤼스 포스트마Truus Postma는 어머니로부터 자신을 죽게 해달라는 요청을 끊임없이 받았고 결국 거기에 동의했다. 포스트마의 어머니는 뇌출혈을 앓은 탓에 신체가 부분적으로 마비되었고 귀가 멀었으며 심한 언어장애에 시달렸다. 어머니는 양로원에서 살았는데, 바닥에 떨어지지 않도록 의자에 묶인 채 지냈다. 포스트마는 '의자에 매달린 채 인간 이하의 모습으로 살아가는 어머니를 지켜보는 것을 견딜 수 없어서' 어머니에게 모르핀을 주사해 의식불명이 되게 유도한 뒤 독성 약물인 큐라레를 주사하여 사망하게 했다. 그러고 나서 양로원 원장에게 이 사실을 알렸고, 원장은 경찰을 불렀다. 포스트마는 유죄로 판명되었으나, 일주일의 형 집행정지와 1년의 집행유예를 받았다.

네덜란드 의학계는 '안락사는 치료 포기와 도덕적으로 다르다'는 의료윤리의 전통적 견해를 거부해왔다. 1984년 왕립네덜란드의사협회Royal Dutch Medical Association는 네덜란드 검사들과 더불어 의사가 다음의 네 가지 지침을 따르는 한 살인죄로 기소되지 않는다는 점을 합의하기에 이르렀다.

- 의사결정 능력이 있는 환자만이 안락사를 요구할 수 있다.
- 환자의 요구는 반드시 반복적이고 명확하며 강요되지 않아야 하고, 문서로 남겨져야 한다.
- 의사는 반드시 다른 의사에게 제2의 의견을 구해야 한다.

● 환자는 반드시 호전 가능성이 전혀 없거나, 참을 수 없는 통증이
나 고통을 겪고 있어야 한다.

네덜란드에서는 안락사와 관련된 모든 행위를 사망증명서에 기록
한다. 담당 의사는 전문적인 기준을 지켜 안락사를 시행했는지 여부
를 지방 검사와 경찰에게 상세히 조사받는다. 만약 의사가 기준대로
시행하지 않았다면, 불법행위로 고소당해 법정에서 심판을 받는다.

네덜란드는 자발적·적극적 안락사에 대한 공식적인 법적 해석을
내리지 않았다. 하지만 검사들은 1985년 이래로 안락사를 행한 의사
들을 기소하지 않기로 결정했다. 대법원은 위의 지침에 따라 안락사
를 행한 의사는 기소되지 않을 것이라는 결정을 발표했다. 네덜란드
에서 성문법으로 안락사를 규정하려는 노력은 2001년 마침내 성공
을 거두어 2002년부터 안락사가 합법화되었다. 공식 집계에 따르면
2016년 한 해 동안 네덜란드에서 6,091여 명이 안락사했고, 이는 전
년에 비해 10퍼센트 증가한 수치로 당해 네덜란드 전체 사망자의 4퍼
센트에 해당한다고 한다.

한편, 2022년을 기준으로 유럽 4개국(벨기에·룩셈부르크·스페인·스위
스), 아메리카 대륙 2개국(캐나다·콜롬비아), 오세아니아 2개국(뉴질랜드, 호
주 6개 주)에서는 안락사 또는 의사조력자살이 합법인 것으로 알려져
있다.

우리나라의 사례:
세브란스병원 김 할머니 사건[3]

1) 사건의 경과

김 할머니는 76세 여성 환자로서 2008년 2월 16일 연세대학교 세브란스병원에서 폐암 진단을 위한 기관지 내시경 검사 중 대량 출혈로 인한 심폐 정지 상태에 빠졌다. 의료진은 기관 삽관 및 심폐소생술을 시행하고 중환자실로 옮겨 치료하였으나 환자는 의식을 회복하지 못하고 인공호흡기에 의존한 채 삶을 이어갔다.

　같은 해 3월 5일, 환자의 가족은 손해배상 청구소송을 제기하였으며 같은 달 28일 의료진을 경찰에 고소하였다. 5월 9일에는 '무의미한연명치료행위중지 등' 가처분 신청을 제기하였다. 신청 취지는 환자에게 인공호흡기 적용, 약물 투여 및 영양과 수분 공급 등 일체의 연명치료를 해서는 아니 되고 환자가 심폐 정지에 이른 경우 응급 심폐소생술을 시행하여서는 아니 된다는 내용 등이다. 6월 2일, 환자의 가족은 '무의미한연명치료장치제거 등' 청구 본안소송을 제기하였다. 청구의 취지는 가처분 신청 취지와 동일했다. 위의 가처분 신청은 같은 해 7월 10일 기각되었다.

　한편 본안소송인 '무의미한연명치료장치제거 등' 청구소송에서는 같은 해 8월 14일 A대학병원 B교수가 진료기록감정서를 법원에 제출하였으며 같은 해 10월 27일 C대학병원 D교수가 신체감정서를 제출하였다. 진료기록감정서와 신체감정서는 "결론적으로 환자는 뇌간 및 시상의 일부 산발적인 기능으로 눈을 뜨고 있을 뿐, 거의 brain death(뇌사)에 가까운 상태임. 환자의 뇌는 심한 저산소증으로 인해 전반적으로 극심한 구조적 손상을 받았으며 이 상태에서 의식회복 가능성은 전무함. 환자의 여명은 전적으로 생명유지 장치의 지속적인 가동과 욕창 및 신체감염을 방지하는 간호진료의 질에 달려 있음. 생명유지장치를 제거할 경우 환자는 생존 불가함"이라고 기술했다.

한편 본안소송에서 수액 및 영양 공급 등 모든 연명치료를 중단하라는 청구 취지는 계속 유지되었으나 같은 해 10월 말경 재판부와 양측 소송대리인이 협의하는 과정에서 재판부가 청구 취지를 인공호흡기 제거로 한정해줄 것을 제안하였고, 원고 측 소송대리인이 이를 받아들여 같은 해 10월 30일 청구취지변경서가 제출되었다. 같은 해 11월 28일 서울서부지방법원은 환자에 대한 인공호흡기를 제거하라는 1심 판결을 선고했다.

이에 대하여 연세대학교 세브란스병원은 신속한 판결을 위해 항소를 포기하고 바로 대법원의 판결을 구하는 비약상고를 하기로 결정했다. 캐런 퀸란 사건도 그 중요성 때문에 미국 뉴저지주 대법원이 항소심을 거치지 않고 사건에 대해 바로 판결을 내렸다는 점을 고려했다. 그러나 원고 측이 이를 거부하여 세브란스병원은 같은 해 12월 18일 항소를 제기하였다. 항소이유서에서 위 병원은 연명치료 중단의 일반적 요건 혹은 절차를 마련하는 것이 매우 중요하며, 이 사건에서 환자에 대한 치료가 의학적으로 무의미하다고 단정할 수 없고, 환자의 추정적 의사가 인정되지 않는다고 주장하였다. 그러나 2009년 2월 10일 서울고등법원은 환자가 회생 가능성 없는 비가역적인 사망 과정에 진입하였으며 환자의 치료 중단 의사가 추정된다면서 항소를 기각하였다.

연세대학교 세브란스병원은 2009년 2월 25일 상고를 제기하였다. 대법원은 사안의 중요성을 감안하여 같은 해 4월 30일 공개변론을 열었으며 같은 해 5월 21일 상고를 기각하였다. 이후 연세대학교 세브란스병원은 병원윤리위원회를 개최한 후 환자 가족과 협의하여 같은 해 6월 23일 환자의 인공호흡기를 제거하였다. 그러나 그 후 환자는 특별한 투약 없이 혈압·체온·맥박·자발호흡을 유지하다가 2010년 1월 10일 인공호흡기를 뗀 지 201일 만에 가족이 지켜보는 가운데 별세했다.

2) 김 할머니 사건에 대한 대법원의 판결

대법원은 우선 의료 계약의 본질에 비추어, 환자가 진료행위 중단을 요구할 경우 원칙적으로 의료인은 이를 받아들이고 다른 적절한 진료 방법이 있는지를 강구해야 하지만, 생명권은 헌법이 규정하는 모든 기본권의 전제이기 때문에 환자의 생명 유지와 직결되는 진료행위를 중단할 것인지 여부를 매우 신중하게 판단해야 한다고 판시했다. 이어 대법원은 환자가 회복 불가능한 사망단계에 이른 후 진료행위 중단을 요구하는 것이 자기결정권을 행사하는 것으로 인정될 경우 특별한 사정이 없는 한 연명치료 중단이 허용될 수 있으며 원심에 헌법 위반이나 법률 위반이 없다며 상고를 기각하였다. 대법원 판결의 주요 내용은 다음과 같다.

첫째, 대법원은 회복 불가능한 사망단계를 "의학적으로 환자가 의식을 회복할 가능성이 없고 생명과 관련된 중요한 생체기능의 상실을 회복할 수 없으며, 환자의 상태에 비추어 짧은 시간 내에 사망에 이를 수 있음이 명백한 경우"라고 판시하고 있다. 이어 대법원은 "환자가 회복 불가능한 사망단계에 진입한 경우, 환자는 전적으로 기계장치에 의존하여 연명하게 되고, 회복 가능성이 전혀 없는 상태에서 결국 신체의 다른 기능까지 상실되어 기계에 의해서도 연명할 수 없는 상태에 이르기를 기다리고 있을 뿐이므로, 의학적인 의미에서는 치료의 목적을 상실한 신체침해 행위가 계속 이루어지는 것이라 할수 있어, 이는 죽음의 과정이 시작되는 것을 지연시키는 것이 아니라이미 시작된 죽음의 과정에서의 종기를 인위적으로 연장시키는 것으로 볼 수 있다"라고 판시하였다.

둘째, 대법원은 사전의료지시를 "환자가 회복 불가능한 사망단계에 이르렀을 경우를 대비하여 미리 의료인에게 자신의 연명치료 거부 내지 중단 의사를 밝힌 경우"를 말한다고 판시하고, 사전의료지시서의 요건을 구체적으로 적시하고 있다. 즉 의사결정 능력이 있는 환자가 의료인으로부터 직접 충분한 의학적 정보를 제공받은 후, 이를 바탕으로 자신의 가치관에 따라 구체적인 진료행위에 관한 의사를 진지하게 결정해야 한다. 이때 이 과정은 환자 자신이 직접 작성한 문서나 진료기록 등을 통해 진료 중단 시점에서 명확하게 입증할 수 있어야 사전의료지시서로서의 구속력을 인정받을 수 있다. 반면 환자 본인이 작성한 문서라도 위의 요건을 충족하지 못하는 경우 환자의 의사를 추정할 수 있는 객관적인 자료의 하나로 여겨질 뿐이다. 물론 대법원은 사전의료지시서가 없는 경우에도 환자의 연명치료 중단 의사를 추정할 수 있으며 이것은 객관적으로 이루어져야 한다고 판시하고 있다.

셋째, 대법원은 환자 측이 직접 법원에 소를 제기한 경우가 아니라면, 환자가 회복 불가능한 사망단계에 이르렀는지 여부에 관해서는 전문의 등으로 구성된 위원회 등의 판단을 거치는 것이 바람직하다고 판시하고 있다. 반면 이 사건과 같이 소송이 제기된 경우 환자가 회복 불가능한 사망단계에 이르렀는지 여부는 주치의의 소견뿐 아니라 사실 조회, 진료기록 감정 등에 나타난 다른 전문의의 의학적 소견을 종합하여 신중하게 판단해야 한다고 판시하고 있다.

넷째, 대법원은 원심의 거시증거를 종합하여 환자의 뇌 자기공명영상MRI 검사에서 뇌가 전반적으로 심한 위축을 보이고 대뇌피질의 요철이 단지 가느다란 띠 형상으로 보일 정도로 심하게 파괴되어 있으며 기저핵 시상의 구조가 보이지 않고 뇌간과 소뇌도 심한 손상으로 위축되어 있다는 사실, 진료기록 감정의는 원고가 자발호흡이 없어 일반적인 식물인간 상태보다 더 심각하여 뇌사 상태에 가깝고 회복 가능성은 거의 없다고 하고 있으며, 신체 감정의들도 모두 원고가 지속적 식물인간 상태로서 회생 가능성이 희박하다는 취지의 견해를 밝히고 있다는 사실, 자발호흡 없이 인공호흡기로 생명이 유지되고 있다는 사실을 인정한 후 환자가 회복 불가능한 사망단계에 진입하였다고 판단한 것에 법리오해 등의 위법이 없다고 판시하고 있다.

다섯째, 대법원은 환자의 자녀들이 작성한 경위서와 사위의 증언에 기초하여 환자는 교통사고의 상처를 남에게 보이기 싫어해 여름에도 긴 팔 옷과 치마를 입고 다닐 정도로 항상 정갈한 모습을 유지했다는 것, 텔레비전에서 병석에 누워 간호를 받으며 살아가는 사람의 모습을 보고 "나는 저렇게까지 남에게 누를 끼치며 살고 싶지 않고 깨끗이 이생을 떠나고 싶다"라고 말했다는 것, 3년 전 남편의 임종 당시 생명을 며칠 더 연장할 수 있는 기관절개술을 거부하고 임종을 맞게 하면서 "내가 병원에서 안 좋은 일이 생겨 소생하기 힘들 때 호흡기는 끼우지 말라. 기계로 연명하는 것은 바라지 않는다"라고 말했다는 점 등을 들어 환자의 치료 중단 의사가 추정된다고 판단한 것에 헌법 위반이나 법리오해 등의 위법이 없다고 판시하였다.

3) 대법원 판결의 의의

대법원 판결의 의의는 다음과 같이 세 가지로 요약할 수 있다. 첫째, 대법원이 처음으로 연명치료 중단의 일반적 요건 혹은 절차를 제시했다는 점이다. 서울고등법원은 항소심에서 연명치료 중단의 일반적 요건을 설시했고, 언론은 처음으로 '존엄사 가이드라인'이 나왔다고 보도하였다. 즉 사회적 의제가 연명치료 중단 '인정' 여부에서 연명치료 중단의 '일반적 요건 혹은 절차'로 재설정된 것이다. 더 나아가 대법원은 '회복 불가능한 사망단계'라는 요건을 구체적으로 설시하고 있다. 보라매병원 판결[4] 이후 사법적으로 인정받을 수 있는 연명치료 중단 기준을 알지 못한 채 불안하게 의사결정이 이루어져왔던 의료 현장에서는 중요한 의의를 갖는 부분이다.

둘째, 대법원이 처음으로 구속력을 인정할 수 있는 사전의료지시서의 요건을 구체적으로 제시했다는 점이다. 연세대학교 세브란스병원은 법제화 이전이라도 대법원이 사전의료지시서의 중요성을 언급한다면 활성화의 계기가 될 수 있다고 주장했으나 대법원은 단순한 언급을 넘어서 구속력을 인정할 수 있는 사전의료지시서의 요건을 구체적으로 설시한 것이다. 따라서 의료 현장에서 이러한 기준에 맞추어 사전의료지시서가 작성된다면 환자의 자기결정권 보장이 더 확고해질 수 있을 것이다.

셋째, 대법원은 연명치료 중단이 반드시 소송을 통해 해결해야 하는 문제는 아니며 신중한 판단을 위한 절차적 방법으로서 병원윤리위원회를 제시했다는 점이다. 물론 대법원이 회복 불가능한 사망단계인지 여부에 관하여 위원회의 판단을 '거쳐야 한다'고 판시하지 않고 '거치는 것이 바람직하다'고 판시한 것은 입법부가 아닌 사법부로서의 내재적 한계 때문이다. 그러나 캐런 퀸란 판결에서 병원윤리위원회의 중요성이 언급된 뒤 미국에서 병원윤리위원회가 활성화된 것처럼, 우리나라에서도 대법원의 판시는 병원윤리위원회 활성화의 계기로 작용했다.

김 할머니 사건 이후, 무의미한 연명의료에 관한 사회적 공감대가 점차 확산되면서, 2013년 대통령 소속 국가생명윤리심의위원회가 특별위원회를 구성하여 연명의료 중단에 대한 구체적 절차와 방법을 논의했고, 그에 따라 연명의료에 관한 특별법 제정이 권고됐다. 이에 국회는 2016년 2월 〈호스피스·완화의료 및 임종과정에 있는 환자의 연명의료결정에 관한 법률〉(이하 '〈연명의료결정법〉')을 제정하였고, 이 법에 따라 연명의료결정제도가 2018년 2월 4일부터 시행되고 있다. 대법원이 판시한 병원윤리위원회가 바로 이 법 제14조에 따른 의료기관윤리위원회이다.

안락사에 대한 찬반 논의[5]

1) 장애 유아에 대한 비자발적 안락사

논의를 간략히 하기 위해 심각한 장애를 가진 유아의 삶과 죽음을 결정하는 문제로 한정하려 한다. 그러나 이런 논의는 정신연령이 여전히 유아 수준에 있는 좀 더 큰 아이들이나 어른에게도 적용된다. 신성한 인간의 생명을 보호해야 한다는 책무와, 고통을 감소시켜야 한다는 두 목표 사이의 갈등은 매우 해결하기 어려운 문제이다. 어떤 사람들은 그런 결심을 '주관적'이라고 말하거나, 삶과 죽음의 문제는 하느님과 자연에 맡겨야 한다고 말한다. 그러나 피터 싱어의 논의에 따르면 심각한 장애를 가진 유아들은 합리성과 자율성, 자의식 같은 특징을 결여하고 있기 때문에, 이들을 안락사시키는 것이 비장애인이나 다른 어떤 자의식적인 존재를 안락사시키는 것과 같다고 보기 어렵다.[6]

또한 장애를 가졌건 아니건 간에, 유아들은 합리적이지도 자의식적이지도 않고 단지 감각만을 느낄 수 있는 존재들이다. 따라서 유아에 대해서도 감정적이지만 합리적이지도 자의식적이지도 않은 동물을 안락사시키는 일의 옳고 그름을 좌우하는 원칙이 적용되어야 한다.[7] 한 존재가 생명에 대한 권리를 가지려면 스스로를 일정한 시기에 걸쳐서 존재하는 개별적 존재로, 또는 지속적인 정신적 자아로 의식해야만 한다. 자율성의 능력이 없는 곳에서는 자율성에 대한 존중이 적용될 수 없다.

예를 들어 이분척추가 심각한 경우 유아는 허리 아래가 영원히 마비되며, 창자와 방광에 대한 통제력을 갖지 못한다. 때로는 뇌에 액체가 축적되는 뇌수종을 일으킬 수도 있는데, 이 경우 정신장애를 일으키게 된다. 몇 가지 치료법이 있긴 하지만 태어날 때부터 심한 상태이면 마비나 실금, 정신장애를 치료할 수 없다. 이런 아이들 가운데 몇몇의 삶은 너무나 비참하다. 그래서 이들과 밀접한 관계를 가진 어떤 의사들은 그들을 계속 살아 있게 하기 위해 수술을 하는 것은 그릇된 일이라고 믿는다. 이런 어린이들의 삶을 묘사한 출판물들도 아주 심한 상태에 있는 아이들이 고통과 불편으로 가득 찬 삶을 살 것이라는 판단을 지지한다. 그들은 마비 때문에 일어나는 척추의 뒤틀림을 방지하기 위해, 또 그 밖의 비정상 상태를 바로잡기 위해 반복적인 대수술을 받아야 한다. 유아의 삶이 너무도 비참해서 그 삶을 살아갈 존재의 내적인 관점에서 볼 때 살 가치가 없다면, 그리고 유아를 살아 있게 해야 할 '외적인 이유', 예를 들어 부모의 감정 같은 것도 없다면, 아이가 더 이상의 고통 없이 죽도록 돕는 것이 낫다.

그러나 장애가 아이의 삶을 비장애 아이보다는 상당히 덜 행복하게 만든다 해도, 살 가치가 없을 정도로 불행하게 만들지는 않을 것이라는 전망이 있는 경우에는 어려운 문제가 생긴다. 혈우병이 이 범주에 속한다. 혈우병 환자는 정상적인 피 속에 있는 피를 응고시키는 요소가 없기 때문에 가벼운 상처를 받았을 때도, 특히 내출혈일 경우에는 출혈이 계속되어 위험에 처한다. 만약 출혈이 계속되면 영구적인 손상을 가져올 수 있고 결국 죽음에 이르게 된다. 출혈은 매우 고통스럽다. 치료법이 개선되어 계속 수혈을 해야 할 필요가 없어졌지만, 혈우병 환자는 여전히 많은 시간을 병원에서 보내야 한다. 그들은 대부분 스포츠를 즐길 수 없으며 끊임없이 위기의 벼랑에서 살아야 한다. 그런데도 혈우병 환자들은 죽을까 말까 고민하는 데 시간을 쓰지 않는 것으로 보인다. 대부분의 환자는 자신들이 직면하는 어려움에도 불구하고 살아갈 가치가 있다고 생각한다.

신생아가 혈우병 진단을 받았는데 겁먹은 부모들이 아이가 살기를 원하지 않는다고 가정해보자. 이 경우 안락사는 옹호될 수 있을까? 일단 우리의 반응은 부정적일 것이다. 그 유아가 비록 건강아의 삶처럼 좋지만은 않더라도 살 만한 가치가 있는 삶이라고 기대할 수 있기 때문이다. 유아는 존재하고 있으며, 그 아이의 삶에는 비참함보다는 행복이 많을 것이다. 아이를 죽이는 것은 긍정적으로 남아 있는 행복마저 빼앗는 일이다. 그렇다면 그 아이를 죽이는 것은 그릇된 일이다. 하지만 여기서 두 가지 물음을 던져볼 필요가 있다. 첫째, 만약 아이를 죽게 한다면, 부모는 그 아이가 살았을 경우라면 가지지 않았을 새 아이를 가질 것인가? 둘째, 그렇다면 새 아이는 죽은 아이보다 더 좋은 삶을 살 것인가? 이 물음에 대해 긍정적으로 대답하는 것이 가능하다. 어떤 부모가 두 아이를 가질 계획을 세울 수 있다. 한 아이가 죽었는데 그들이 아직 임신 가능한 나이라면, 다른 아이를 임신할 수 있다. 두 아이를 가질 계획인 부모가 건강한 한 아이를 기르고 있는데, 혈우병을 가진 동생이 태어났다고 가정해보자. 둘째 아이를 돌보는 부담 때문에 셋째 아이를 생각하는 일은 불가능할 것이다. 그러나 장애를 가진 둘째 아이가 죽는다면 그들은 다음 아이를 가질 것이다. 행복한 삶에 대한 전망도 혈우병 아이보다는 건강한 아이에게서 더욱 클 것이라고 가정하는 것이 그럴듯하다.

장애를 가진 유아의 죽음이 행복한 삶에 대한 전망이 좀 더 큰 다른 아이의 출생을 가져온다면, 장애를 가진 유아가 죽을 때 행복의 총량은 더욱 커진다. 한 아이의 행복한 삶을 잃기는 하지만 다른 아이의 더욱 행복한 삶을 얻기 때문에 앞서의 상실감이 보충되고도 남는다. 따라서 혈우병 아이를 죽이는 것이 다른 이들에게 부정적인 영향을 끼치지 않는 한, 그렇게 하는 것이 옳을 것이다. 물론 이 견해는 유아의 대체 가능성을 전제로 하고 있다. 만약 당신이 유아의 대체 가능성을 받아들이지 않는다면, 위의 논변에 대해 논박할 수 있을 것이다.

고려해야 할 또 다른 요소는 입양 가능성이다. 입양할 수 있는 건강한 아이보다 입양을 원하는 사람이 더 많을 때는, 혈우병을 가진 아기가 입양될 수도 있다. 아픈 아기를 키워야 하는 부모의 부담을 입양이 덜어줄 것이며, 그들이 원한다면 새 아기를 가질 수도 있을 것이다. 이럴 때 대체 가능성 논변은 유아 살해를 정당화할 수 없다. 다른 아이를 존재하게 하는 것이 혈우병 아이의 죽음에 달려 있는 것이 아니기 때문이다. 이럴 때 혈우병 아이의 죽음은 보다 가치 있는 다른 생명의 창조를 능가할 수 없는, 가치 있는 생명의 직접적인 상실이 될 것이다. 이처럼 장애를 가진 신생아의 목숨을 끊는 문제는 단순하지 않다. 요점은, 도덕적인 관점에서 볼 때 장애를 가진 유아를 죽이는 것은 인격체를 죽이는 것과 동등하지 않은 것 같다는 것이다.

물론 장애를 가진 유아들의 비자발적 안락사를 옹호하는 위의 논변들은 인간의 생명은 신성하며 침해될 수 없다는 원칙principle of the sanctity of human life에 의해 반박될 수도 있을 것이다.[8]

2) 그 밖의 비자발적 안락사

사고나 노령으로 삶과 죽음을 선택할 수 있는 능력을 영원히 상실해 버린 사람들이 있다. 이들 가운데는 그 능력을 상실하기 전에 이러한 상황에 처할 경우 계속 살기를 원하는지 여부를 표현하지 않았던 이들이 적지 않다. 이 경우, 그들의 동의 없이 당사자의 목숨을 끊는 것을 생각해볼 수 있다. 많은 병원은 회복 가능성이 전혀 없을 정도로 두 뇌를 다친 자동차 사고 희생자들을 간호하고 있다. 그들은 혼수상태이거나 거의 의식이 없는 상태로 몇 년을 살아가기도 한다. 거의 모든점에서 이런 존재들은 장애를 가진 유아들과 별 차이가 없다. 그들은자의식적이지도 합리적이지도 자율적이지도 않다. 그래서 생명의 권리나 자율성을 존중하는 것은 해당되지 않는다. 만약 그들이 전혀 경험을 갖지 않고 다시는 어떤 것도 가질 수 없다면, 그 삶은 아무런 내재적 가치를 가지지 않는다. 그들의 삶의 여로는 끝났다. 그들은 단지생물학적으로 살아 있을 뿐 인격적으로는 살아 있지 않다.

이 경우가 장애를 가진 유아의 경우와 다른 점이 있다. 한때 합리적이고 자의식적이었던 존재에 적용되는 안락사에 반대할 근거는, 지금은 그렇지 않지만 앞으로 그런 상태에 빠질 수 있는 사람들에게불안과 공포를 줄 수 있다는 점이다. 예를 들어 고령자들이 하루 종일자리에 누운 채 고통 속에서 죽음을 기다리거나, 안락사를 거부할 능력이 없는 노인 환자들에게 때로 비자발적 안락사가 수행된다는 사실을 알게 되면, 모든 주사나 약을 두려워할 수 있다. 노령이 그들의기억력이나 추론 능력에 영향을 끼칠 경우에는 특히 그렇다.

이 같은 반대는 안락사하고 싶지 않은 사람은 거부자 등록을 하는절차를 제시함으로써 반박할 수 있다. 반면 이로써 충분하지 않다면, 한때 합리적이고 자의식적이었던 존재에 적용되는 안락사는 정당화되지 않을 것이다.

3) 자발적 안락사

자발적 안락사는 단지 의식적인 존재일 뿐만 아니라 합리적이고 자의식적이기도 한 존재, 즉 인격적 존재의 살생을 포함한다는 점에서 비자발적 안락사와 다르다. 동의할 능력이 있고 실제로 동의할 때 그것이 윤리적으로 정당화될 수 있을까? 회복될 수 없는 고통스러운 질병을 앓고 있는 사람이 죽기를 바라는 상황을 가정해보자. 인간이 자신의 권리를 포기하기를 선택한다면 그렇게 할 수도 있다는 것이 권리의 본질적 특징이다. 나는 사생활의 권리를 가질 수 있다. 그러나 내가 원한다면 일상생활을 사진에 담아 이웃 사람들에게 보여줄 수도 있다. 초대를 받아들인 사람들은 사생활의 권리를 전혀 침해하지 않으면서도 내 사생활을 자세히 볼 수 있다. 왜냐하면 이때 나의 권리는 포기되었기 때문이다. 마찬가지로 내가 생명의 권리를 가졌다고 해서, 의사가 내 요청에 따라 내 생명을 끊는 것이 잘못된 일이라고 할 수는 없다. 이런 요청을 할 때 나는 생명의 권리를 포기한 것이다.

합리적 행위자는 자신의 자율적인 결정에 따라 강제나 간섭을 받지 않고 살아간다. 그러므로 만약 합리적 행위자가 자율적으로 죽기를 결정한다면, 우리는 그의 선택을 도와야 한다. 더군다나 만약 우리가 계속 살고자 하는 욕망을 죽음에 반대할 근거로 간주해야 한다면, 죽고자 하는 욕망은 죽음에 찬성할 근거로 간주해야 할 것이다.

자발적 안락사의 법제화를 반대하는 사람들 가운데 어떤 이들은, 만약 우리가 참으로 자유롭고 합리적으로 죽겠다는 결심을 한다면 위의 주장이 타당하다고 인정하기도 한다. 그러나 그들은 죽여달라는 요청이 자유롭고 합리적인 결심의 산물임을 결코 확신할 수 없다고 덧붙인다. 병들고 나이 든 사람들에게 친척들이 빨리 삶을 끝내라는 압력을 가하지는 않을까? 살인을 저지르면서 안락사를 요청한 것처럼 위장할 수도 있지 않을까? 비록 아무런 부당한 압력이 없다 해도, 병으로 고통받고 약에 취하거나 혼란스러운 상태에 놓이기 쉬운 환자가 죽을 것인가 살 것인가에 대해 합리적인 결정을 내릴 수 있을까? 이런 물음들은 자발적 안락사의 근저에 있는 윤리 원칙들에 대한 반론이라기보다 자발적 안락사를 법제화하는 데 따른 기술적인 난점을 제기한다. 이 난점들은 꽤 심각하다. 네덜란드 법원은 안락사에 대한 지침서를 만들어 이런 문제를 해결하려고 했다. 자발적 안락사를 처벌하지 않았기 때문에 네덜란드에서 살인이 증가했다는 증거는 없다.

안락사를 둘러싼 논쟁에서 의사가 실수할 수도 있다는 점이 종종 지적된다. 드문 경우이긴 해도, 유능한 두 명의 의사로부터 치료가 불가능하다는 진단을 받은 환자들 가운데 몇몇은 살아남아 여러 해 동안 건강하게 살고 있다. 만약 자발적 안락사가 법제화되었다면, 질병에서 회복되어 몇 년을 더 살았을 이 사람들이 아깝게 죽음을 맞았을 것이다. 그러나 이것은 사람들이 생각하듯 안락사를 거부할 결정적인 논변은 못 된다. 안락사가 법제화됨에 따라 일어날 수 있는 매우 적은 수의 불필요한 죽음에 대비해서, 안락사가 법제화되지 않았기 때문에 죽을 때까지 병에 시달리는 환자들이 겪을 엄청난 양의 아픔과 고통을 생각해봐야 한다. 조금 더 산다는 것이 그 밖의 모든 고려 사항을 능가하는 최고선은 아니다. 만약 그것이 최고선이라면 더 효과적인 방법이 많이 있다. 자발적 안락사를 금지하는 것보다는 담배를 못 피게 하거나 시속 40킬로미터 이상으로 차를 몰지 못하게 하는 것이 더 효과적일 것이다. 죽어가는 환자에게 당신은 이제 잘 보살펴지고 있으므로 안락사를 선택할 권리를 줄 필요가 없다고 말하는 것은 매우 간섭주의적이다. 안락사를 법제화하고 자신의 상황이 참을 만한 것인지 어떤지를 환자 스스로 결정하도록 하는 것이 개인의 자유와 자율성을 한층 더 존중하는 것이다.

자발적 안락사를 찬성해 이처럼 주장하는 것이 개인의 자유와 자율성에 너무 큰 비중을 두는 것은 아닐까? 예를 들어 헤로인을 먹는 것과 같은 문제에서 우리는 자유로운 선택을 허용하지 않는다. 이것은 자유를 제한하지만, 많은 사람들이 간섭주의적 이유로 정당화될 수 있는 제한이라고 인정한다. 헤로인 중독자가 되지 못하도록 하는 것이 정당화될 수 있는 간섭주의라면, 자신을 죽이지 못하도록 하는 것은 왜 정당화될 수 없는가? 이 질문은 사리에 맞다. 왜냐하면 개인의 자유에 대한 존중은 지나치게 확대될 수도 있기 때문이다. 하지만 자발적 안락사에 대한 반대는 간섭주의적 근거에 의해 정당화될 수 없다. 자발적 안락사는 그렇게 해야 할 좋은 이유가 있는 행위이기 때문이다. 최선의 의학 지식에 비추어볼 때 자발적 안락사는 치료될 수 없는 고통스럽고 비참한 상태를 겪고 있는 사람에게만 시행된다. 이런 상황에서 빨리 죽는 길을 선택하는 것이 명백히 비합리적이라고 말할 수는 없다. 자발적 안락사를 찬성하는 의견은 안락사를 결심하

는 사람들의 선호나 자율성에 대한 존중과 그 결정 자체에 명백하게
합리적인 토대가 모두 갖추어질 때 더욱 강해진다.

4) 미끄러운 경사길 논증

'미끄러운 경사길slippery slope' 논증이란, 처음에 허용된 조치가 중립적
이거나 올바르다 할지라도 다른 변화가 불가피하게 일어나서 결국은
매우 옳지 못한 결과를 낳게 된다는 논증이다.

　안락사는 미끄러운 경사길의 첫 단계일까? 타락을 견제할 뚜렷한
도덕적 버팀목이 없을 때, 우리는 국가의 폭력이나 대량 학살의 심연
속으로 곧장 미끄러질 것인가? 많은 사람들은 적극적 안락사가 자칫
비양심적인 정부에 권력을 부여할 수도 있음을 염려하고 있다. 물론
이런 우려를 무시할 수는 없지만, 그렇다고 과장지도 말아야 한다.
비양심적인 정부는 그들의 권력을 가지고 반대자를 제거할 수단으로
안락사를 활용할 수도 있다. 그것도 의사가 수행하는 안락사보다 더
욱 그럴듯한 근거를 대고서 말이다. 어쩌면 자살로 처리할 수도 있고
사고도 위장할 수도 있으며, 필요하다면 암살자를 고용할 수도 있다.
이런 가능성에 맞서서 할 수 있는 최선의 방어는 우리의 정부를 민주
적·개방적이게 하고, 반대 세력도 포용할 수 있는 사람에게 권력을
위임할 수 있도록 할 수 있는 모든 노력을 기울이는 것이다. 일단 반대
세력을 제거하려고 결심한다면 정부는 안락사가 합법적이든 아니든
간에 어떤 식으로든 방법을 찾을 것이다.

미끄러운 경사길 논증은 무고한 사람을 직접 죽이는 것을 금지하는 현재의 엄격한 규칙이 생명 존중이란 목표에 기여하고 있다는 주장에 의해 여전히 옹호될 수 있다. 인간과 비인간, 태아와 유아, 죽임과 죽도록 방치함 간의 구분이 아무리 자의적이고 정당화될 수 없다 하더라도, 무고한 사람을 직접 죽이는 것을 금지하는 규칙은 최소한 효과적인 경계선이 될 수 있다. 살 만한 가치가 있는 유아와 명백히 그렇지 못한 유아를 구분하기란 아주 어렵다. 어떤 인간을 어떤 여건에서 죽이는 것을 본 사람은 그와 아주 다르지 않은 다른 사람들을 죽이는 것이 그릇되지 않다는 결론을 내리는 데까지 갈 수도 있다. 이렇게 보면 수용할 수 있는 살해의 경계가 점차 뒤로 밀려나게 되지 않을까? 어떤 필연적인 중단점이 없다면 결과적으로 인간의 생명에 대한 존중을 상실하고 말 것 아닌가?

만약 우리의 법이 바뀌어 누구라도 안락사를 수행할 수 있다면, 정당하게 죽임을 당하는 사람과 그렇지 못한 사람들 사이의 명백한 구분선이 없다는 것이 실제로도 위험을 가져올 것이다. 그러나 안락사를 주장하는 사람들의 제안은 그런 것이 아니다. 안락사라는 행위를 전문 의료인이 다른 의사의 동의를 얻어서만 수행할 수 있다면, 살해하려는 성향이 통제되지 않고 전 사회에 퍼질 것 같지는 않다. 의사들은 치료를 유보하는 결정을 통해 삶과 죽음을 통제할 수 있는 많은 권력을 이미 가지고 있다. 처음에는 심한 장애를 가진 아이들을 폐렴으로 죽도록 방치한 의사가 나중에는 소수 인종이나 정치적 극단론자들에게 항생제를 투여하는 것을 유보하는 데까지 옮겨갈 것이라는 기미는 이제까지 없었다. 사실 안락사를 법제화하는 것은 의사들의 권력을 통제하는 수단으로도 작용할 것이다. 왜냐하면 어떤 의사들이 지금은 자신의 주도로 비밀스레 하고 있는 일을 개방적으로, 다른 의사의 세심한 조사를 거쳐서 수행하도록 할 것이기 때문이다.

여하튼 어떤 범주의 인간은 죽여도 좋다고 허용하는 태도가 다른 범주의 인간을 죽이지 못하도록 한 금지 조항을 파괴하고 말 것이라는 역사적 증거는 거의 없다. 고대 그리스인들은 통례적으로 유아를 죽이거나 버렸지만, 적어도 중세 기독교인이나 현대의 미국인처럼 동료 시민의 생명을 빼앗을 정도로 비양심적이었던 것으로 보이지는 않는다. 전통적인 에스키모 사회에서는 남자가 늙은 부모를 죽이는 것이 관습이었지만, 정상적이고 건강한 성인을 죽인 예는 들어보지 못했다. 그들이 한 부류에 대한 자신의 태도를 다른 부류로 전이하지 않고서 인간을 각각 다른 범주로 구분할 수 있었다면, 한층 세련된 법률 체계와 보다 큰 의료 지식을 가진 우리도 같은 일을 할 수 있을 것이다.

생명의 신성함이라는 전통적 윤리에서 벗어나는 것이 원하지 않는 결과를 초래할 위험을 가지고 있다는 사실을 부정하지는 않는다. 그러나 우리는 이 같은 위험에 견주어 전통적 윤리가 일으키는 현실적 피해, 비참하고 고통스러운 삶을 무조건 연장해야만 하는 사람들이 입는 피해를 고려해야 할 것이다. 더군다나 임신중절과 소극적 안락사가 널리 시행됨으로써 이미 전통적 윤리의 결함들이 드러나고 있지 않은가.

'존엄사' 용어에 얽힌 오해와 진실[9]

다수의 사람들이 좋은 죽음의 모습을 품위 있는 죽음, 존엄한 죽음에서 찾는다. 인간이 존엄한 존재라면 죽음의 과정도 인간의 존엄성을 훼손하지 않아야 할 것이라는 생각에서 그러할 것이다. 이런 소박한 믿음에 기대어 '존엄사'라는 용어가 사람들 사이에서 쉽게 수용되는 경향이 있다. 심지어 어떤 이들은 존엄사를 좋은 죽음과 동일시하기도 한다. 그런데 이런 식의 용어 사용은 많은 오해와 혼란을 야기한다. 잘못된 용어 사용은 세밀한 논의를 불가능하게 하고, 이러한 상태에서 대화는 겉돌기를 반복할 뿐이다.

'존엄사'라는 용어는 원래 1990년대 미국에서 안락사를 지지하는 그룹이 창안했다. 식물인간 상태와 같이 환자에게 의식이 없고 그 생명이 단지 인공심폐기에 의하여 연장되고 있는 경우 품위 있는 죽음을 위해 생명 연장 조치를 중단하자는 게 그들의 주장이다. 그들의 운동은 1997년부터 시행된 미국 오리건주의 〈존엄사 법〉으로 결실을 맺게 된다. 이 법에서 '존엄사'는 존엄 또는 자비를 목적으로 하는 자발적 안락사로서 적극적이든, 소극적이든 방법을 가리지 않는 것을 의미했다. 의사조력자살마저도 여기에 포함되었다. 미국에서의 '존엄사' 논의는 이러한 입법 운동으로 대표되며, 현재진행형이다.

일본의 '존엄사' 용어 쓰임은 그 사정이 미국과는 좀 다르다. 일본에서 '존엄사'는 소극적 안락사와 거의 동의어로 사용된다. 요컨대 '존엄사'에 대한 일본인들의 용어 정의는 미국인들의 정의보다 더 제한적인 상황을 가리킨다고 이해하면 되겠다.

제2차세계대전 당시 나치 독일이 대량 학살을 자행하면서 '안락사'라는 표현을 사용한 이래 안락사는 역사적으로 저주받은 말이었다. 그런 까닭에 오늘날에도 이 용어를 입에 올리길 꺼려하는 사람들이 많다. 미국과 일본의 안락사 옹호론자들이 '존엄사' 용어를 선택한 이유 역시 '안락사'로는 자신들의 목적을 달성하기 어렵다고 보았기 때문이다. (1978년 발족한 '일본안락사협회'는 1983년 '일본존엄사협회'로 개칭했다.) 그런데 문제는 이 용어의 의미가 불투명하다는 것이고, 결국 '존엄사' 용어 사용을 둘러싼 오해가 빚어지는 결과를 낳았다.

'존엄사' 용어가 잘못 사용되는 예들을 우리 주변에서 더러 본다. 신문·방송을 비롯한 대중매체들이 다른 사례를 두고 우리나라에서 '존엄사'가 인정되었다는 식의 기사나 사설을 가끔 싣는다. 이를 접한 독자들은 잘못된 정보를 얻는다. 이런 기사들을 인용한 일부 고등학교 교과서의 문구("우리나라는 존엄사를 인정하여 2009년 6월 최초로 이를 시행하였다"), 교사용 지도서의 내용("'존엄사'를 인정할 수 있다는 대법원의 첫 판례이다") 등을 통해 잘못된 정보가 확대 재생산되기도 한다.

보도와는 달리, 우리나라에서는 '존엄사'를 인정한 예가 일절 없다. 2009년 2월 김수환 추기경의 선종善終은 존엄사가 아니며,[10] 2009년 5월 우리나라 대법원이 선고한 세칭 '세브란스 김 할머니 사건' 또한 존엄사의 사례가 아니다. 대법원 판결문 어디에도 '존엄사' 표현을 찾아볼 수 없다. 그 대신 '연명치료 중단' 표현이 반복적으로 사용되었을 따름이다.

‘연명치료 중단’은 2002년 의료계가 안락사 또는 존엄사라는 용어를 대신하여 사용하기를 제안했던 개념이다. ‘안락사’가 거부감이 심하고 ‘존엄사’는 그 의미가 분명치 않으니, 중립적인 새로운 용어로서 ‘치료 중단’을 쓰자고 제안했던 것이다. 이는 환자의 치료를 시작하지 않거나 일단 시작한 치료를 중지하여 환자를 죽음에 이르게 하는 것을 일컫는다. 이 제안의 배경에는 의사가 안락사에 개입하는 것은 차단하되, 의사로 하여금 환자 또는 보호자와의 협의하에 연명치료를 유보하거나 중단할 수 있는 권한을 갖게 하자는 생각이 깔려 있었다.

의료계가 제안했던 다소간 낯선 용어를 사법부가 받아들였다는 점은 의미 있는 변화였다. 안락사와 존엄사를 반대하는 가톨릭교회도 엄격한 조건하에서 시행되는 연명치료 중단에는 동의했다. 하지만 앞서 언급했듯이 언중은 여전히 ‘존엄사’라는 용어를 쓰고 있으니 이는 앞으로 우리가 풀어야 할 숙제이다.

안락사의 대안, 호스피스

안락사의 대안은 죽어가는 사람을 인정 있게 보살펴주는 것이다. 만약 환자가 안락사를 요청한다면, 의료진은 그 사람이 왜 그런 요청을 했는지 원인을 찾아보아야 하며, 그 원인을 해소하기 위해 최선의 노력을 기울여야 한다.

‘호스피스hospice’는 중세 유럽에서 성지 예루살렘으로 가는 순례

자나 여행자들이 쉬어 가던 휴식처에서 유래했다. 호스피스의 어원인 라틴어 hospitum은 본래 여행자의 숙소, 손님 접대를 의미했다. 이는 오늘날 우리가 사용하는 hospital(병원), hostel(호스텔), hotel(호텔) 따위 단어들의 공통된 어원이다. 중세 유럽의 십자군 운동 시기에는 호스피시아hospitia, 즉 여행자들의 휴식처로서 음식·옷 등을 제공했고 이 활동을 지속하기 위한 수도회가 창설되었다. 수백 년의 세월이 흐른 오늘날의 호스피스는 그 의미가 변형되고 종교적 색채 또한 옅어졌다. 현대의 호스피스는 죽음을 앞둔 말기 환자와 그 가족을 사랑으로 돌보는 행위로서, 말기 환자가 여생 동안 인간으로서의 존엄성과 높은 삶의 질을 유지하면서 삶의 마지막 순간을 평안하게 맞이하도록 신체적·정서적·사회적·영적으로 도우며, 남은 가족의 고통과 슬픔을 경감시키기 위한 전인적인holistic 돌봄을 뜻한다.

호스피스적 방식은 안락사를 기독교 신학적으로 접근한 건전한 대안으로 간주된다. 호스피스 정신에 따라 의료진은 스스로를 병든 자의 필요를 채워주고자 파견된 사역으로서, 가장 연약한 인간까지도 동정심으로 보살펴준 예수님을 따르는 자로 이해한다. 1960년대 미국과 영국에서 두 명의 의사가 기존의 의료 관행을 바꾸려는 운동을 시작한 결과, 죽어가는 환자와 가족들의 특별한 요구를 충족시킬 수 있었다. 그 두 의사는 스위스 태생의 엘리자베스 퀴블러 로스Elisabeth Kübler-Ross와 영국 태생의 전직 간호사 시슬리 손더스Cicely Saunders이다. 이들의 프로그램은 호스피스 운동이라 불렸다. 호스피스를 수행하는 많은 의사들은 환자들이 현대 호스피스의 치료에 대해 제대로 알지 못할 때에만 의사조력자살에 대한 요청이 제기된다고 주장한다.

퀴블러 로스와 손더스는 생존이나 연명을 위한 노력이 아니라, 죽어가는 환자가 가능한 한 편안함을 느낄 수 있도록 특별한 기구를 발전시켰다. 호스피스는 죽어가는 환자에게 생의 마지막 몇 개월에 걸친 최대한의 자기 조절과 품위를 가능하게 하기 위해 노력한다. 원래 호스피스는 특별히 분리된 시설이었지만, 점차 환자를 집에 머물게 하면서 대부분의 치료가 왕진 간호사와 의사들에 의해 수행되는 것을 강조하는 형태로 발전해갔다.

퀴블러 로스와 손더스가 노력한 결과, 현대의 의사들은 죽어가는 환자의 고통을 완화하고 환자의 심리적 요구를 더욱더 충족시키게 되었다. 호스피스 치료를 포함해 가정에서 행해지는 치료는 이제 의료계에서 가장 빠르게 성장하는 영역 중 하나이며, 간호사와 보조원들의 새로운 일자리 창출에 상당한 비중을 차지하고 있다. 65세 이상 노인을 위한 미국의 건강보험 제도인 '메디케어Medicare'는 이제 죽어가는 환자들을 위한 호스피스 치료에도 비용을 지불하고 있다. 우리나라에서도 2003년부터 호스피스가 국민건강보험의 적용을 받기 시작했고, 점차 확대되는 추세이다.

안락사와 관련된 호스피스에서는 진통제 사용이 문제가 된다. 중추신경계에 영향을 주는 진통제를 사용하는 것은 여러 가지 부작용을 낳을 위험을 내포하고 있다. 호흡 기능의 영향, 의식 상태의 변화, 습관성유산, 약효 감소로 인한 용량의 증대 등이 그것이다. 그러므로 되도록이면 진통제를 사용하지 말고 다른 방법으로 환자의 고통을 덜어주는 것이 중요하다. 이런 방법으로는 아스피린 같은 치료제를 사용하는 것, 신체의 특정 부분을 고정시키는 것, 각종 방사선 요법, 외과 수술 그리고 함께 있음으로써 환자의 고독과 불안을 없애주는 일 등이 있다.

현재의 의학 지식과 기술 단계에서는 견딜 수 없는 극심한 고통을 경감시키기 위해 중추신경에 작용하는 진통제, 예를 들어 아편이나 그 밖의 마취제를 사용하는 경우가 종종 있다. 분별 있게, 적절한 용량으로, 정확한 시간 간격으로 사용해서 그 부작용을 크게 줄일 수 있는 경우 그런 약물을 사용하는 것은 호스피스 정신에 어긋나지 않는다. 이때 의료진은 환자와 함께 이런 결정을 내리는 것shared decision-making이 중요하다.

중병이나 임박한 죽음이 초래하는 미지의 현실에 직면할 때 우리는 고통과 아울러 불안과 공포를 경험한다. 약물은 불안을 경감시켜줄 수는 있지만 완전히 없애기에는 무력한 경우가 많다. 환자는 사려 깊고 조심성 있는 타인과 함께 있을 때만 자기 생각을 표현하게 되고, 영적·인간적 위안을 통해 진정한 안도감을 느낄 수 있다.

호스피스와 함께 자주 쓰이는 용어로 '완화의료palliative medicine'가 있다. WHO에 의하면, 완화의료란 생명을 위협하는 질환으로 인해 통증과 여러 가지 신체적·심리사회적·영적 문제에 직면한 환자와 가족들의 문제를 조기에 알아내고 적절한 평가와 치료를 통해 그로 인한 고통을 예방하고 해소하여 삶의 질을 향상시키기 위한 의학의 한 분야로 정의된다. 완화의료는 비록 그 접근 방향에 있어서 기존의 완치의학을 위한 의료와 분명히 구별되지만, 그 자체로 의료행위의 한 분야이다. 오늘날 병원에서는, 가령 완화의료를 담당하는 가정의학과 의사가 정신건강의학과·재활의학과·마취통증의학과 의사들과 협진을 한다. (우리나라에는 완화의료 전문의 제도가 아직 없다.) 호스피스와 완화의료가 동일한 것은 아니지만 그 개념에 있어서 유사점이 많은 까닭에 의료계에서는 '호스피스·완화의학_{hospice and palliative medicine}'이라는 통합적 표현을 흔히 사용한다는 점을 이 기회에 알아두면 좋겠다.

7

〈연명의료결정법〉
자세히 보기

+ 김명희

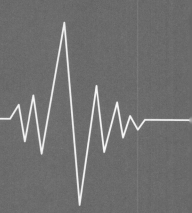

연명의료란?

연명의료life-sustaining treatment 란 질병을 치료하기 위해서가 아니라 회복이 불가능한 환자의 생명을 연장하기 위해 실시하는 의료를 말한다. 즉 연명의료에는 목숨을 연장하는 데 필요한 의료행위라면 무엇이든 포함될 수 있다.[1] 예를 들어 인공호흡기를 심한 폐렴 환자에게 사용하는 경우에는 폐렴을 낫게 하기 위한 치료 목적의 의료행위이고, 자동차 사고로 뇌사 상태에 빠져 회생 가능성이 없는 상태로 자발적인 호흡이 불가능한 환자에게 사용하는 경우에는 연명의료가 되는 것이다.

연명의료는 특수 연명의료와 일반 연명의료로 나뉘기도 한다. 특수 연명의료는 생명을 유지하기 위해 고도의 전문적인 의학 지식과 의료기술, 특수한 장치를 필요로 하며 그로 인해 심한 통증과 고통이 수반되기도 하는 의료를 말한다. 예를 들면 심폐소생술, 인공호흡기,

혈액 투석, 항암제 투여, 수혈, 장기이식, 고단위 항생제 투여 등이 있다. 일반 연명의료는 생명 유지에 필수적이지만 전문적인 의학 지식이나 의료기술, 특수한 장치를 필요로 하지 않고 쉽게 적용이 가능하며 특별한 통증이나 고통을 야기하지 않는 의료이다. 예를 들면 영양 공급, 수분·산소 공급, 체온 유지, 배변과 배뇨 도움, 진통제 투여, 욕창 예방, 1차 항생제 투여 등이다. 〈연명의료결정법〉에서는 '연명의료란 임종 과정에 있는 환자에게 하는 심폐소생술, 혈액 투석, 항암제 투여, 인공호흡기 착용 및 그밖에 대통령령으로 정하는 의학적 시술로서 치료 효과 없이 임종 과정의 기간만을 연장하는 것'으로 정의하고 있다.[2]

〈연명의료결정법〉의 입법 목적

일부 사람들은 〈연명의료결정법〉을 '존엄사 법' 또는 '웰다잉well-dying 법'이라고도 부른다.[3] 그러나 이런 명칭은 〈연명의료결정법〉의 내용과 목적에 적절하지 않은 표현이다. 이 법은 의사조력자살을 허용하지 않는다. 그래서 '존엄사 법'이라고 부르는 것은 마치 이 법이 존엄사를 허용하는 것으로 오해를 불러일으킬 수 있으므로 적절하지 않다.[4] 〈연명의료결정법〉은 단지 임종 과정에 있는 환자의 연명의료를 유보하거나, 연명의료 중단 결정의 절차를 안내하거나, 중단 결정된 내용을 이행·관리하거나, 말기 환자 및 임종기 환자에게 호스피스·

완화의료를 제공하는 것과 관련된 내용을 담고 있을 뿐이다. 헌법 제 10조에서는 모든 인간이 존엄권의 주체가 되고 자신의 존엄에 대해 존중을 받을 권리를 규정하고 있다. 개인이 자신의 존엄을 스스로 결정할 수 있어야 한다는 점이 인간의 존엄성을 보장하는 가장 핵심적인 전제다. 이것은 자신의 법익을 스스로 결정하고 타인의 부당한 간섭을 받지 않는 자기결정권으로 실현된다. 의료 영역에서 환자의 자기결정권은 의사로부터 자신의 상병(傷病) 상태에 대한 충분한 설명을 듣고, 그 정보를 기초로 해 의사의 침습 행위(피부를 관통하거나 신체의 구멍을 통과해 체내 조직 안에 들어가는 것)를 승낙할 것인지 거부할 것인지를 결정할 수 있는 권리다.[5]

〈연명의료결정법〉의 목적은 임종을 맞는 환자가 자신이 원하지 않는 상황에서 불필요한 연명의료를 받지 않을 수 있도록 스스로 결정할 수 있는 기회를 주는 데 있다.[6] 그러나 인간이 가지고 있는 생명에 대한 자기결정권이 언제 어디서나, 어떤 경우에나 다 적용되고 합법화될 수 있는 것은 아니다. 환자가 자기결정권을 행사해 인간으로서의 존엄과 가치를 보호받으면서 사망을 할 수 있는 경우에 한정되는 것이다. 그러므로 치료와 회복이 가능한 경우, 즉 임종 과정에 있는 환자라고 판단이 되지 않는 경우에는 비록 자기 결정으로 연명의료의 유보나 중단을 결정하더라도 그 결정을 이행하는 것은 불가능하다.[7]

〈연명의료결정법〉에는 호스피스와 연명의료 및 연명의료 중단 등 결정에 관한 모든 행위는 환자의 인간으로서의 존엄과 가치를 침해

해서는 아니 되며, 모든 환자는 최선의 치료를 받으며, 자신이 앓고 있는 상병의 상태와 예후 및 향후 본인에게 시행될 의료행위에 대해 분명히 알고 스스로 결정할 권리가 있음을 명시하고 있다. 또한 의료인은 환자에게 최선의 치료를 제공하고, 호스피스와 연명의료 결정에 관해 정확하고 자세하게 설명해야 하며, 그에 따른 환자의 결정을 존중해야 한다.[8]

〈연명의료결정법〉의 제정 배경

1) 보라매병원 사건

보라매병원 사건이란 1997년 뇌출혈로 쓰러진 환자가 수술 후에 보호자(배우자)의 요청으로 퇴원한 후 집에서 사망했는데, 배우자 이외 친족들이 소송을 걸어 자의 퇴원을 결정한 배우자와 의료진이 살인방조죄로 유죄 판결을 받게 된 사건이다.[9] 이 사건이 생기기 전까지 한국의 의료 현장에서는 일반적으로 사망이 임박한 환자에게 연명의료를 중단하는 것을 사회적 관행으로 받아들였다. 한국 문화는 집 밖에서 죽음을 맞이하는 것을 객사라고 매우 꺼려했기 때문이다. 그래서 중증 질환으로 의료기관에서 치료를 받던 환자라도 임종이 예상되면 가족들이 환자를 집으로 데려가 자신이 살던 집에서 임종을 맞도록 했다. 그러나 이 사건으로 의료진은 연명의료 중단을 사회적 관행처럼 시행할 수 없게 됐고, 연명의료 중단과 관련한 결정을 법적 책임을 져야 하는 매우 중대한 사안으로 인식하게 됐다. 이 때문에 임종기에 들어가 연명의료를 중지하려는 환자의 보호자들과 연명의료 중단으로 인한 법적 처벌을 우려하는 의료진의 입장이 엇갈리면서 연명의료의 시행 및 중단 결정을 둘러싼 다양한 갈등 상황이 빈번하게 발생하기 시작했다.

2) 김 할머니 사건

보라매병원 사건 이후 의료 현장에서 연명의료와 관련한 다양한 갈등이 벌어졌음에도 불구하고 의료계를 제외하고는 사회적으로나 정부 차원에서 연명의료 중단에 대한 논의를 활발하게 진행하지 못했다. 그러던 중 2008년 2월 조직 검사를 받다 폐출혈과 심호흡 정지가 일어나 인공호흡기를 부착해 연명의료를 받게 된 김 할머니의 가족이, 서울서부지법에 '무의미한 연명치료 중지 가처분 신청' 소를 제기하는 사건이 발생했다(2008년 5월). 이 소송으로 연명의료 중단과 관련된 논의가 다시 사회적 이슈로 등장했다. 1심·2심 재판부 모두 '인공호흡기를 제거하라'고 판결했고 최종적으로 2009년 5월 대법원에서도 동일한 판결을 내렸다. 대법원은 "환자가 다시 의식을 회복하고 인공호흡기 등의 도움 없이 생존 가능한 상태가 될 가능성이 없어 보이고, 인공호흡기 부착의 치료 행위는 환자의 상태 회복 및 개선에 영향을 미치지 못하는 치료로서 의학적으로 무의미하다고 판단된다"

라며 김 할머니의 연명의료 중단이 가능하다고 인정했다.[10]

　서울고등법원의 김 할머니 사건 판결에서는 '연명치료 중단 등의 문제를 아무런 기준의 제시 없이 해당 의사나 환자 본인, 가족의 판단에만 맡겨두는 상황이 지속되는 것은 바람직하지 않으며 개개의 사례들을 모두 소송사건화 해 일일이 법원의 판단을 받게 하는 것도 비현실적으로, 사회 일반인이나 의사 등 이해관계인의 견해를 폭넓게 반영해 연명치료 중단 등에 관한 일정한 기준과 치료 중단에 이르기까지의 절차, 방식, 남용에 대한 처벌과 대책 등을 규정하는 입법이 이뤄질 필요가 있다'고 해 연명의료 중단 등과 관련한 입법의 필요성을 주장했으며 대법원의 판결문에서도 정부에 관련 입법을 권고했다.[11]

연명의료 결정에 대한 사회적 합의 과정

2009년 5월 김 할머니 연명의료 중단에 대한 대법원 판결 이후 2009년 10월, 대한의사협회·대한의학회·대한병원협회는 〈연명치료 중지에 관한 지침〉을 제정해 발표했다.[12] 그러나 실제 의료 현장에서는 이 지침이 실제적인 효력을 발휘하지 못했다. 또한 보건복지부는 2009년 12월 각계각층의 사람으로 구성된 '연명치료 중단 제도화 관련 사회적 협의체'를 구성하고 2010년 6월까지 연명치료 중단과 관련한 논의를 진행했다. 하지만 대상 환자, 대상 치료 등에서는 의견이 모였으나 연명의료 중단에 대한 환자의 의사 추정 및 대리에 의한 의사 결정, 법률의 제정 등과 관련해서는 의견의 일치되지 않아 합의를 보지 못했다. 18대 국회에서는 2009년 신상진 의원의 〈존엄사 법안〉, 김세연 의원의 〈삶의 마지막 단계에서 자연스러운 죽음을 맞이할 권리에 관한 법안〉 등의 법률안이 발의됐다. 두 의원이 공청회를 개최하는 등 연명의료 결정에 관해 입법 활동을 했으나 18대 국회가 끝나며 발의됐던 법률안들이 자동 폐기되면서 연명의료 결정 관련 제도화는 실패했다.

이후 〈생명윤리법〉에 따른 제3기 국가생명윤리심의위원회(이하 '국가위원회')가 2011년 7월에 구성됐다. 새로이 구성된 국가위원회는 의료 현장에서 연명의료 중단과 관련해 많은 문제가 발생하고 여러 사람이 불편을 호소하고 있음을 문제로 인식하고, 2012년 11월에 열린 제2차 본회의에서 국가위원회가 중심이 되어 연명의료 중단 논의를 진행하기로 했다. 국가위원회는 심도 있는 논의를 위해 관련 현황을 정확하게 아는 것이 필요하다고 판단해 전문가 및 관련자들로 특별위원회를 구성했고, 이 '연명치료 중단을 위한 제도 마련 특별위원회'는 2011년 12월부터 2012년 6월까지 약 6개월간의 논의를 통해 '연명의료 결정에 대한 권고안'을 마련했다. 이후 2012년 7월 제3기 국가위원회 제1차 정기 회의에서 특별위원회의 권고안을 보고받은 위원들이 논의를 거쳐 정부에 연명의료 결정 관련 제도 구축을 골자로 하는 특별법 제정을 권고했다.[13]

〈연명의료결정법〉의 제정 과정[14]

2013년 제1차 국가생명윤리심의위원회의 권고를 받은 보건복지부는 법률을 제정해 연명의료 결정 제도를 마련하기로 하고, 국가위원회 권고에 따라 입법안을 도출하기 위한 연구인 〈연명의료 환자결정권 제도화 관련 인프라 구축 방안〉를 진행했다. 주요 연구 내용은 연명의료 계획 서비스 제도, 연명의료 계획의 수립 등 절차, 재원 조달 방안, 보건의료기관 책무, 임종 과정 환자에 대한 적절한 서비스 제공 방안, 사회 문화 조성 방안이었다. 보건복지부는 이 연구를 통해 국가위원회 권고, 국내 논의 등을 검토하고, 외국의 입법례와 제도를 참고해 최초 입법안인 〈연명의료결정법안〉을 마련했다. 이후 이 법안을 두고 국가위원회 권고가 충실하게 반영됐는지, 관련 법률과 형평성이 맞는지 등을 검토하기 위해 전문가 자문단을 만들어 국가위원회 권고의 법률적 요소를 분석했으며, 종교계·언론계·학계·시민단체 등 각계 전문가들의 의견을 수렴했다.[15] 이렇게 마련된 보건복지부의 최종안은 이후 국회에 발의돼 있던 관련 법률안들과 병합 후 심의돼 〈호스피스·완화의료 및 임종과정에 있는 환자의 연명의료결정에 관한 법률안〉으로 국회보건복지위원회에 채택됐고, 이후 법제사법위원회를 거치며 일부 수정되었다. 이후 2016년 1월 8일 국회 본회의에서 참석 의원 203명 중 찬성 202명, 기권 1명이라는 압도적 찬성으로 통과됐다. 보라매병원 사건 이후 〈연명의료결정법〉의 제정까지 20여 년이 걸렸다.

〈연명의료결정법〉의 주요 내용

1) 연명의료 대상 환자

연명의료를 시행할 것인지 말 것인지, 이미 시행하고 있는 연명의료를 중단할 것인지 지속할 것인지는 생명과 관련한 매우 중요한 사안이다. 그러므로 연명의료 결정을 할 수 있는 대상 환자가 누구인가는 〈연명의료결정법〉의 핵심 사안이라고도 할 수 있을 것이다. 〈연명의료결정법〉에서는 연명의료 결정을 할 수 있는 대상 환자를 임종 과정에 접어든 환자로 보는데, 임종 과정이란 "회생의 가능성이 없고, 치료에도 불구하고 회복되지 아니하며, 급속도로 증상이 악화돼 사망에 임박한 상태"로 정의된다.[16] 즉 현재의 상태에서 더 나아질 가능성이 없고, 현재의 상태에 이르게 한 원인 질병에 대한 치료를 다양한 방법으로 했음에도 불구하고 질병으로 인한 지금의 상태가 개선될 가능성은 없으며, 최근 환자의 상태가 점점 나빠져서 앞으로도 급격하게 안 좋아질 것으로 예상돼 짧은 시일 내에 사망할 것으로 예견되는 환자의 경우에 한해 연명의료 결정의 대상이 될 수 있다. 또한 담당 의사와 해당 분야의 전문의 1인이 의학적 판단을 근거로 '임종 과정에 있는 환자'로 동일한 진단을 내려야 연명의료 결정을 할 수 있다. 그러므로 〈연명의료결정법〉에 의한 사전연명의료의향서를 작성했거나 같은 법률에 의해 환자 본인이 연명의료 결정에 대한 의사를 자율적으로 했다고 해서 그것을 시행할 수 있는 것은 아니다. 가장 우선

돼야 하는 것은 환자의 상태가 임종 과정에 있는가에 대한 의학적 판단, 즉 의료진의 판단인 것이다.

2) 연명의료 대상 치료

현 〈연명의료결정법〉은 연명의료를 '임종 과정에 있는 환자에게 하는 심폐소생술, 혈액 투석, 항암제 투여, 인공호흡기 착용의 의학적 시술로서 치료 효과 없이 임종 과정의 기간만을 연장하는 것'으로 정의하고 이 법률로 결정할 수 있는 연명의료 대상 치료를 네 가지로 한정했다. 그러나 이 때문에 실제 임상 현장에서는 여러 가지 연명의료가 시행되고 있음에도 항암제와 복잡하지 않은 치료는 중단이 가능한 반면 체외막산소화장치extra-corporeal membrane oxygenation, ECMO(심폐 기능을 보조할 목적으로 이용함), 체외순환기 같은 특수 연명 장치들은 중단이 불가능하다. 그래서 실제 연명의료 중단 결정 대상 환자임에도 불구하고 결정을 할 수 없는 상황이 벌어진다. 이에 2018년 3월 27일 개정을 통해 결정할 수 있는 연명의료의 종류를 확대하고 환자의 상태에 따른 의료적인 판단에 의해 대상 연명의료를 결정할 수 있도록 했다. 개정된 〈연명의료결정법〉에서 연명의료는 '심폐소생술, 혈액 투석, 항암제 투여, 인공호흡기 착용, 체외생명유지술extra-corporeal life support, ECLS, 수혈, 혈압 상승제 투여, 그밖에 담당 의사가 환자의 최선의 이익을 보장하기 위해 시행하지 않거나 중단할 필요가 있다고 의학적으로 판단하는 시술'로 확대됐다.[17]

3) 연명의료계획서

연명의료계획서는 "말기 환자 또는 임종기 환자가 담당 의사와 협의 후 본인의 뜻에 따라 연명의료 중단 등을 결정하고 호스피스에 관한 사항을 계획한 것을 담당 의사가 문서(전자 문서를 포함한다)로 작성하는 서류를 말한다."[18] 연명의료계획서는 특별위원회의 논의 과정에서 환자의 의사를 확인하는 한 방법으로 제안됐다.

미국에서는 오래전부터 사전의료지시서 제도를 운영했으나 실제로 작성해 사용하는 경우가 많지 않은 것으로 나타났다. 연명의료 결정은 상당한 의학적 지식이 필요하기 때문에 환자 스스로 사전의료지시서를 작성하기에는 한계가 있다. 이에 미국은 담당 의사가 환자의 상태와 연명의료에 대해 설명한 후 환자의 의사를 일정한 형식의 문서에 기록하는 제도를 도입했다(physician orders for life-sustaining treatment, POLST). 이 제도는 실제 질병의 상태에 있는 환자가 대상이고, 의사가 작성하며, 환자가 의료기관을 옮기더라도 의료진이 쉽게 확인할 수 있어서 신뢰도가 높다는 장점이 있다. 전문성을 가진 담당 의사가 환자에게 직접 설명하고 작성하기 때문에 실제 임상 상황을 잘 반영할 수 있고, 환자가 아픈 상황에서 작성되기 때문에 이 서류를 기초로 연명의료 결정이 이뤄질 가능성이 매우 높다는 것이다.

한국에서는 임종 과정에 있는 환자가 담당 의사와 전문의 1인의 판단을 받은 후에 연명의료계획서를 작성할 수 있다. 담당 의사는 연명의료계획서를 작성할 때 해당 환자에게 질병의 상태와 치료 방법에 관한 사항, 연명의료의 시행 방법 및 연명의료 중단 등 결정에 관한 사항, 호스피스의 선택 및 이용에 관한 사항, 연명의료계획서의 작성·등록·보관 및 통보에 관한 사항, 연명의료계획서의 변경·철회 및 그에 따른 조치에 관한 사항을 환자가 이해할 수 있도록 쉬운 용어로 충분히 설명해 환자가 자신의 임종기 연명의료에 대한 결정을 신중하게 내릴 수 있도록 해야 한다. 이렇게 작성된 연명의료계획서는 국립연명의료관리기관에 등록해야 한다. 국립연명의료관리기관에 등록된 연명의료계획서는 환자의 연명의료 결정에 대한 명시적인 의사로 간주된다. 이 계획서는 연명의료 결정이 필요한 시점에 조회하고 확인할 수 있으며, 이에 근거해 연명의료 결정이 이뤄질 수 있다.

4) 사전연명의료의향서

사전연명의료의향서란 "19세 이상인 사람이 자신의 연명의료 중단 등 결정 및 호스피스에 관한 의사를 직접 문서(전자 문서를 포함한다)로 작성하는 것"으로[19] 〈연명의료결정법〉 제정 이전에 시민운동 차원에서 작성되던 사전 의료 의향서를 법률화한 문서다. 〈연명의료결정법〉에 의한 사전연명의료의향서는 동법에 따라 지정을 받은 사전연명의료의향서 등록 기관의 상담사로부터 연명의료의 시행 방법 및 연명의료 중단 등 결정에 대한 사항, 호스피스의 선택 및 이용에 관한 사항, 사전연명의료의향서의 효력 및 효력 상실에 관한 사항, 사전연명의료의향서의 작성·등록·보관 및 통보에 관한 사항, 사전연명의료의향서의 변경·철회 및 그에 따른 조치에 관한 사항에 대한 충분한 설명과 상담을 받은 후에만 작성이 가능하다.[20]

사전연명의료의향서 작성을 담당하고 있는 사전연명의료의향서 등록 기관은 보건소 등과 같은 지역 보건의료기관, 병·의원 등과 같은 의료기관, 사전연명의료의향서에 관한 사업을 수행하는 비영리법인 또는 비영리단체, 공공기관, 노인복지관이 자발적으로 신청해 보건복지부로부터 지정을 받아 업무를 수행할 수 있다.[21] 사전연명의료의향서 등록 기관의 업무로는 사전연명의료의향서 등록에 관한 업무, 사전연명의료의향서에 관한 설명 및 작성 지원, 사전연명의료의향서에 관한 상담, 정보 제공 및 홍보, 관리 기관에 대한 사전연명의료의향서의 등록·변경·철회 등의 결과 통보 등이 있다.[22]

작성된 사전연명의료의향서는 등록 기관을 통해 국립연명의료관리기관에 등록된다. 작성자가 임종기 환자가 돼 연명의료 결정이 가능한 시기가 되면 담당 의사가 작성 여부 및 작성 내용 등에 대한 환자 본인의 의사를 확인하고 연명의료 결정에 대한 환자의 명시적인 의사를 판단한다. 또한 사전연명의료의향서를 작성해 국립연명의료관리기관에 등록해두었으나 환자가 의식이 없거나 의사소통 능력이 없어 작성 여부 및 내용에 대한 확인이 불가능한 경우에는 담당 의사 및 전문의 1인의 판단에 따라 본인의 연명의료 결정에 대한 의사를 파악한다.

5) 연명의료 결정에 대한 환자의 의사 확인

환자가 임종 과정에 있다고 판단되고 환자의 의식이 명료해 연명의료 결정이 가능한 경우에는 환자의 자율적인 의사를 확인해 연명의료를 시행해야 한다. 환자의 연명의료 결정에 대한 의사 확인은 연명의료계획서의 작성 여부 확인, 사전연명의료의향서의 본인 작성 여부에 대한 확인을 통해 가능하다. 환자가 사전연명의료의향서를 작성했으나 의사소통이 불가능하거나 의식이 없는 경우에는 담당 의사와 전문의 1인이 국립연명의료관리기관에 등록된 사전연명의료의향서를 확인해 환자의 의사를 확인한다.

임종기에 있는 환자로 판단되나 연명의료계획서나 사전연명의료의향서가 작성돼 있지 않은 경우에는 환자가 의식이 있고 의사소통이 가능하다면 담당 의사가 연명의료계획서의 작성을 통해 환자의 연명의료 결정에 대한 의사를 결정할 수 있다. 환자의 자율적인 결정을 존중하고 신뢰할 수 있기 위해선 환자의 결정이 어떤 과정을 통해 이뤄졌는지가 매우 중요하다. 일반적으로 충분한 설명에 의한 동의가 전제돼야 한다. 그러므로 〈연명의료결정법〉에서는 연명의료계획서를 작성하기 전에 담당 의사에게 반드시 환자에게 "질병 상태와 치료 방법에 관한 사항, 연명의료의 시행 방법 및 연명의료 중단 등 결정에 관한 사항, 호스피스의 선택 및 이용에 관한 사항, 연명의료계획서의 작성·등록·보관 및 통보에 관한 사항, 연명의료계획서의 변경·철회 및 그에 따른 조치에 관한 사항" 등을 설명하도록 하고 있다.[23]

또한 충분한 설명이란 그 내용에만 한정되는 것이 아니라 설명을 듣고 결정을 내려야 하는 환자가 쉽게 이해할 수 있는 용어로 해야 하며 이해하지 못하는 사항이나 궁금한 사항에 대해 물어볼 수 있는 시간적인 여유도 줘야 한다.

연명의료계획서 또는 사전연명의료의향서가 작성돼 있지 않으면서 의사소통이 어렵거나 무의식 상태인 경우에는 환자의 가족 2인이 환자의 평소의 연명의료 결정에 대해 동일한 진술을 함으로써 환자의 의사를 추정해 연명의료 결정을 할 수 있다. 이 환자 가족 2인의 진술에 대한 진정성은 담당 의사 및 전문의 1인이 동일하게 판단한 경우에 한해 인정된다.[24] 가족 진술에 의한 환자 의사를 추정할 수도 없는 경우에는 환자 가족 전원의 동의로 연명의료 결정을 할 수 있다. 이때 연명의료 결정과 관련해 인정되는 환자 가족의 범위는 배우자, 1촌 이내의 직계 존속·비속, 배우자나 1촌 이내의 존비속이 없는 경우 2촌 이내의 직계 존속·비속, 2촌 이내의 직계 존비속이 없는 경우 형제자매가 해당된다. 단, 19세 이상인 사람에 한정하며, 행방불명자 등 대통령령으로 정하는 사유에 해당하는 사람은 제외한다.

한편 19세 미만의 미성년자인 경우에는 〈연명의료결정법〉 제18조에 따라 환자의 법정대리인(친권자에 한정함)이 연명의료 중단 등 결정의 의사표시를 하고 담당 의사와 해당 분야 전문의 1인이 확인한 경우 연명의료 결정을 할 수 있다.

6) 연명의료 결정의 이행

연명의료계획서, 사전연명의료의향서 또는 환자 가족의 진술을 통해
확인한 환자의 의사가 연명의료 중단 등 결정을 원하고, 이것이 임종
과정에 있는 환자의 의사에도 반하지 아니하는 경우 또는 환자의 연
명의료 결정에 대한 의사를 알 수 없어 〈연명의료결정법〉에 따른 환
자 가족 전원이 동의한 연명의료 중단 등 결정이 있는 경우 그 결정 내
용에 따른 이행이 가능하다.[25]

7) 호스피스·완화의료[26]

호스피스·완화의료란 '말기 진단을 받은 환자 또는 임종 과정에 있
는 환자와 그 가족에게 통증과 증상의 완화 등을 포함한 신체적·심리
적·사회적·영적 영역에 대한 종합적인 평가와 치료를 목적으로 하
는 의료'를 말한다.[27] 그러므로 대부분의 경우 호스피스·완화의료는
연명의료를 유보하거나 중단하기로 결정한 환자가 대상이다.

　〈연명의료결정법〉에서는 '호스피스·완화의료'로 묶어서 정의하
고 있다. 하지만 두 의미를 더 깊이 살펴보면 약간의 차이가 있다. 호
스피스란 죽음을 앞둔 말기 환자가 여생을 인간으로서의 존엄성과
삶의 질을 유지하면서 마지막 순간을 평안하게 맞이하도록 환자와
그 가족을 신체적·정서적·사회적·영적으로 돕고, 환자의 임종 후에
는 남은 가족의 고통과 슬픔을 경감시키기 위한 총체적인 돌봄을 말

한다.[28] 반면 완화의료는 생명을 위협받는 질환으로 인한 문제점들에 직면한 환자와 가족에게 그들의 육체적·정신적·사회적·영적 고통을 조기에 확인하고 철저하게 평가하고 치료해 고통을 예방하고 완화시킴으로써 그들의 삶의 질을 개선하는 것이다.

호스피스는 전문의의 판단으로 늦어도 6개월 이내에 임종이 예측되는 환자가 대상이 되며, 완화 돌봄은 치료 중에 있든 죽음이 임박한 상태든 남아 있는 생명의 길이와 상관없이 고통을 받는 환자에게 제공되는 것이다.[29] 현재 〈연명의료결정법〉에서는 암, 후천성면역결핍증AIDS, 만성 폐쇄성 호흡기 질환, 만성 간경화, 만성 호흡부전으로 인한 말기 환자에 한해 호스피스·완화의료를 받을 수 있다.[30]

호스피스·완화의료는 이 법률에 따라 이뤄지는 다양한 방식의 연명의료 결정이 적절하게 수행되기 위한 기반이다. 국가위원회에서도 "환자가 호스피스·완화의료를 선택할 수 있도록 정부와 사회는 적극적으로 제도를 마련하고 지원해야 한다"라고 강조했고 논의의 과정에서도 연명의료 중단 등 결정에 있어 호스피스·완화의료의 기반이 매우 중요하다는 것을 누누이 강조했다. 이에 〈연명의료결정법〉은 보건복지부 장관에게 ① 말기 환자 등에 대한 적정한 통증 관리 등 증상 조절을 위한 지침 개발 및 보급, ② 입원형·자문형·가정형 호스피스의 설치 및 운영, 그 밖의 다양한 호스피스 유형의 정책 개발 및 보급, ③ 호스피스의 발전을 위한 연구·개발 사업, ④ 호스피스 전문 기관의 육성 및 호스피스 전문 인력의 양성, ⑤ 말기 환자 등과 그 가족을 위한 호스피스 교육 프로그램의 개발 및 보급, ⑥ 호스피스 이용 환자의 경제적 부담 능력 등을 고려한 의료비 지원 사업, ⑦ 말기 환자, 호스피스의 현황과 관리 실태에 관한 자료를 지속적이고 체계적으로 수집·분석해 통계를 산출하기 위한 등록·관리·조사 사업, ⑧ 호스피스에 관한 홍보 등의 사업 시행 의무를 부과하고 있다.[31]

8) 연명의료 결정 제도의 관리 체계

(1) 국가호스피스연명의료위원회[32]

〈연명의료결정법〉은 호스피스와 연명의료 및 연명의료 중단 등 결정의 제도적 확립을 위해서 이에 관한 종합 계획을 5년마다 수립·추진하도록 하고 있다. 이 종합 계획 수립 및 시행을 심의하기 위해서 보건복지부 소속으로 국가호스피스연명의료위원회를 두도록 하고 있다.

(2) 국립연명의료관리기관

연명의료, 연명의료 중단 등 결정 및 그 이행에 관한 사항을 적정하게 관리하기 위해 국립연명의료관리기관(이하 '관리 기관')을 두도록 하고 있다. 관리 기관의 업무는 ① 연명의료계획서 및 사전연명의료의향서의 등록에 대한 데이터베이스의 구축 및 관리, ② 사전연명의료의향서 등록 기관에 대한 관리 및 지도·감독, ③ 연명의료계획서 및 사전연명의료의향서 확인 조회 요청에 대한 회답, ④ 연명의료, 연명의료 중단 등 결정 및 그 이행의 현황에 대한 조사·연구, 정보 수집 및 관련 통계의 산출 등이다.[33] 현재 관리 기관의 역할은 국가생명윤리정책원이 맡아서 하고 있다.

(3) 중앙호스피스센터[34]

종합병원 중 하나를 중앙호스피스센터로 지정해 ① 말기 환자의 현황 및 진단·치료·관리 등에 관한 연구, ② 호스피스 사업에 대한 정보·통계의 수집·분석 및 제공, ③ 호스피스 사업 계획의 작성, ④ 호스피스에 관한 신기술의 개발 및 보급, ⑤ 호스피스 대상 환자에 대한 호스피스 제공, ⑥ 호스피스 사업 결과의 평가 및 활용 등 호스피스·완화의료 업무를 수행토록 하고 있다. 현재 중앙호스피스센터의 업무는 국립암센터가 맡고 있다.

〈연명의료결정법〉의 한계

1) 무연고자의 연명의료 중단 등 결정[35]

무연고자의 경우 국가위원회는 병원윤리위원회의 심의를 통해 연명의료 결정을 내리도록 권고했고 법률안에도 이것이 명시됐으나 법률 제정 과정에서 관련 조항이 삭제됐다. 따라서 가족이 없어 제17조(환자의 의사 확인)의 '가족 2인에 의한 의사 추정'이나 제18조(환자의 의사를 확인할 수 없는 경우의 연명의료 중단)의 '가족 전원의 합의'가 불가능한 무연고자의 경우에는 환자 자신이 연명의료계획서나 사전연명의료의향서를 쓰지 않은 경우에는 연명의료 결정이 불가능한 상황이 초래됐다. 이 부분에 대한 개정 보완 작업이 필요하다.

2) 대리인 지정 제도[36]

연명의료 중단 등 결정은 〈연명의료결정법〉 제10조(연명의료계획서 작성) 3항에서 "담당 의사는 해당 환자에게 연명의료계획서를 작성하기 전에 다음 각 호의 사항에 관해 설명하고, 환자로부터 내용을 이해했음을 확인받아야 한다. 이 경우 해당 환자가 미성년자인 때는 환자 및 그 법정대리인에게 설명하고 확인을 받아야 한다"라고 해 미성년자를 제외하고는 대리인 지정에 의한 동의를 인정하고 있지 않다. 반면 동법 제29조(호스피스의 신청) 2항에서는 "말기 환자 등이 의사 결정 능력이 없을 때는 미리 지정한 지정 대리인이 신청할 수 있고 지정 대리인이 없을 때는 제17조 제1항 제3호 각 목의 순서대로 신청할 수 있다"라고 해 대리인 지정에 의한 대리 동의를 허용하고 있으며 가족 1인의 대리인 역할이 가능하도록 하고 있다. 즉 같은 법률 내에서 대리인 지정에 의한 동의에 대해 연명의료 중단 등 결정과 호스피스의 이용에서 다른 입장을 취하고 있는 상황이다. 특정 대리인을 지정해 결정하는 문제에 대해 보완해야 한다.

3) 연명의료계획서 작성 시기

〈연명의료결정법〉 제2조 정의 조항에서 연명의료계획서란 "말기 환자 등의 의사에 따라 담당 의사가 환자에 대한 연명의료 중단 등 결정 및 호스피스에 관한 사항을 계획해 문서로 작성한 것을 말한다"라고 해 연명의료계획서를 작성하기 위해선 담당 의사로부터 말기 또는 임종기 환자로 진단받도록 하고 있다. 이는 환자 본인의 자율적인 결정을 존중하기 위한 입법 취지와 거리가 먼 것으로 볼 수 있다. 본인의 임종기의 연명의료 중단 등에 대한 의사를 표시하기 위해선 두 명의 의사가 허락을 해야 한다는 것이 본인의 자율적인 결정을 상당히 침해하고 있는 것으로 여겨지기 때문이다.

본인의 임종기에 대한 의사표현의 시기는 질병의 의학적 상태보다 환자 본인의 상태에 대한 자각 능력이 중심이 돼야 할 것이다. 좀 더 심사숙고해 자신의 임종기의 계획을 세우기 위해선 의사가 말기 또는 임종기라고 판단하고 연명의료계획서를 작성하도록 하는 것보다 의사가 환자에게 질병의 상태·예후 등과 관련해 정확한 정보를 제공하고 가족과 의료진이 함께 논의하는 것이 더욱 중요하다. 연명의료계획서의 작성 시기를 말기 환자 등으로 판정받은 특정 시점으로 할 것이 아니라 환자가 원하는 시점에 의사의 판단 후 작성이 가능하도록 개선해야 할 것이다.

4) 미성년자의 친권자에 의한 대리 결정

미성년자는 19세 미만의 자를 말하며, 의사표현이 불가능한 영유아부터 대학생에 이르기까지 그 폭이 매우 넓다. 그럼에도 불구하고 이 법률은 19세 미만의 미성년자의 경우 모두 친권자가 대리 결정하도록 하고 있다. 형법의 경우 미성년자의 기준을 14세 미만으로 해 14세 이상의 경우에는 형사책임을 묻고 있다. 자신의 상태와 미래에 대한 고민이 가능한 경우라면 자신의 생명권에 대한 자기 결정의 기회를 줘야 할 것이다. 미성년자라 할지라도 인지 능력이 충분하고 자신의 상황에 대한 판단 능력이 충분한 경우가 많으므로 본인의 의사를 존중할 수 있도록 해야 한다. 다른 나라에서도 미성년자를 무능력자로 여겨 법정대리인을 두는 것은 비슷하지만 성년의 시기는 나라마다 다르다.[37] 이해관계 당사자인 부모에 의한 전적인 결정보다 환자의 의사 능력에 대한 판단을 전제하고, 환자가 의사 능력이 충분하다면 비록 미성년이어도 환자 본인의 의사를 충분히 반영할 수 있도록 해야 할 것이다. 환자의 의사 능력에 문제가 있는 경우에는 환자의 최선의 이익이 무엇인지를 중심에 두고 판단할 수 있는 방안을 고민할 필요가 있다. 부모 등 친권자에 의한 판단이 최선인지, 이해관계가 없는 병원윤리위원회를 통한 결정이 최선인지에 대한 심도 있는 논의가 필요하다.

5) 의료기관윤리위원회 설치

현재는 의료기관윤리위원회의 설치 여부를 의료기관이 선택할 수 있어, 해당 위원회를 설치하지 않은 의료기관은 〈연명의료결정법〉에 따른 연명의료 결정을 하지 않을 수 있다. 그래서 윤리위원회를 설치한 기관 여부에 따라 연명의료 결정과 관련한 절차가 다를 수 있다. 같은 사안에 대해 다른 절차를 가질 경우 수요자인 국민들이 혼란을 겪고 연명의료 결정 제도에 대한 신뢰에 문제가 발생할 여지가 매우 크다. 그러므로 의료기관윤리위원회의 설치를 의무화해 연명의료 결정 제도가 모든 의료기관에서 같은 절차로 수행될 수 있도록 해야 할 것이다.

6) 호스피스·완화의료의 대상

〈연명의료결정법〉 제2조 6항에서 호스피스·완화의료란 '다음 각 목의 어느 하나에 해당하는 질환으로 말기 환자로 진단을 받은 환자 또는 임종 과정에 있는 환자와 그 가족에게 통증과 증상의 완화 등을 포함한 신체적·심리적·사회적·영적 영역에 대한 종합적인 평가와 치료를 목적으로 하는 의료를 말한다. 암, 후천성면역결핍증, 만성 폐쇄성 호흡기 질환, 만성 간경화, 그 밖의 보건복지부령으로 정하는 질환'이라고 정의하고 있다. 이후 2022년 4월 동법 시행규칙의 개정을 통해 만성 호흡부전이 대상 질환으로 확대되었다. 그러나 아직도 임종기 환자여도 〈연명의료결정법〉에 제시된 질병이 아닌 경우 제도 안에서는 호스피스·완화의료를 받을 수 없는 상황이다.

그러므로 현재의 〈연명의료결정법〉은 호스피스 또는 완화의료가 필요한 환자 모두를 대상으로 하지 못하고 있으며 호스피스와 완화 돌봄의 본래적인 의미를 살리지 못하고 있다고 여겨진다. 말기 환자 등에 한정하는 완화의료에 대한 시기적인 제한을 없애고 호스피스 대상 환자를 다섯 가지 질병에 제한하는 것은 연명의료 결정을 내린 이후에 적절한 돌봄이 가능할 것인지 우려하게 하는 내용이다.

연명의료를 하든 안하든 임종기에 있는 환자를 위해선 적절한 신체적·정신적인 고통을 완화하는 돌봄이 누구에게나 제공돼야 한다. 그러므로 현행 법률이 호스피스·완화의료의 대상을 매우 제한하고 있는 것에 대한 개선이 필요하다. 연명의료 결정과 이행 과정에 대한 윤리성도 중요하지만 그에 못지않게 연명의료 결정 이후 임종기에 적절한 돌봄을 제공하는 것도 중요하다.

앞으로의 과제

저출생·고령화 사회에서 임종기의 돌봄 문제는 다가올 미래 사회에 가장 큰 문제다. 갈수록 늘어나는 1인 가구와 전통적인 가족 형태의 변화 등으로 임종기 돌봄이 점차 사회의 몫으로 이해되는 추세이다. 한 사람이 임종기를 맞아 삶을 잘 마무리하기 위해서 자신의 임종기에 발생할 수 있는 문제들에 대해 미리 고민하고 결정해 의사표현을 해놓아야 한다. 이를 위해 〈연명의료결정법〉이 마련된 것이다. 그럼에도 불구하고 현행 〈연명의료결정법〉은 무연고자의 대리 동의 불가 등 보완해야 할 사항들이 있다. 차후 의료 현장의 반응과 사회의 변화 등을 고려해 충분한 논의와 심도 있는 검토를 거쳐 모든 국민이 임종기 준비를 철저히 할 수 있고 인간의 가치와 존엄을 훼손당하지 않고 죽음을 맞을 수 있도록 현행 〈연명의료결정법〉의 부족한 부분을 고쳐 나가야 할 것이다.

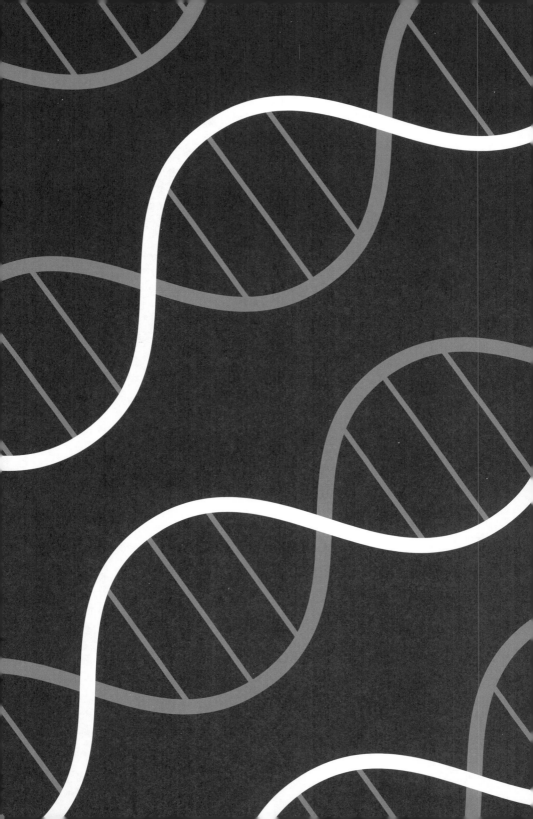

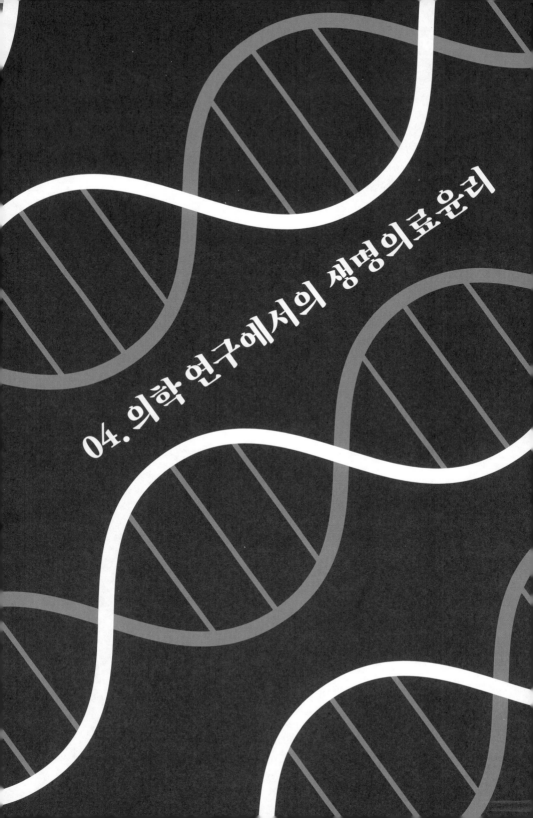

04. 의학 연구에서의 생명의료윤리

8

임상시험의
윤리를 생각한다

+ 구영모

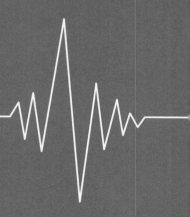

의학 연구와 임상시험

이 글의 목적은 임상시험의 윤리적 측면에 관한 사실과 정보를 살피는 데 있다. 임상시험의 범위를 명확히 하기 위해, 임상시험과 구별되는 인간 대상 연구 및 임상 연구의 범위에 대해 각각 살펴보도록 하자. 인간 대상 연구human studies란 인간을 대상으로 하는 일체의 연구를 말한다. 여기에는 사람을 대상으로 물리적으로 개입하거나 의사소통, 대인 접촉 등의 상호작용을 통하여 수행하는 연구, 또는 개인을 식별할 수 있는 정보를 이용하는 연구가 포함된다. [그림 1]에서 보듯이 인간 대상 연구의 범위는 상당히 넓다. 여기에는 첫째, 체육학 연구, 심리학 연구와 같이 사람을 대상으로 물리적으로 개입하는 연구, 즉 연구대상자를 직접 조작하거나 연구대상자의 환경을 조작하여 자료를 얻는 연구가 있다. 둘째, 간호학 연구, 역사학/사회과학 연구와 같이 의사소통, 대인 접촉 등의 상호작용을 통하여 수행하는 연구, 다시 말해 연구대상자의 행동 관찰, 대면 설문조사 등으로 자료를 얻는 연구가 있다. 셋째, 건강정보 데이터를 이용한 연구 등 개인을 식별할 수 있는 정보를 이용하는 연구, 즉 연구대상자를 직접·간접적으로 식별할 수 있는 정보를 이용하는 연구 등이 있다.

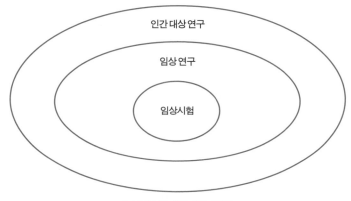

[그림 1] 인간 대상 연구의 범위

다음으로 임상 연구clinical study의 범위 또한 제법 넓다. 이는 첫째, 병원에서 의료진이 상업적 또는 학술적 목적으로 연구대상자에게 새로운 의약품·시술법·의료기기 등을 시험하는 행위를 지칭한다. 이 유형의 임상 연구에는 연구자의 중재intervention가 포함된다. 둘째는 비중재적 임상 연구로 여기에는 환자를 대상으로 하는 비치료적 관찰 연구, 병원에 보관된 환자의 의무 기록 또는 의학 영상을 이용하는 후향적retrospective 분석 연구가 포함된다. 만약 연구자가 인간 태아 조직,

인간 배아 줄기세포, 인간 유전체를 연구한다면, 이러한 연구들 또한 임상 연구의 범주에 속한다고 말할 수 있다.

[그림 1]은 임상시험의 범위가 임상 연구, 인간 대상 연구에 비해 좁다는 걸 보여준다. 새로운 의약품·시술법·의료기기 등을 우리나라 식품의약품안전처의 승인을 받아 일반 환자에게 널리 사용할 수 있으려면 해당 의약품·시술법·의료용구 등의 유효성과 안전성을 확인하는 절차를 거쳐야 한다. 이를 위해 다수의 환자들을 대상으로 여러 차례 테스트를 실시하여 그 유효성과 안전성을 세밀하게 조사한다. 이러한 임상 연구 활동을 '임상시험clinical trials'이라 하고, 시험에 사용하는 개발 중인 약물 또는 의료기기를 '임상시험용 의약품'(줄여서 '시험약') 또는 '임상시험용 의료기기'라고 한다. 시중에서 판매되고 있는 의약품과 의료기기는 많은 사람들이 임상시험에 참여해 그 유효성과 안전성을 확인받고, 식품의약품안전처의 심사와 판매 허가를 받은 것이다.

신약 개발 과정[1]을 살펴보면, 임상시험 전 단계인 전임상pre-clinical 시험 단계에는 세포 또는 동물을 대상으로 독성 시험과 약효를 증명하기 위한 약리 시험이 이루어진다. 이후 이어지는 임상시험 단계는 일반적으로 세 단계로 나누어지는데, 시판 후 임상시험까지 포함할 경우에는 네 단계로 구분한다. 시판 전 임상시험의 각 단계는 대개 소수의 건강인 자원자healthy volunteer 들을 대상으로 안전성 여부를 검사하는 제1상 시험부터 제2·3상으로 갈수록 임상시험용 의약품의 적응증 대상 질환자에로 그 수를 점차 늘려가게 된다.

제1상 시험은 의약품 후보 물질의 전임상 동물실험에서 얻은 독성·흡수·대사·배설·약리작용 데이터를 토대로 실시한다. 대개 20~80명 정도의 한정된 인원이 참여하는데 때로는 20명 이하에게 행하기도 한다. 이 시험에서는 이들 건강인 자원자에게 신약을 투여하고 약물의 체내동태pharmacokinetics, 인체에서의 약리작용·부작용, 안전하게 투여할 수 있는 용량의 폭 등을 결정한다.

제2상 시험은 신약의 유효성과 안전성을 증명하기 위한 '제한된 임상 연구' 단계이다. 이 단계는 흔히 약리효과를 확인하고 적정 용량과 용법을 결정하는 초기의 예비연구pilot study와 후기의 중추적 연구pivotal study로 나뉜다. 또 공개적 시험open label trial 또는 단일·이중눈가림 시험single/double blind trial으로 시행한다. 일반적으로 면밀히 평가할 수 있는 한정된 인원수 100~200명의 환자에게 행하는데, 항균제와 같이 다양한 적응증을 갖는 약물은 훨씬 많은 대상자들이 참여하기도 한다. 만약 환자들이 병원에서 수행되는 임상시험에 참여한다면, 그들은 환자뿐 아니라 시험대상자trial subject의 역할을 수행하는 것이 된다.

제3상 시험에서는 시험대상자의 숫자가 대폭 늘어난다. 대개 신약의 유효성을 어느 정도 확인한 후에, 해당 질환에 신약이 얼마나 유효한지 추가 정보를 얻거나 확실한 결과물을 얻기 위해 수행한다. 시험의 종류에 따라 장기간의 다국가/다기관 임상시험이 진행되며, 대상 환자 수는 약물 특성에 따라 달라지는데, 일반적으로 0.1퍼센트 확률로 나타나는 부작용을 확인할 수 있는 규모가 바람직하다.

[그림 1]에서 보았듯이 임상시험이 임상 연구의 일부분으로 이해되지만, 임상시험계획서 내에 임상 연구가 포함되는 경우 또한 존재한다. [그림 2]는 식품의약품안전처 허가용 제3상 임상시험계획서 내에 임상 연구(인체유래물 연구, 유전자 연구)가 일부분으로 포함된 경우를 보여준다. 최근 다국적 임상시험계획서에서 흔히 발견되는 유형이다. 이 경우를 앞서 살펴본 임상 연구의 정의에 따라 분석해보면, 작은 원이 표시하는 인체유래물 연구 및 인간 유전자 연구는 임상시험 수행 중에 시험대상자가 선택적으로 참여할 수 있는 임상 연구들이다. 만약 시험대상자가 선택적 하위 연구에 참여한다면, 그때 시험대상자는 임상 연구 대상자로 그 역할이 바뀌는 것으로 이해하면 되겠다.

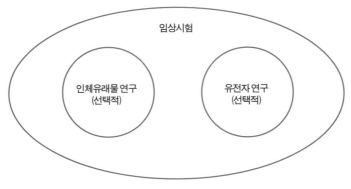

[그림 2] 제3상 임상시험계획서의 구성요소 (예시)

제4상 시험인 시판 후 임상시험postmarketing clinical trial은 크게 두 종류로 나뉜다. 하나는 부작용 빈도에 대한 확실한 추가 정보를 얻기 위한

'시판 후 부작용 조사postmarketing surveillance, PMS'이고 다른 하나는 '시판 후 연구'이다. 시판 후 연구에는 특수 약리작용 검색, 약리기전 연구, 약물 사용의 이환율과 사망률 등에 미치는 효과를 검토하기 위한 장기간의 대규모 추적 연구, 제3상에서 얻은 자료를 보완하기 위한 추가 연구, 시판 전 임상시험에서 검토하지 못한 특수 환자군에 대한 임상시험, 새로운 적응증 탐색 등이 포함된다.

국제 규범 문서 살펴보기

임상시험에서 준수해야 할 윤리적 원칙을 알기 위해서는 관련 국제 선언과 강령의 내용을 살펴보는 방법이 효과적이다. 이 절에서는 네 가지 대표 문서인 〈뉘른베르크 강령〉(1946), 〈헬싱키 선언〉(1964), 〈벨몬트 리포트〉(1979), 〈ICH-GCP 가이드라인〉(1996)을 차례로 검토해본다.

1) 〈뉘른베르크 강령〉

제2차 세계대전 직후인 1946년 12월 9일, 독일 뉘른베르크 전범재판소는 스물세 명의 독일군 지휘관, 의사, 보건 행정 공무원들이 과학 연구라는 미명 하에 전쟁 중 자행한 살인·고문 등의 범죄 행위가 유죄임을 인정하고 이들에게 유죄 판결(일곱 명에게 사형, 아홉 명에게 무기징역)을 선고했다. 피고들이 대상자들의 동의 없이 인체실험을 행했을 뿐만 아니라, 차마 인간으로서 행해서는 안 될 비윤리적 행위들을 자행했기 때문이다. 인체실험에는 대상자들이 사망할 때까지 산소 공급을 중단하는 고도비행 연구, 서서히 동사시키는 실험, 수백 명을 말라리아에 감염시킨 약물 실험, 전쟁 부상자를 대상으로 한 모의 감염 실험, 효과적인 불임방법을 알아내기 위해 남녀에게 행한 다양한 불임 시도 실험 등도 포함되어 있었다.

전범재판소는 유죄 판결에 앞서 같은 해 8월, 열 개 항으로 이루어진 〈뉘른베르크 강령Nuremberg Code〉을 제시했다. 이는 인체실험 대상자의 '자발적 동의'를 최초로 명문화한 강령으로, 그 내용은 다음과 같다.

1. 반드시 인체실험 대상자의 자발적 동의를 얻어야 한다.
2. 연구는 사회의 선을 위해 다른 방법이나 수단으로는 얻을 수 없는 가치 있는 결과를 낼만한 것이어야 하며, 무계획적이거나 불필요한 것이어서는 안 된다.
3. 연구를 계획할 때는 동물실험 결과와 질병의 자연 경과, 혹은 연구 중인 여러 가지 문제에 대한 지식을 근거로 해야 하며, 예상되는 결과가 실험 과정을 정당화할 수 있어야 한다.
4. 연구를 할 때 불필요한 모든 신체적·정신적 고통과 상해가 유발되어서는 안 된다.
5. 의료진 자신이 대상자로 참여하는 경우를 제외하고는, 사망이나 불구를 초래할 것으로 예견되는 실험은 시행해서는 안 된다.
6. 실험에서 감수해야 할 위험의 정도가 실험으로 얻을 수 있는 인

도적 문제의 중요성보다 커서는 안 된다.

7. 손상이나 장애, 사망 등의 문제가 발생할 확률이 아무리 낮아도, 대상자를 보호하기 위해 적절한 준비와 적합한 설비를 갖추어야 한다.

8. 자격을 갖춘 사람만이 실험을 수행해야 한다. 실험을 직접 수행하거나 이와 관련되어 있는 사람은 실험의 모든 과정에서 최고의 기술을 갖추고 주의를 기울여야 한다.

9. 실험 도중 대상자가 자신의 육체적·정신적 한계로 인해 더 이상 실험을 못하겠다는 생각이 들면 언제라도 실험을 끝낼 수 있다.

10. 실험자는 실험을 계속할 경우 대상자가 손상을 입고 불구가 되거나 사망할 수 있다는 판단이 서고 그 이유가 타당하다면, 어떤 단계에서든 실험을 중단할 준비가 되어 있어야 한다.

2) 〈헬싱키 선언〉: 인간 대상 의학 연구 윤리 원칙

〈헬싱키 선언Declaration of Helsinki〉은 사람을 대상으로 하는 생명의료 연구와 관련하여 의료진에게 지침이 되는 권고 사항을 담은 것으로, 1964년 핀란드 헬싱키에서 열린 세계의사협회 제18차 총회에서 채택되었다. 그 후로 2008년 10월 대한민국 서울에서 개최된 세계의사협회 제59차 총회를 포함해 2013년 10월 브라질 포르탈레자에서 개최된 제64차 총회에 이르기까지 아홉 차례에 걸쳐 개정되었다. 〈헬싱키 선언〉의 최신 개정판은 총 37개 항으로 이루어져 있으며, 원문은

세계의사협회 홈페이지(www.wma.net)에서 볼 수 있다. 내용은 다음과 같다.[2]

서문

1. 세계의사협회는 〈헬싱키 선언〉을 통하여 개인을 식별할 수 있는 인체유래물이나 정보를 이용하는 연구를 포함한 인간 대상 의학 연구의 윤리 원칙을 제안하고 발전시켰다.
   이 선언은 전문을 포괄적으로 이해하여야 하며 각 조항은 관련된 다른 조항을 고려하여 적용하여야 한다.
2. 세계의사협회에 위임된 권한에 따라 이 선언은 의사에게 우선적으로 적용한다. 세계의사협회는 인간 대상 의학 연구에 관련된 다른 연구자들도 이 원칙을 준수하도록 권장한다.

일반 원칙

3. 세계의사협회 〈제네바 선언〉은 "환자의 건강은 의사의 최우선 직무여야 한다"로 의사의 의무를 촉구하며, 〈의료윤리에 관한 국제 강령〉은 "의사는 진료에 임할 때 환자의 최선의 이익에 입각하여 진료하여야 한다"고 선언한다.
4. 의사의 의무는 의학 연구와 관련된 사람을 포함하여 환자의 건강, 안녕 및 권리를 증진시키고 보호하는 것이다. 의사는 지식과 양심에 따라 이 의무를 다하여야 한다.
5. 의학의 발전은 궁극적으로 인간 대상 의학 연구를 포함하는 연

구에 기반을 둔다.

6. 인간 대상 의학 연구의 근본적인 목적은 질병의 원인, 발생 과정, 경과를 이해하고, 예방법, 진단 절차, 치료법을 향상시키는 데 있다. 입증된 최선의 시술일지라도 안전성, 효과, 효능, 접근성, 질에 대한 지속적인 연구로 재평가하여야 한다.

7. 의학 연구는 모든 연구대상자에 대한 존중을 함양하고 보장하며 그들의 건강과 권리를 보호하는 윤리 기준을 따라야 한다.

8. 의학 연구의 근본적인 목적이 새로운 지식의 창출이지만 이러한 목적이 결코 연구대상자 개인의 권리와 이익보다 우선할 수는 없다.

9. 의학 연구를 수행하는 의사는 연구대상자의 생명, 건강, 존엄, 완전성, 자기결정권, 사생활 및 개인정보의 비밀을 보호할 의무가 있다. 연구대상자 보호의 책임은 항상 의사 또는 다른 의료전문가들에게 있으며 비록 그들이 동의를 하였다고 하더라도 결코 그 책임이 연구대상자에게 있지 않다.

10. 의사는 인간 대상 의학 연구에 있어서 적용 가능한 국제적 규범과 기준뿐 아니라 자국의 윤리적, 법적, 제도적 규범과 기준을 동시에 고려해야 한다. 어떤 국가적 또는 국제적 차원의 윤리적, 법적, 규제 요건도 이 선언에서 제시하는 연구대상자에 대한 보호 조치를 축소하거나 없애서는 안 된다.

11. 의학 연구는 환경에 미칠 수 있는 위해를 최소화하는 방법으로 수행하여야 한다.

12. 인간 대상 의학 연구는 적절한 윤리적, 과학적 교육과 훈련을 받은

자격이 있는 사람이 수행하여야 한다. 환자나 건강한 자원자에 대한 연구는 적절한 자격을 갖추고 숙련된 의사나 관련 의료전문가가 감독하여야 한다.

13. 의학 연구에서 그 대표성이 부족할 수 있는 집단에게 연구에 참여할 수 있는 적절한 기회를 제공하여야 한다.

14. 의학 연구와 진료를 겸하는 의사는 잠재적 예방, 진단 및 치료의 가치에 의해 연구가 정당화 될 수 있는 범위에서만, 그리고 연구 참여가 연구대상자가 되는 환자의 건강에 부정적으로 영향을 미치지 않을 것이라는 믿을 만한 충분한 근거를 가지고 있는 경우에만 자신의 환자를 연구에 참여하게 해야 한다.

15. 연구에 참여한 결과로서 해를 입은 연구대상자에게 적절한 배상과 치료를 보장해야 한다.

위험, 부담 및 이익

16. 의료행위와 의학 연구에서 대부분의 의학적 중재 행위는 위험과 부담을 수반한다. 인간 대상 의학 연구는 연구 목적의 중요성이 연구대상자의 위험과 부담보다 더 중대할 경우에 한하여 수행할 수 있다.

17. 모든 인간 대상 의학 연구의 수행에 앞서, 연구 대상이 되는 개인과 집단에게 예견할 수 있는 위험 및 부담은 이들과 더불어 그 연구로 영향을 받는 다른 개인이나 집단에게 예측되는 이득과 비교하여 신중한 평가를 선행해야 한다. 위험을 최소화할 수 있

는 조치를 하여야 한다. 연구자는 위험을 지속적으로 감시하고 평가하여 기록하여야 한다.

18. 위험을 적절하게 평가하였고 충분히 관리할 수 있다는 확신이 없다면, 의사는 인간 대상 연구에 참여해서는 안 된다. 위험이 잠재적 이익을 초과하는 것으로 밝혀지거나 확정적 결과에 대한 결정적 증거가 있을 때, 의사는 그 연구를 계속할지, 변경할지 또는 즉각 중단할지 평가를 해야만 한다.

취약한 집단 및 개인

19. 일부 집단과 개인은 특별히 취약하여 부당한 취급을 받거나 추가적인 해를 입을 가능성이 높을 수 있다. 모든 취약한 집단과 개인은 특성에 맞게 배려된 보호를 받아야 한다.

20. 취약한 집단과 함께하는 의학 연구는 오직 이 집단의 건강상의 요구나 우선순위에 부합하는 연구이고, 취약하지 않은 집단에서는 수행할 수 없는 연구일 때 정당화된다. 더불어, 이 집단은 해당 연구 결과로 얻은 지식, 의료행위, 또는 시술의 혜택을 받을 수 있어야 한다.

과학적 요건 및 연구계획서

21. 인간 대상 의학 연구는 일반적으로 인정되는 과학적 원칙을 따라야 하고, 과학 문헌에 대한 면밀한 지식, 그 밖에 관련된 정보 출처, 적절한 실험, 그리고, 필요할 경우, 동물실험에 기초해야

한다. 연구에 이용된 동물의 복지는 존중되어야 한다.

22. 인간을 대상으로 하는 각각의 연구에 대한 설계와 수행은 계획서에 명확하게 기술하고 그 정당성을 확보하여야 한다. 연구계획서는 관련된 윤리적 고려 사항을 명시하여야 하며, 본 선언의 원칙이 어떻게 반영되었는지 기술하여야 한다. 연구계획서는 재원, 의뢰자, 소속 기관, 잠재적 이해 상충, 연구대상자 보상 및 이 연구에 참여한 결과로 인해 해를 입었을 경우 연구대상자에 대한 치료 그리고/또는 배상 규정에 관한 정보를 포함하고 있어야 한다. 임상시험의 경우 임상시험 종료 후 적절한 사후 관리에 관한 계획도 기술하여야 한다.

연구윤리위원회

23. 연구를 시작하기 전에 연구계획서를 관련된 연구윤리위원회에 심의, 조언, 지도, 승인을 위하여 제출하여야 한다. 위원회는 운영에 있어서 투명하여야 하며, 연구자, 의뢰자 그리고 기타 부당한 영향으로부터 독립적이어야 하며, 적법한 절차에 따라 자격을 갖추어야 한다. 위원회는 관련된 국제 규범과 기준뿐 아니라, 연구가 수행되는 국가의 법률과 규정을 고려하여야 한다. 그러나 본 선언에서 제시한 연구대상자를 위한 어떤 보호 기준도 축소하거나 없앨 수 없다. 위원회는 수행 중인 연구를 감시할 권리를 가져야 한다. 연구자는 위원회에 감시 정보, 특히 중대한 유해 사례에 대한 정보를 제공해야 한다. 연구계획서는 위

원회의 심의와 승인이 없이는 변경 할 수 없다. 연구가 종료된 후 연구자는 연구 결과와 결론의 요약이 포함된 최종 보고서를 위원회에 제출해야 한다.

사생활과 비밀 유지

24. 연구대상자의 사생활을 보호하고 개인정보의 비밀 유지를 위해 모든 주의를 기울여야 한다.

충분한 설명에 의한 동의

25. 의학 연구 대상자로서 충분한 설명에 의한 동의를 할 수 있는 사람의 참여는 자발적이어야 한다. 연구자는 가족이나 지역사회의 지도자와 의논할 수는 있지만, 충분한 설명에 의한 동의가 가능한 사람이 자유롭게 동의한 것이 아니라면 연구에 등록하여서는 안 된다.

26. 충분한 설명에 의한 동의를 할 수 있는 사람이 관련된 의학 연구에서, 각 잠재적인 연구대상자에게 각 연구의 목적, 방법, 재원의 출처, 가능한 모든 이해 상충, 연구자의 소속 기관, 연구에서 예견되는 이익과 잠재적 위험, 연구에 수반되는 불편, 연구 종료 후 지원, 그리고 기타 연구에 관련된 측면들에 대해 충분하게 설명하여야 한다. 잠재적인 연구대상자에게 어떠한 불이익 없이 연구 참여를 거절할 수 있는 권리와, 참여에 대한 동의를 언제든지 철회할 수 있는 권리가 있다는 것을 충분히 설명하여

야 한다. 또한, 정보의 전달 방법뿐만 아니라 잠재적인 개별 연구대상자의 특정 정보 요구에도 특별한 주의를 기울여야 한다. 의사 또는 다른 적절한 자격을 갖춘 사람은 잠재적인 연구대상자가 정보를 이해한 것을 확인한 후에 잠재적인 연구대상자의 자발적인, 충분한 설명에 의한 동의를 구해야 하며, 동의는 가급적이면 서면으로 받는다. 만약 동의를 서면으로 할 수 없는 경우라면, 증인의 입회하에 그 사실을 문서로 작성해두어야 한다. 모든 의학 연구의 대상자에게는 연구의 일반적 성과와 결과에 대한 설명을 받을 선택권이 주어져야 한다.

27. 의사는 연구 참여에 대해 충분한 설명에 의한 동의를 구할 때, 잠재적인 연구대상자가 의사에게 의존적 관계에 있는지 또는 강압에 의해 동의하는지 특히 주의하여야 한다. 그런 상황에서라면 그 관계에서 완전히 독립적인 적절한 자격의 사람이 충분한 설명에 의한 동의를 구해야 한다.

28. 충분한 설명에 의한 동의를 할 능력이 없는 잠재적인 연구대상자인 경우, 의사는 합법적인 대리인에게 충분한 설명에 의한 동의를 구해야 한다. 충분한 설명에 의한 동의를 할 능력이 없는 잠재적인 연구대상자들이 속한 집단의 건강 증진을 목적으로 하고, 동의가 가능한 사람으로 대체해서 수행할 수 없고, 최소 위험과 최소 부담만을 수반하는 연구를 제외하고는 이들은 자신들에게 이익의 가능성이 없는 연구에 포함되어서는 안 된다.

29. 충분한 설명에 의한 동의를 할 능력이 없다고 여겨지는 잠재적

인 연구대상자가 연구 참여에 대한 결정에 찬성할 수 있다면, 의사는 합법적인 대리인의 동의consent와 함께 본인의 찬성assent을 구해야 한다. 잠재적인 연구대상자의 반대 의사를 존중하여야한다.

30. 예를 들어 의식이 없는 환자와 같이, 신체적 또는 정신적으로 동의 능력이 없는 연구대상자를 포함하는 연구는 충분한 설명에 의한 동의를 못하게 하는 신체적 또는 정신적 상태가 연구 대상 집단의 필수적인 특성인 경우에만 수행될 수 있다. 그런 경우 의사는 합법적인 대리인으로부터 충분한 설명에 의한 동의를 구해야 한다. 법정 대리인과 접촉할 수 없지만 연구를 지체해선 안 된다면, 동의를 할 수 없는 상태에 있는 대상자를 대상으로 하는 구체적인 이유가 연구계획서에 명시되어 있고 연구윤리위원회가 그 연구를 승인한 경우에만 동의 없이도 연구를 수행할 수 있다. 단, 연구에 계속 참여할지에 대한 동의는 대상자나 그의 합법적인 대리인으로부터 가능한 한 빨리 받아야 한다.

31. 의사는 환자에게 진료의 어떤 측면이 연구와 관계되는지 충분히 알려주어야 한다. 환자가 연구 참여를 거부하거나 참여를 철회하여도 환자 – 의사 관계에 부정적인 영향을 미쳐서는 안 된다.

32. 인체유래물은행이나 유사한 저장소에 보관된 인체유래물이나 정보에 관한 연구처럼 개인을 식별할 수 있는 인체유래물이나 정보를 이용하는 의학 연구의 경우, 의사는 그 수집, 보관 및 재사용에 관하여 충분한 설명에 의한 동의를 구해야 한다. 동의를 얻는 것이 불가능하거나 비현실적인 예외적 상황은 있을 수 있다. 그런 경우

는 연구윤리위원회의 심의와 승인을 받은 경우에만 수행하여
야 한다.

위약의 사용

33. 새로운 시술의 이익, 위험, 부담 및 효과는 입증된 최선의 시술
의 이익과 위험, 부담, 효과와 비교하여 검증해야 한다. 다음의
경우는 제외한다. 입증된 시술이 없는 경우, 위약(환자에게 심리적 효
과를 얻도록 하려고 주는 가짜 약)을 사용하거나 시술을 하지 않는 것을 허
용할 수 있다. 또는 설득력 있고 과학적으로 타당한 방법론적 이
유로 입증된 최선의 시술보다 효과가 낮은 시술을 사용하거나,
위약을 사용하거나 시술을 하지 않는 것이 시술의 효능과 안전
성을 결정하는데 필요하며, 입증된 최선의 시술보다 효과가 낮
은 시술을 받거나, 위약을 받거나, 시술을 받지 않는 환자라도
입증된 최선의 시술을 받지 않은 결과로 중대하거나 돌이킬 수
없는 위해를 입을 추가적인 위험이 없는 경우. 이러한 선택의 남
용을 방지하기 위하여 최대한의 주의를 기울여야 한다.

임상시험 후 지원

34. 의뢰자와 연구자 및 연구 시행 국가의 정부는 임상시험에서 이
로운 것으로 확인된 시술이 여전히 필요한 참여자들을 위하여
이들이 임상시험 종료 후에도 이용할 수 있는 지원책을 임상시
험에 앞서 마련하여야 한다. 이러한 정보는 충분한 설명에 의한

동의 과정에서 참여자에게 공개하여야 한다.

연구등록 및 결과의 출간 및 배포

35. 모든 인간 대상 연구는 최초 연구대상자를 모집하기 전에 일반 대중이 접근할 수 있는 데이터베이스에 등록하여야 한다.

36. 연구자, 저자, 의뢰자, 편집인 및 발행인은 모두 연구 결과의 출간 및 배포에 관한 윤리적 책무를 진다. 연구자는 인간 대상 연구의 결과를 일반 대중에게 공개할 의무가 있으며, 보고의 완성도와 정확성에 책임을 진다. 모든 당사자들은 윤리적인 보고에 대한 인정된 지침을 준수하여야 한다. 긍정적 결과뿐 아니라 부정적이고 확정되지 않은 결과도 출판하거나 다른 방법으로 대중에게 공개하여야 한다. 출판물에는 재원 출처, 소속 기관 및 이해 상충에 대해 밝혀야 한다. 이 선언의 원칙을 따르지 않은 연구의 보고서는 출간하도록 허용해서는 안 된다.

임상 실무에서 입증되지 않은 시술

37. 입증된 시술이 없거나 다른 시술이 있지만 효과적이지 않은 환자 치료의 경우, 의사의 판단에 의해 그 시술이 환자의 생명을 구하거나 건강을 회복시키거나 또는 고통을 경감할 희망이 있다면, 의사는 전문가의 조언을 구한 후, 환자 또는 합법적인 대리인의 충분한 설명에 의한 동의를 얻어 입증되지 않은 시술 방법을 사용할 수 있다. 이 시술은 이후에 그 안전성과 유효성 평가를

위해 고안된 연구의 대상이 되어야 한다. 어떠한 경우라도 항상 새로운 정보는 기록하여야 하고 적절하게 공개하여야 한다.

3) 〈벨몬트 리포트〉

1974년 7월 미국에서는 〈국가연구법National Research Act〉이 국회를 통과한다. 이 법은 1972년 미국 공중보건국Public Health Service의 한 직원이 1932년 이후 약 40년간 미국 정부가 자행한 이른바 '터스키기 매독 연구Tuskegee Syphilis Study'를 폭로하면서 촉발된 연구윤리 강화를 위한 국가적 노력의 산물이었다. 이 법이 통과되면서 '생명의학 및 행동연구 관련 인간 보호를 위한 국가위원회The National Commission for the Protection of Human Subjects of Biomedical and Behavioral Research'가 발족되고 이 위원회는 1979년 〈벨몬트 리포트Belmont Report〉를 내놓게 된다. 이후 이 리포트는 〈미국연방규정집CFR〉의 연구대상자 보호 관련 규정의 기초가 되었다.

〈벨몬트 리포트〉에 나타난 연구윤리 원칙은 다음의 세 가지로 요약할 수 있다. 첫째, 인간 존중의 원칙이다. 이 원칙은 두 가지 윤리적 신념으로 구성되는데, '개인은 자율적인 행위자이다'라는 믿음과 '자율성이 제한된 개인은 보호받아야 한다'는 믿음이 그것이다. 둘째, 연구대상자의 복지와 행복을 지켜주어야 한다는 원칙이다. 이 원칙 역시 두 부분으로 이루어지는데, 첫째는 연구대상자에게 해를 끼치지 말라는 것이고 다른 하나는 가능한 한 연구대상자의 이익을 크게 하고 손실을 줄이라는 것이다. 셋째, 정의의 원칙이다. 이는 연구

대상자 선정의 공정성과 관련된다. 이 원칙은 연구대상자를 선정하고 연구 결과를 이용함에 있어 부당한 차별이 있어서는 안 된다는 점을 강조한다. 이러한 원칙들을 인간을 대상으로 하는 연구에 구체적으로 적용하면 다음 사항들이 도출된다.

(1) 충분한 정보 전달과 사전 동의

인간 대상 연구에서 가장 필수적인 것은 연구대상자의 절대적 자발성과 동의이다. 이들은 압박이나 협박, 사기, 강요, 또는 외부의 간섭으로부터 자유로운 결정을 내려야 한다. 또한 이들이 올바른 결정을 하기 위해서는 연구에 대한 지식과 이해가 필요하다. 이 조건은 어떤 사람이 연구에 동의한다는 결정을 내리기에 앞서 자신에게 부과될 인간 대상 연구의 목적과 성격, 기간을 확실히 알도록 하기 위한 것이다. 또한 어떤 방법과 수단으로 연구가 진행될 것인가에 대한 지식과, 어떠한 증상과 부작용이 나타날 수 있는지, 연구에 참여함으로써 초래될지도 모르는 신체 및 정신 건강상의 문제들을 확실하게 아는 것이 중요하다.

(2) 위험과 이익의 평가

인간 대상 연구는 다른 방법이나 연구로는 얻을 수 없는 사회적 이익을 가져오는 것이어야 하며, 연구의 목적과 성격이 확실하지 않으면 안 된다. 연구의 위험 정도가 결코 연구의 결과로 기대되는 이익보다 커서는 안 된다. 인간 대상 연구는 연구대상자가 불필요한 신체적인 통증이나 정신적인 고통을 받지 않도록 수행되어야 한다. 연구대상자의 사망 또는 장애가 조금이라도 의심되는 연구라면 수행하지 말아야 한다.

(3) 연구대상자 선정

연구대상자 선정에는 두 가지 측면이 고려되어야 한다. 사회적인 측면과 개인적인 측면이 그것이다. 첫째, 연구자들은 이익이 기대되는 연구대상자로 그들이 선호하는 사람들을 선택하거나 '자원하지 않는' 사람들을 위험한 연구의 대상자로 선정해서는 안 된다. 둘째, 어떤 특정한 연구에 참여할 수 있는 사람들과 참여해서는 안 되는 사람들을 구별하도록 규정해야 한다. 그러나 사회적·인종적·성적·문화적 차별에 기초하여 연구대상자가 결정되어서는 안 된다.

4) ⟨ICH-GCP 가이드라인⟩

국제의약품조화위원회International Council for Harmonisation of technical requirements for pharmaceuticals for human use, ICH는 1990년 4월부터 미국·유럽·일본의 정부 및 기업 대표들이 대등한 자격으로 참여해 각 지역의 의약품 시판 허가 관련 규정을 표준화할 목적으로 시작한 회의체이다. ICH는 미국·유럽·일본 등 제약 선진국의 신약 개발 및 개발된 약품의 승인에 있어서 약품의 품질·안전성·효능을 시험하는 통일된 기준을 마련하기 위해 1996년 GCPGood Clinical Practice라는 가이드라인을 만들었다. GCP는 인간 대상자를 포함하는 연구의 계획·실행·기록·보고 등을 위한 국제 수준의 윤리적·과학적 기준을 포함하고 있다. 이 가이드라인의 정신은 〈헬싱키 선언〉에서 제시된 원칙과 대략 유사하다.

미국·유럽·일본의 다국적 제약회사들은 전 세계의 병원/의사들에게 임상시험을 의뢰하면서 GCP를 준수할 것을 요청하였고, 이에 힘입어 GCP는 국제적으로 널리 사용되기에 이르렀다. GCP는 이제 글로벌 스탠다드로 자리 잡았다.

우리나라는 1996년 말 경제협력개발기구OECD에 회원국으로 가입한 이래 국내 임상시험 수준을 국제적 기준에 맞추기 위해 〈의약품 임상시험 관리기준KGCP〉을 마련하고, 수차례 개정을 거듭했다. 특히 2001년의 KGCP 제4차 개정은 〈ICH-GCP 가이드라인〉의 기준에 맞추어 임상시험 대상자의 인권을 보호할 뿐만 아니라 임상시험 보증 체계의 도입을 통해 임상시험의 국제적 신뢰성을 확보하도록 했다.

우리나라의 임상시험 관련 법령

우리나라에서 의약품·시술법·의료기기 등의 임상시험을 실시하려면 해당 의료기관이 식품의약품안전처로부터 임상시험 실시 기관으로 지정받아야 한다. 2022년 6월을 기준으로 우리나라에는 200곳이 넘는 임상시험 실시 기관이 있고, 그중 절반가량이 수도권에 위치한다. 임상시험의 근거 법령으로는 〈약사법〉 제34조(임상시험의 계획 승인 등), 〈의약품 등의 안전에 관한 규칙〉 제24조(임상시험계획의 승인 등)가 있다. 그러나 의약품 임상시험과 관련해서는 〈의약품 등의 안전에 관한 규칙〉보다 〈의약품 임상시험 관리기준〉(이하 'KGCP')이 더 자주 언급된다. KGCP 제3조는 임상시험의 기본 원칙을 다음과 같이 밝히고 있다.

1. 임상시험은 헬싱키선언에 근거한 윤리규정, 이 기준 및 관계 법령에 따라 실시하여야 한다.

2. 임상시험에서 예측되는 위험과 불편을 충분히 고려하여 대상자 개인과 사회가 얻을 수 있는 이익이 그 위험과 불편보다 크거나 이를 정당화할 수 있다고 판단되는 경우에만 임상시험을 실시하여야 한다.

3. 과학과 사회의 이익보다 대상자의 권리·안전·복지를 먼저 고려하여야 한다.

4. 해당 임상시험용 의약품에 대한 임상 및 비임상 관련 정보는 실시하려는 임상시험에 적합한 것이어야 한다.

5. 임상시험은 과학적으로 타당하여야 하며, 임상시험 계획서는 명확하고 상세히 기술하여야 한다.

6. 임상시험은 식품의약품안전처장이 승인한 임상시험 계획서에 따라 실시하여야 한다.

7. 대상자에 대한 의학적 처치나 결정은 의사·치과의사 또는 한의사의 책임 하에 이루어져야 한다.

8. 임상시험 수행에 참여하는 모든 사람들은 각자의 업무 수행에 필요한 적절한 교육과 훈련을 받고, 해당 업무 분야와 관련한 경험을 갖고 있어야 한다.

9. 임상시험 참여 전에 모든 대상자로부터 자발적인 임상시험 참가동의를 받아야 한다.

10. 모든 임상시험 관련 정보는 정확한 보고, 해석 및 확인이 가능하도록 기록·처리·보관되어야 한다.

11. 대상자의 신상에 관한 모든 기록은 비밀이 보장되도록 관계 법령에 따라 취급하여야 한다.

12. 임상시험용 의약품은 임상시험용의약품 제조 및 품질관리기준에 따라 관리되고, 식품의약품안전처장이 승인한 임상시험 계획서에 따라 사용되어야 한다.

13. 임상시험은 품질보증이 이뤄질 수 있는 체계하에서 실시되어야 한다.

1) 시험대상자설명서 및 동의서

임상시험을 수행하는 의사를 시험자investigator라 하고, 임상시험 수행에 대한 책임을 지고 있는 사람을 가리켜 시험책임자principal investigator라고 한다. 시험자 또는 시험책임자는 임상시험 대상자에게 임상시험의 내용, 임상시험 중 시험대상자에게 발생할 수 있는 건강상의 피해에 대한 보상 내용과 절차 등을 설명하고 동의서를 받아야 하며, 서명된 동의서의 사본을 대상자에게 제공해야 한다. 이때 대상자의 이해 능력이나 의사표현 능력 등이 제한되어 대상자로부터 동의를 받을 수 없다면 대상자의 친권자나 배우자 등의 대리인으로부터 동의를 받는 것으로 대신할 수 있다. KGCP 제7조는 시험자 또는 시험책임자가 동의를 얻기 위해 시험대상자 또는 대리인에게 제공하는 시험대상자설명서 및 동의서 양식에 포함돼야 할 내용을 규정하고 있다.

1. 임상시험이 연구를 목적으로 수행된다는 사실
2. 임상시험의 목적
3. 임상시험용 의약품에 관한 정보 및 시험군 또는 대조군에 무작위배정될 확률
4. 침습적 시술invasive procedure을 포함하여 임상시험에서 대상자가 받게 될 각종 검사나 절차
5. 대상자가 준수하여야 할 사항
6. 검증되지 않은 임상시험이라는 사실
7. 대상자(임부를 대상으로 하는 경우에는 태아를 포함하며, 수유부를 대상으로 하는 경우에는 영유아를 포함한다)에게 미칠 것으로 예상되는 위험이나 불편
8. 임상시험을 통하여 대상자에게 기대되는 이익이 있거나 대상자에게 기대되는 이익이 없을 경우에는 그 사실
9. 대상자가 선택할 수 있는 다른 치료방법이나 종류 및 그 치료방법의 잠재적 위험과 이익
10. 임상시험과 관련한 손상이 발생하였을 경우 대상자에게 주어

질 보상이나 치료방법

11. 대상자가 임상시험에 참여함으로써 받게 될 금전적 보상이 있는 경우 예상 금액 및 이 금액이 임상시험 참여의 정도나 기간에 따라 조정될 것이라고 하는 것

12. 임상시험에 참여함으로써 대상자에게 예상되는 비용

13. 대상자의 임상시험 참여 여부 결정은 자발적이어야 하며, 대상자가 원래 받을 수 있는 이익에 대한 손실 없이 임상시험의 참여를 거부하거나 임상시험 도중 언제라도 참여를 포기할 수 있다는 사실

14. 모니터요원, 점검을 실시하는 사람, 심사위원회 및 식품의약품안전처장이 관계 법령에 따라 임상시험의 실시절차와 자료의 품질을 검증하기 위하여 대상자의 신상에 관한 비밀이 보호되는 범위에서 대상자의 의무기록을 열람할 수 있다는 사실과 대상자 또는 대상자의 대리인이 서명한 동의서에 의하여 이러한 자료의 열람이 허용된다는 사실

15. 대상자의 신상을 파악할 수 있는 기록은 비밀로 보호될 것이며, 임상시험의 결과가 출판될 경우 대상자의 신상은 비밀로 보호될 것이라는 사실

16. 대상자의 임상시험 계속 참여 여부에 영향을 줄 수 있는 새로운 정보를 취득하면 제때에 대상자 또는 대상자의 대리인에게 알릴 것이라는 사실

17. 임상시험과 대상자의 권익에 관하여 추가적인 정보가 필요한

경우 또는 임상시험과 관련된 손상이 발생한 경우에 연락해야
하는 사람

18. 임상시험 도중 대상자의 임상시험 참여가 중지되는 경우 및 그
사유

19. 대상자의 임상시험 예상 참여 기간

20. 임상시험에 참여하는 대략의 대상자 수

2) 임상시험심사위원회

임상시험의 윤리성을 확보하는 데 있어서 가장 중요한 역할을 담당
하는 기구로 시험 기관 내(심사 위탁의 경우는 제외)에서 독립적으로 운영
되는 임상시험심사위원회를 들 수 있다. 흔히 IRB institutional review board
라고 불리는 이 위원회는 계획서 또는 변경계획서, 시험대상자로부
터 서면 동의를 얻기 위해 사용하는 방법이나 제공되는 정보를 검토
하고 지속적으로(1년 1회 이상) 이를 확인함으로써, 임상시험에 참여하
는 대상자의 권리·안전·복지를 보호하고자 하는 상설 위원회를 말
한다. 이 위원회는 임상시험들에 대해 그 시험계획서의 과학적 타당
성 및 윤리적 건전성을 심사하여 승인하고, 시험의 진행을 감독하며,
시험 결과를 보고받는 등 권한과 책임을 동시에 지고 있다.

KGCP 제6조는 임상시험심사위원회의 구성, 기능 및 운영방법 등
에 관해 다음과 같이 밝히고 있다.

1. 심사위원회는 임상시험의 윤리적·과학적·의학적 측면을 검토·평가할 수 있는 경험과 자격을 갖춘 5명 이상의 위원으로 구성하되, 위원은 임상시험 실시기관의 장이 위촉한다. 이 경우 의학·치의학·한의학·약학 또는 간호학을 전공하지 않은 사람 1명 이상과 해당 임상시험 실시기관과 이해관계가 없는 사람 1명 이상이 위원에 포함되어야 한다.

2. 심사위원회의 위원장은 위원 중에서 호선하며, 시험자 및 의뢰자와 이해관계가 있는 위원은 해당 임상시험에 대한 결정 과정에 참여하거나 의견을 제시할 수 없다.

3. 심사위원회는 위원의 명단과 이들의 자격에 관한 문서를 갖추어 두어야 한다.

4. 심사위원회는 모든 업무를 실시기관 표준작업지침서(SOP)에 따라 수행하여야 하고, 모든 활동 및 회의에 대한 상세한 기록을 작성하여 보관하여야 하며, 이 기준 및 관계 법령을 준수하여야 한다.

5. 심사위원회의 모든 결정은 실시기관 표준작업지침서에서 규정한 의결정족수를 충족하는 회의에서 이루어져야 하며, 위원장은 미리 회의의 안건 및 회의날짜 등을 위원에게 알려야 한다.

6. 심사위원회의 심의에 참여한 위원만이 임상시험에 대한 결정 과정에 참여하거나 의견을 제시할 수 있다.

7. 시험책임자는 해당 임상시험의 모든 사항에 대하여 심사위원회에 정보를 제공할 수는 있으나, 심사위원회의 위원에게 영향

을 미치거나 해당 임상시험과 관련한 사항의 결정 과정에 참여
해서는 아니 된다.

8. 심사위원회는 원활한 심사를 위해 해당 분야의 전문성을 가진
자로부터 조언을 받을 수 있다.

9. 심사위원회는 심사위원회 운영 시 실시기관 표준작업지침서를
준수하여야 한다.

우리나라에서 행해지는 임상시험은 식품의약품안전처의 관리·
감독을 받으므로 임상시험심사위원회의 조직과 운영은 해당 부처의
규정을 따르도록 되어 있다. 그러나 임상시험을 제외한 인간 대상 연
구는 〈생명윤리법〉에 의해 규율되고, 동법에서 IRB를 기관생명윤리
위원회라고 칭한다. 2021년부터 국가생명윤리정책원이 전국의 대학
교, 병원 및 연구 기관들에 설치된 기관생명윤리위원회를 대상으로
평가인증 사업을 벌이고 있음을 알아둘 필요가 있겠다.

미국과 달리, 유럽 등지에서는 IRB 대신 독립윤리위원회independent
ethics committee, IEC 또는 EC라고 부른다. 우리는 IRB 또는 EC를 〈연명의료
결정법〉상의 의료기관윤리위원회hospital ethics committee와 혼동하지 않
도록 주의할 필요가 있겠다.

9

윤리적인 동물실험은
어떻게 가능한가

+ 이병한

생명과학 연구에서 실험동물은 소위 '살아 있는 시약'으로서 인간과의 생물학적·진화론적 유사성을 전제로 사용되고 있다. 우리는 실험동물을 활용해 기초생리학과 생명과학 연구, 각종 약물의 생체 내 반응 등에 대한 다양한 연구를 수행할 수 있다. 최근 전 세계적으로 인간의 노화와 질병의 치료를 연구하는 바이오헬스 분야에 관심이 집중되고 있는 가운데 한국도 의생명과학 분야 내 실험동물의 사용이 매년 10퍼센트에서 15퍼센트 정도로 증가하고 있다. 농림축산검역본부의 집계에 의하면 2021년 한 해에만 국내 420여 개 연구 기관에서 약 488만 마리의 동물이 연구에 사용된 것으로 보고됐다.[1] 이렇듯 많은 동물이 사용되고 있는 상황에서는 동물실험과 관련된 쟁점으로 생명윤리가 항상 사회적 화두로 등장하게 된다. 그것은 인간이 동물의 삶과 복지를 고려해야만 하는지에 대한 동물의 도덕적 지위에 관한 논쟁과, 인류의 건강과 문명의 발전을 위해 동물실험이 꼭 필요한

지에 대한 논쟁이다.[2] 우리는 이런 주장들이 과연 옳은지 여부를 결정하기에 앞서, 먼저 이 주장들이 의미하는 것이 무엇인지 알아볼 필요가 있다. 이에 관한 자세한 내용은 이 책의 제3판 등을 참고하기 바라며, 이 글에서는 동물실험 자체의 부정보다는 동물실험 과정에서의 윤리적 실천의 중요성에 대해 설명하고자 한다.

동물실험 역사의 빛과 그늘

동물실험의 역사는 고대 그리스 철학자 아리스토텔레스Aristoteles가 동물의 종에 따라 내부 장기가 다르다는 것을 기록한 시대까지 거슬러 올라간다.[3] 서양의학 발전에 기여한 로마제국 시대 의학자 갈레노스Galenos는 인체 해부를 금지했던 로마의 법 때문에 아프리카 원숭이와 돼지 등을 이용해 인체의 내부 장기에 대한 해부학적 지식을 얻었다.[4] 17세기에 행해진 초기의 생체 해부vivisection(살아 있는 동물을 절개하는 것)는 생물의 기본적인 원리를 이해하는 기회를 마련했다. 동물의 생체 해부는 위가 음식을 어떻게 흡수하는지, 뇌가 신체의 다른 부분에 어떻게 신호를 전달하는지와 같은 생리학적 기능을 밝히기 위해 시행됐다. 생물학 교과서에 실린 지식의 대부분은 동물을 이용한 연구에서 얻은 것이다. 1796년 에드워드 제너Edward Jenner가 천연두 백신을 발견한 이후로, 연구자들은 소아마비·파상풍·백일해·홍역과 같은 질병의 백신을 개발하기 위해 여러 동물을 이용해왔다. 이런 과정을 통해 만들어진 백신이 없었다면, 위험한 전염병으로 수많은 사람이 죽을 수밖에 없었을 것이다.

19세기 들어 동물실험을 통한 의학적 진전의 사례는 당뇨병 치료를 위한 인슐린의 발견, 장기와 동공 및 골수 이식, 콜레라와 폐렴의 치료를 위한 항생물질 발견, 심장병 수술 등 다양하다. 특히 어떤 전염병은 특정 병원균 때문에 생긴다는 사실을 과학적 방법으로 제시한 로베르트 코흐Robert Koch의 결핵균 발견 과정에서도 실험동물은 중요한 역할을 했다. 또 원숭이 실험을 통해 소아마비 백신을 발견한 사례도 큰 의미가 있는데, 경구 소아마비 백신이 세상에 공개되기 전까지 당시 많은 부모는 항상 소아마비 발병을 염려해 여름철 해수욕장이나 운동장, 극장 같은 공공장소는 자녀가 피해야 할 곳으로 여겼다고 한다.[5] 이후 많은 과학자가 해부학·생리학·의학·생물학 등 다양한 분야에서 동물실험을 기초로 연구를 진행해왔고, 오늘날에는 암과 알츠하이머병 등을 극복하기 위해 동물실험을 활용하고 있다.

1950년대 세계 최초로 이뤄진 신장 이식 수술 또한 개를 이용한 것이다. 이 수술의 성공으로 현재 신장 이식 수술은 비교적 안전한 수술이 됐다. 오늘날에는 이 수술의 성공률이 95퍼센트에 달한다. 암 환자의 생존율이 증가하는 것 역시 동물실험 연구 덕분이다. 1930년대에는 암에 걸렸다는 진단을 받고 나서 5년 이후까지 살 수 있는 환자가 다섯 명 중 한 명 정도에 불과했다. 하지만 오늘날엔 모든 암 환자의 70퍼센트 이상이 5년 이상 생존한다. 이런 생존율 증가는 현재까지 개발된 500여 종이 넘는 항암제 덕분이기도 한데, 모두 사람에게 처방되기 전에 동물을 대상으로 실험을 거친 것이다. 방사선 치료법도 널리 쓰이는데, 이 치료법은 랫드rat와 마우스mouse와 같은 실험용 쥐를 이용한 실험을 통해 개발됐다.

돼지는 인간의 인공장기를 생산하는 연구에도 사용되고 있는데, 최근 우리나라에서는 돼지의 간을 이용해 면역거부반응이 없는 이식용 인공 간을 제작하는 데 성공했다. 또한 인슐린 분비가 절대적으로 부족한 제1형 당뇨병 환자에게 돼지의 췌도를 이식하기 위한 세계 첫 임상시험 관련 공청회가 열렸으며, 최근 관련 임상시험 계획을 식품의약품안전처에 접수했다. 이처럼 각종 질병 연구의 모델이 되는 동물실험이 발생학·유전학·분자생물학과 같은 관련 학문의 비약적인 발전을 토대로 획기적으로 증가하고 있다. 그리고 많은 의학 연구들이 사람뿐 아니라 동물에게도 이익이 되고 있는데, 애초 인간을 위해 개발된 많은 약물이 반려동물이나 산업 동물을 치료하는 데 이용되고 있고, 심장 박동을 유지하는 장치인 심박 조율기나 항암 치료 역시 사람은 물론 동물에게도 시행되고 있다.

의학 분야 종사자 대부분은 동물실험 연구의 가치를 굳게 믿고 있으며 이러한 연구가 계속되기를 희망하고 있다. '동물실험 연구를 위한 불치병 환자 모임Incurably Ill for Animal Research'의 회원들도 지금처럼 의학 연구에서 동물을 이용할 수 있기를 간절하게 원하고 있다. 현대 의학으로는 여전히 치료할 수 없는 질병이 많기 때문이다. 이들에게 동물실험 연구는 자신들이 건강을 되찾아 정상적인 생활을 할 수 있기를 바라는 간절한 소망을 이뤄줄 수 있는 유일한 희망이기도 하다. 현대 의학으로 해결할 수 없는 난치병과 불치병이 아직 많이 남아 있다. 동물실험 연구는 이런 병의 치료법을 찾는 데 필수적이다.

한편 동물실험의 역사에는 과학적 목적성 및 절차가 불분명하거나 미흡한 것으로 보일 수 있는 사례도 많다. 캘리포니아대학교 연구자들은 호르몬을 이용해 암캐를 수캐로, 수캐를 암캐로 전환하기 위해 10년 동안 연구에 몰두했다. 이 연구의 결론 중 하나는 남성호르몬을 투여받은 암캐에게서 음경 같은 것이 나타나긴 했지만, 정상 암캐와 교미를 하는 데 이것을 사용하진 못했다는 것이다. 위스콘신대학교 연구자들은 새끼 고양이 열네 마리가 눈을 뜨기 전에 눈꺼풀을 꿰매어 봉한 다음, 실명으로 인해 신경세포가 변하는지 여부를 확인하기 위해 7개월에서 14개월 사이의 고양이들의 뇌세포를 검사하는 실험을 했다.

1950년대부터 1970년대까지 미국의 국립영장류연구센터에서 연구를 하던 심리학자 해리 할로Harry Harlow는 태어나자마자 원숭이나 사람과 떨어져 혼자 성장하는 새끼 원숭이로 실험을 수행했다. 할로와 동료 학자들은 이 실험을 통해 어미와 새끼의 관계에 미치는 요인을 비롯한 여러 가지 주제를 탐구하면서, 사회적 고립(모성 결핍을 포함)과 거부 등 다양한 형태를 지닌 심리적 고통의 영향을 연구했다. 이 실험에서 새끼 원숭이는 철사나 천으로 만든 가짜 어미를 만나게 되는데, 어떤 어미는 쉽게 접근할 수 있지만 다른 것은 유리 상자 때문에 만질수 없도록 했다. 그 결과 가짜 어미를 마주보고 있는 새끼 원숭이가 홀로 껴안기, 몸 흔들기, 경련발작 같은 비정상적인 행동을 보였다. 할로는 이 실험의 연장으로 어미를 빼앗긴 새끼 원숭이가 쉽게 안길 수 있는 '괴물' 어미들을 고안했다. 이 괴물들이란 고압의 압축 공기를 내뿜는 어미, 새끼의 머리가 격렬하게 흔들릴 정도로 몸을 심하게 흔들어대는 어미, 새끼를 용수철로 밀어내는 어미, 심지어 갑자기 날카로운 대못이 튀어나오는 어미 등인데, 새끼 원숭이는 가짜 어미로부터 심하게 거부된 후에도 다시 안기려고 노력했다. 이 실험 후 할로는 암컷 원숭이를 격리해서 키운 다음에 인공수정으로 낳게 한 새끼들과 동거시키는 또 다른 실험을 했다. 실험 결과 일부 어미는 새끼를 외면했고, 또 다른 일부 어미는 새끼를 공격하거나 심지어는 살해하기까지 했다. 여기서 좀 더 진행된 또 다른 실험에선 '공포의 터널tunnel of terror'과 '절망의 늪well of despair'과 같은 새로운 심리적 고통을 야기하는 기법을 사용했고, 이 실험을 통해 출생 초기에 45일간 상자에 감금됐던 원숭이는 우울한 성격과 심각하고 지속적인 심리병리학적 행동을 보인다는 결론을 얻었다.

이 실험이 세상에 알려지자 심리학자들은 할로의 실험이 반드시 원숭이를 이용해야 할 만큼 중요한 것인지 심각한 의문을 제기했다. 할로가 실험을 실시하기 전, 이 분야의 연구자인 존 볼비John Bowlby는 어머니의 보살핌을 오랫동안 받지 못하면 아이는 성장과정에서 몹시 부정적인 영향을 받게 된다고 이미 보고한 바 있기 때문이다. 볼비는 어린아이의 성장과정을 연구하기 위해 원숭이를 이용하기보다는 피난민이나 전쟁고아, 고아원 등에 수용된 아이들을 대상으로 조사·연구했다.

볼비의 연구처럼 사람을 대상으로 어떤 요인에 노출된 집단과 그렇지 않은 집단의 시간 경과에 따른 결과를 추적해 질병 발생률과 원인 등을 비교·분석하는 것을 코호트연구라고 하는데, 이 연구 방식은 최근 관심이 집중되고 있는 빅데이터의 활용과 함께 앞으로의 동물실험을 대체할 수 있는 연구 방법으로 인식된다. 다음도 역시 코호트연구로 예측 가능할 것으로 생각되는 또 다른 사례들이다. 캘리포니아대학교 연구자들은 스트레스 연구를 실시하면서, 어미에게서 떼어낸 새끼 양을 출생 후부터 일주일에 세 번씩 5주 동안 그물 침대에 매달아 충격을 줬다. 새끼 양은 심지어 실험이 끝난 후에도 생후 5개월이 될 때까지 더 강한 스트레스를 정기적으로 받으면서, 성장기 시절의 스트레스가 어떤 영향을 주는지 관찰됐다. 뉴욕주립대학교 연구자들은 크기가 다른 시험관 두 개에 랫드를 집어넣고 6시간 동안 심한 전기 자극을 가했다. 큰 시험관에 들어간 랫드는 발버둥을 칠 수 있었는데 다른 쪽 랫드보다 궤양이 적게 생겼다. 이어진 실험에서 연구자들은, 전기 충격을 받는 동안 이빨로 갉을 수 있는 블록을 제공한 랫드는 그렇지 않은 랫드보다 궤양이 적게 생겼다는 사실을 발견했다. 이 사례들도 앞서 언급한 볼비와 유사한 연구 사례를 검색해 보거나, 성인을 대상으로 정신적·물리적 스트레스 유발 직종과 그렇지 않은 직종 종사자 간의 질병 발생을 조사하면 불필요한 동물실험을 피할 수 있었을 것이다.

　한편 초기 우주 탐사에도 동물의 사용은 필연적이었다. 처음 동물을 실은 우주선을 발사한 1948년부터 미국의 유인우주선 아폴로 11

호가 달에 착륙하기까지 미국과 소련 등의 과학자들은 주로 원숭이
와 개를 실험에 활용했다. 이후 동물실험은 생물학적 연구로 제한됐
으며, 동물종의 범위는 토끼·거북이·거미 등으로 확대됐다. 또 다른
사례로, 1970년대 말 미국 브룩스 공군 기지의 연구실은 원숭이를 방
사선과 전기 충격에 노출한 상태로 10시간 동안 모조 비행기 안에 고
정하고 여기서 발생되는 행동학적인 변화를 측정했다. 또 미국 항공
우주국NASA에서는 우주선 안에서 움직이지 못할 때 어떤 일이 발생하
는지 알아보기 위해 원숭이의 온몸에 석고 붕대를 감은 채 14일 동안
관찰하면서, 칼슘대사와 턱뼈의 재구성에 대한 변화를 연구했다.

　동물은 군사 연구에도 이용되고 있다. 예를 들어 1983년부터 1991
년까지 미국 육군은 전쟁 중에 입을 수 있는 부상을 연구하는 데 210
만 달러를 지출했다. 연구자들은 전쟁 부상을 연구하기 위해 철강 탄
환으로 고양이 수백 마리의 머리를 쏘았다. 회계 감사관이 이 연구를
비판한 이후 미국 국방부가 이 프로젝트를 취소했지만, 육군은 고양
이 대신 랫드를 가지고 다시 실험을 실시했다. 샘 휴스턴 육군 기지에
서 연구자들은 끓는 물에 랫드를 10초 동안 집어넣어 화상을 입힌 다
음, 화상 부위에 병원균을 감염시키는 연구를 했다. 미국 브룩스 공군
기지의 연구자들은 온도 변화가 신경가스의 독성에 미치는 효과를
연구하기 위해 랫드를 얼음이 얼기 직전의 온도에 8시간 노출시킨
후, 신경가스에 다시 노출시키는 행동 과제를 억지로 수행했다. 전쟁
으로 발생되는 부상자의 치료법 개발을 위해 동물실험이 요구될 수
는 있으나, 유럽 일부 국가에서는 군사 무기와 관련된 동물실험을 금

지하고 있다.

환경공해 분야에도 동물은 사용되고 있는데, 독일 자동차 회사 폭스바겐은 2014년 미국의 한 연구소에 의뢰해 원숭이 열 마리를 대상으로 하는 디젤 자동차 배출가스 실험을 계획했다. 실험은 자동차의 배출가스를 원숭이가 있는 밀폐 공간으로 보내는 장치를 이용해 진행됐다. 흡입 실험이 진행되는 4시간 동안 원숭이들이 소란을 피우지 않도록 밀폐 공간에는 텔레비전이 설치됐고, 만화영화가 상영됐다. 이후 해당 실험이 밝혀지며 사회적으로 큰 파장이 일었고, 폭스바겐은 논란 이후 4개월 만에 비윤리적인 동물실험을 중단하겠다는 입장을 발표했다.

오늘날 심장 이식 수술이 가능하게 된 것 또한 동물을 대상으로 외과의들이 많은 훈련을 한 덕분이라고 할 수 있다. 또 효능이 뛰어난 면역억제제의 개발로 이제는 동물의 심장을 사람에게 직접 이식하려는 시도가 진행되고 있다. 그러나 이식할 수 있는 사람 심장의 부족으로 인해 동물의 심장을 사람에게 직접 이식하는 것은 이종 장기로부터의 면역학적 문제나, 바이러스와 같은 미인지 병원체의 감염 등 고려해야 될 사항이 많은 것이 사실이다. 그러나 초기에는 이러한 문제들이 충분히 고려되지 않고 수술이 행해지기도 했다. 1967년 개를 대상으로 수년간 심장 이식 실험을 해왔던 남아프리카공화국의 외과 의사 크리스티안 버나드Christian Barnard가 인류 최초의 심장 이식 수술에 성공했다. 그러나 이식받은 환자는 신체 거부반응을 차단하기 위해 투여한 면역억제제 때문에 저항력이 약화돼 18일 만에 폐렴으로 사망했다. 버나드의 수술 성공 이후 심장 이식은 세계 각지에서 성행했지만, 면역억제제의 부작용으로 1년 이상 생존하는 환자가 극히 드물어 수술의 열기는 이내 시들해졌다. 이후 탁월한 면역억제제인 사이클로스포린이 1983년 미국 식품의약국FDA의 사용 승인을 얻으면서 심장 이식은 다시 활기를 띄었다. 그리고 이듬해인 1984년 전 세계를 깜짝 놀라게 하는 뉴스가 보도됐다. 미국 캘리포니아에 위치한 로마린다대학의학센터Loma Linda University Medical Center 의사들이 개코원숭이의 심장을 두 살짜리 어린이에게 이식한 것이다. 그러나 이 아이는 불과 며칠 뒤 사망했고, 이후 이 수술은 여러 측면에서 사회적으로 뜨거운 논란을 불러일으켰다. 어떤 사람은 비록 실패로 돌아가긴 했지만 기적이나 다름없는 일이라며 환호한 반면, 일부에서는 인간과 동물의 장기를 섞은 잔인한 사건이라고 비난했고, 성공 가능성이 낮은 수술을 시도하느라 개코원숭이를 희생시켰다고 분노하기도 했다.

신약 개발에 있어 의약품의 안전성은 인허가 단계에서 매우 중요한 평가 항목이다. 그러나 과거 70~80년 전만 해도 이러한 평가는 과학적·체계적이지 않아 수많은 사람들의 피해가 있었다. 오늘날 안전성시험은 먼저 일차적으로 동물을 대상으로 다양한 시험을 거쳐 약물의 위해성을 평가한 다음, 건강한 사람을 대상으로 임상시험을 시행하게 된다. 그렇지만 동물종에 따른 사람과의 생리적 차이로 인해 안전성시험 결과의 신뢰성에는 한계가 있기 마련이다. 다음은 신약 개발 역사에서 최악의 사건으로 꼽히고 있는 탈리도마이드 사건이다. 1961년 11월 26일, 1957년 10월부터 임신부의 입덧 방지제로 유럽은 물론 일본에까지 '부작용이 전혀 없는 약'으로 사랑받았던 탈리도마이드의 판매가 전격 금지됐다. 판매 직후부터 수백 건의 부작용 사례가 보고됐음에도 불구하고, 제조사와 정부 책임자들은 이 약이 동물실험을 통해 '거의 유례가 없을 정도로 안전한 물질'로 판명됐다고 주장해왔다. 하지만 결국 전 세계에 걸쳐 1만여 명의 기형아가 태어나고서야 동물실험에 대한 맹신은 참혹한 비극으로 막을 내리게 됐다. 미국은 당시 FDA 심사관인 프랜시스 올덤 켈시Frances Oldham Kelsey의 고집스러운 동물실험 자료의 승인 거부로 이런 불행을 용케 비껴갈 수 있었다. 탈리도마이드가 개·고양이·랫드·햄스터·닭에서는 어떤 독성도 나타나지 않았지만, 일부 토끼 품종에서 기형이 유발되는 독성을 나타낸다는 사실이 밝혀진 것은 그 후의 일이다. 동물실험이 지닌 불가피한 과학적 맹점들이 여전히 존재하는 한 이런 사례들은 계속 나타날 수 있다.

동물실험의 한계와 의의

인위적으로 생산되고 사육되는 실험동물은 대부분 실내 조명 아래에서 멸균된 플라스틱이나 금속 케이지에 갇힌 채 강제된 삶을 살고 있다. 이성적으로 판단하거나 미래를 설계할 능력은 없어도, 실험동물 또한 고통을 느끼고 비명을 지르고 불안을 피하고자 하는 감성을 지닌 또 다른 생명체다. 동물실험에 매우 열정적으로 임하는 과학자는 과학자로서의 순수한 사명감으로 충만할 수 있다. 하지만 동물실험 자체는 이미 동물 학대 과정을 내포하고 있는 경우가 적지 않으며, 자신의 임무에 충실한 과학자는 이를 깨닫지 못한다. 그러나 어떤 이유에서도 생명을 모독하는 과학 행위는 용인될 수 없다.

동물실험 무용론을 펴는 동물보호론자들은 동물실험의 결과에 신뢰성 문제를 제기한다. 즉 동물과 인간은 생리학적으로 차이가 있어서 동물실험에서 얻은 결과가 항상 인체에 적용되진 않는다는 주장이다. 동물실험에서 가장 많이 이용되는 설치류는 생리학적으로 구토 기능이 없으며 인간과는 달리 코로만 숨을 쉰다. 이는 독성 물질의 체내 흡수율에 결정적인 영향을 미칠 수 있음을 의미한다. 또한 사람의 수명은 70세 전후지만 설치류는 고작 2년에서 3년 정도다. 랫드는 다산성이어서 1년 동안 100여 마리의 새끼를 낳을 수 있고 계속 임신을 할 때 더욱 건강하다. 그들의 태반은 사람의 것과는 다른 구조와 기능을 가지고 있다. 또한 설치류는 사람에 비해 암에 더 높은 감수성 susceptibility(어떤 질환이나 병원체에 감염될 수 있는 성질)을 가지고 있다. 이런 차이 때문에 암과 관련된 동물실험 연구 결과를 올바르게 해석하기란 매우 어렵다. 그런 반면에 비소의 발암성에 대한 연구에서, 비소는 인체에 암을 유발한다는 사실이 역학 연구로 증명되고 있지만, 동물에게는 암을 유발하지 않는다.[6] 반대로 페니실린은 새끼 토끼와 쥐에게서 장애를 일으키지만, 인간에게는 그렇지 않다.[7] 이와 같은 이유 등으로 동물실험에서 인체 부작용을 예측할 수 있는 확률은 최대 50퍼센트 정도로 낮다고 주장하는 연구자들도 있다.

동물실험의 결과를 산출하고 해석하는 데도 문제가 있다. 연구자는 종종 유의미한 연구 결과를 얻기 위해 과다한 양의 시료를 동물에게 투여해 과학적이지 못한 연구 결과를 발표하는 일이 있기 때문이다.[8] 또한 실험동물도 시간과 환경 변화에 따른 생리적 상태에 따라 그 결과가 다를 수 있다는 주장도 있다. 아울러 동물실험에서는 암컷 쥐의 주기적 성호르몬의 변화를 이유로 수컷 쥐 위주로 시험하고 결과를 분석하므로, 그로 인한 성별별 불균형에 따른 약물 부작용이 나타나거나 효능에서 성별 차이가 나타날 수도 있다.

　　그러나 앞에서 언급된 동물실험의 한계에도 불구하고 우리는 사람을 보호하기 위해 동물실험을 피할 순 없다. 신약 개발의 마지막 단계에서 필요로 하는 임상시험에서는 건강한 사람과 환자를 보호하기 위해서 사전에 반드시 동물실험을 통한 전임상시험 결과가 축적돼야 한다. 만약 동물실험이 금지될 경우 인체를 대상으로 하는 실험이 증가할 가능성이 높으며, 이 경우 사회적 약자가 그 대상이 되기 쉽다.[9] 또 다른 문제로, 사람과 동물이 함께 탄 구명선이 있는데 배의 수용 능력을 초과해 사람이든 동물이든 누군가는 내려야 가라앉지 않는다면 과연 누구를 내리도록 해야 할까? 결국 구명선의 예로 알 수 있듯이 우리가 동물을 실험에 사용하는 것은 인간을 실험에 사용할 것인지, 동물을 실험에 사용할 것인지의 선택 상황에서 동물을 선택하는 것으로 파악할 수 있다.[10] 따라서 동물실험에 대한 부분적인 대체는 가능하지만, 동물실험 전체가 불필요하다는 주장은 설득력이 떨어진다.

윤리적인 동물실험을 위한 원칙들

1831년 영국의 생리학자 마셜 홀Marshall Hall은 자신의 경험을 바탕으로 동물실험을 하는데 꼭 필요한 다섯 가지 원칙을 다음과 같이 제시했다. 첫째, 만약 관찰만으로도 필요한 정보를 얻을 수 있다면 그 실험은 결코 진행해서는 안 된다. 둘째, 정의가 명확하지 않거나 실험을 진행하는 데 있어 불가능한 목적을 지닌 실험은 진행해서는 안 된다. 셋째, 과학자들은 실험을 불필요하게 반복하지 않기 위해 이전의 연구를 철저히 조사해야 한다. 넷째, 실험을 진행할 때는 고통이 유발될 수 있는 가능성을 최소화하고, 감수성이 낮거나 예민하지 않은 동물을 선택해 합리적으로 진행해야 한다. 마지막으로, 모든 실험은 예측 가능한 결과를 가장 분명하게 얻을 수 있는 환경에서 진행함으로써 실험이 반복되지 않도록 해야 한다.

이런 권고 사항은 영국의 농장동물복지위원회Farm Animal Welfare Council가 1992년에 발표한 다음의 다섯 가지 자유를 보장하기 위한 노력을 통해 성취할 수 있다. 동물복지의 핵심이라고 할 수 있는 이 다섯 가지 자유는 우리나라 〈동물보호법〉 제3조(동물보호의 기본 원칙)에도 잘 반영돼 있다.

첫째, 배고픔과 목마름으로부터의 자유.
둘째, 육체적인 불편함과 고통으로부터의 자유.
셋째, 상처와 질병으로부터의 자유.

넷째, 공포와 걱정으로부터의 자유.

다섯째, 필수적인 행동을 행할 수 있는 자유.

앞서 언급된 다섯 가지 원칙은 오늘날 인도적 동물실험의 수행을 촉구하는 '3Rs' 개념의 근간이 된다고 볼 수 있으며, 이 개념은 앞의 다섯 가지 자유를 구체화한 동물실험의 윤리적 실천 방법으로 제시된다. 흔히 대체replacement, 감소reduction, 고통 경감refinement으로 표현되는 이 개념은 1959년 영국의 과학자 윌리엄 러셀William Russell과 렉스 버치Rex Burch가 출간한《인도적인 실험 기법의 원칙The Principles of Humane Experimental Technique》에 처음으로 소개됐다. 1978년 영국의 생리학자 데이비드 스미스David Smyth는 3Rs를 지칭하는 용어로 '대안alternative'이라는 단어를 쓰기 시작했는데 이후 두 용어가 함께 사용되고 있다.

대체 대안법replacement alternative은 살아 있는 동물 전체를 사용하지 않는 방법을 뜻한다. '대체'는 '상대적 대체relative replacement'와 '절대적 대체absolute replacement'로 나눌 수 있다. 상대적 대체에는 하위 동물(무척추동물·식물·미생물 등)과 발생 초기 배아, 세포나 조직 배양의 이용이 포함된다. 연구자들은 이를 통해 동물의 수를 줄일 수도 있는데, 이런 방법은 동물실험을 실시하기 전에 필수적인 정보를 얻거나 가설을 검증하는 데도 매우 적합하다. 절대적 대체란 척추동물에게서 일체의 생물학적 시료를 채취하지 않고 컴퓨터 프로그램이나 물리화학적 기법을 통해 연구 목적을 달성하는 것이다. 최근 4차산업혁명과 관련해 실험동물 분야에 살아 있는 동물을 대신할 수 있는 대체 방법의 활성화

움직임이 일어나고 있다. 이와 관련해 현재 미국과 유럽에서는 바이오시밀러 등 생물의약품 인허가 규제에 있어 빅데이터 가상 실험(in silico) 결과가 논리적일 경우 실험동물을 이용한 안전성 제1상 시험을 대체해주는 다소 파격적인 정책이 실험적으로 도입된 상태다.

감소 대안법reduction alternative은 보다 적은 동물로 동일한 양의 데이터를 얻거나, 한정된 실험동물로 많은 정보를 얻는 실험 방법을 뜻한다. 이 방법은 실험에 사용되는 동물의 수를 줄이는 것을 목적으로 한다. 과학자는 연구를 진행할 때 실험 계획을 좀 더 효율적으로 설계하거나 실험 결과 분석에서 정확한 통계 방법을 이용해, 자신이 실험하는 동물의 수를 줄일 수 있다. 예를 들어 설치류에 피부를 경유하는 약물 효력 실험을 하는 경우나 피부 손상에 대한 치료 효과를 관찰하는 연구에서는 보통 체표면적body surface area, BSA의 10퍼센트에 해당되는 피부를 실험에 사용하게 된다. 그런데 한 개체에 허용된 체표면적 범위 내에서 충분히 실험할 수 있는데도 불구하고, 실험군을 여러 개체에 분산시켜 결국 동물의 수를 늘리게 되는 오류를 범하는 경우가 있다. 이것은 개체 차이에 의한 실험 결과의 해석에도 문제가 될 수 있어 지양해야 하는 부분이다.

고통 경감 대안법refinement alternative은 동물의 고통을 최소화하거나 동물의 복지를 개선하기 위한 방법으로, 마취제·진통제·신경안정제를 사용하기, 비외과적 방식으로 의식이 있는 동물의 행동을 연구하기, 초음파·컴퓨터단층촬영CT·자기공명영상MRI을 사용하기, 요도관을 사용하는 대신 외부적으로 소변 채취하기, 외과 시술 대신 국소마

취로 피하에 호르몬 캡슐 이식하기, 실험 환경 보완하기, 동물을 부드럽게 다루기 등이 이에 포함된다. 고통 경감의 또 다른 중요한 측면은 실험동물의 복지 증진을 위해 놀잇감 등 환경풍부화environmental enrichment를 위한 도구를 제공하는 것이다. 실험동물에 대해 사육 환경의 질을 향상시키면 복지가 증진될 뿐 아니라 동물의 신체적 건강과 생리적 기능을 좋은 상태로 유지하고 반응을 안정시키기 때문에 실험 결과의 재현성과 유효성 또한 확보할 수 있고, 불필요한 실험이 반복되는 것을 방지할 수 있다. 특히 영장류의 경우 인간의 고유한 특성이며 도덕적 존재로서의 근거가 되는 지적 능력, 판단력, 자의식, 사회성 등을 일부 가지고 있다고 생각되기 때문에 이들을 실험동물로 사용할 때는 더욱 신중을 기해야 하며,[11] 필요시 그들의 지능과 호기심, 사회성 등을 충족시킬 수 있는 편리한 환경을 조성해줘야 한다.

이렇듯 '대안법'이라는 용어에는 '의도적인 제안'이라는 의미가 포함돼 있다. 만일 실험동물을 보다 윤리적으로 다룰 수 있는 방법들이 있고, 그것이 실험의 목적을 동일하게 달성할 수 있다면, 동물이 좀 더 인도적으로 대접받을 수 있는 방법을 선택해야만 한다는 것이다. 3Rs는 동물실험 연구에서 대안이 있음에도 진지한 고민 없이 동물을 연구나 실험에 이용하는 것은 분명 잘못이며, 연구자가 특별한 목적을 위해 동물실험을 해야만 할 때 해당 동물에게 불가피한 통증과 최소한의 고통만을 주도록 노력할 의무가 있다는 것을 분명히 인식해야 함을 의미한다.

우리가 동물을 고통스럽지 않도록 하는 것은 비단 실험의 과학적 결과를 얻고자 하는 목적만은 아니다. 동물을 존중하지 않는 태도가 바로 우리 주위의 사람을 대하는 태도에도 영향을 미칠 수 있기 때문이다. 이마누엘 칸트Immanuel Kant는 동물에 대한 우리의 의무는 인류에 대한 간접적인 의무라고 주장했다. 그는 동물의 본성이 인간의 본성과 유사하므로, 인간을 존중해야 할 직접적인 의무가 있는 우리는 동물에 대해서도 인간의 본성을 발현해 동물에 대한 의무를 수행해야 하며, 그렇게 함으로써 인류에 대한 우리의 의무를 간접적으로 수행한다고 볼 수 있다고 했다. 아울러 동물을 자비롭게 대우함으로써 인간을 자비롭게 대해야 할 우리의 의무가 연마되기 때문에 동물에 대한 의무를 수행해야 한다고 주장했다. 즉 동물을 학대하는 사람은 타인에게도 비도덕적 행위를 할 가능성이 높기 때문에 동물을 잘 보살펴야 한다는 것이다. 최근 미국의 사회학자들은 유년기에 동물 학대를 한 사람이 자라면서 안정된 환경에서 올바른 사랑을 받지 못하면, 성인이 됐을 때 범죄를 유발할 가능성이 높다고 주장하고 있다. 오늘날 미국은 이런 학문적 근거를 토대로 동물 학대에 강력 대응하고 있으며, 다른 범죄를 예측하는 조기 지표로서 동물 학대 범죄 경력을 활용하고 있다.

〈동물보호법〉에 관한 이해

영국에선 19세기 초반 동물실험을 이용한 과학적 행위에 대한 생체 해부 반대 운동anti-vivisection movement이 시작됐으며, 이를 통해 많은 사람들이 관련 법의 제정을 지지할 정도로 시민 의식이 발전했다. 그 결과 1876년 세계 최초로 실험동물 관리에 대한 〈동물 학대 방지법Cruelty to Animals Act〉이 제정됐다.[12] 로버트 가너Robert Garner가 분석한 바에 따르면, 이 법은 동물실험을 하는 연구자들에게서 종종 나타나는 학대 행위를 방지하기도 했지만, 그렇게 하지 않고는 진행될 수 없는 일부 실험을 주저하게 하는 측면도 가지고 있었다.[13] 1906년 발족한 왕립자문위원회Royal Commission는 심각한 통증을 느끼고 있는 동물을 안락사시킬 것을 요구하는 규정을 포함한 여러 가지 효과적인 개혁안을 수립했다. 실험동물에 대한 관심은 동물 권리 운동이 진행되던 1960년대부터 1970년대에 다시 활발하게 일어났으나, 1986년에야 그 다음 법인 〈동물(과학적 처치) 법Animals (Science procedure) Act〉이 제정됐다. 이 새로운 법은 연구자로 하여금 5년마다 개인 면허를 갱신하고, 특정한 실험 절차에 대해서는 과제 면허project licence를 취득할 것을 요구하고 있다. 더불어 동물 옹호론자 등이 포함된 동물실험위원회Animal Procedures Committee가 창설됐고, 동물 생산업체와 공급자에게는 감독 기관에의 등록과 일정한 자료 제출을 의무적으로 요구했다. 이후 동물실험 관련 법은 동물실험의 용도와 절차를 엄격히 규제하는 방향으로 발전했으며, 2000년을 기준으로 오스트리아·벨기에·프랑스·네덜란드 등 많은 국가에서도 〈실험동물 보호법〉을 제정하게 됐다.

미국은 대체로 19세기 중반부터 20세기 중반까지 동물보호에 대한 입법적인 틀을 완성해 시행해왔다. 미국에서 동물복지를 향상시키기 위해 최초로 제정한 법은 1873년에 만든 〈28시간 법Twenty-Eight Hour Law〉으로, 이것은 산업 동물이 이송될 때 28시간마다 적어도 한 번씩 휴식과 함께 물과 사료를 주도록 하는 것이었다. 1966년에는 도둑맞은 반려견들이 연구 시설로 팔려가 학대당한다는 사실이 밝혀지면서 사회적으로 거센 분노가 일었다. 같은 해에 〈반려동물 보호법Pet-Protection Bill〉이 〈실험동물 복지법Laboratory Animal Welfare Act〉으로 바뀌었고, 얼마 지나지 않아 〈동물복지법Animal Welfare Act〉으로 개정됐다. 이 법에는 실험동물을 이용하고 관리할 때 지켜야 하는 요구 사항들이 대폭 늘어났다. 이 요구 사항에는 진통제 사용, 규격에 맞춘 케이지 사용, 연방정부로부터 연구비를 지원받는 연구 기관의 동물실험윤리위원회Institutional Animal Care and Use Committee, IACUC 설치 등이 포함됐다. 1985년에는 미국에서 실험동물의 복지에 기여하는 획기적인 움직임이 있었다. 먼저 영장류에 대한 정신적인 행복 증진과 개에 대한 운동 공간 제공을 의무화하는 미국 농무부의 〈동물복지법〉과 〈동물복지규정Animal Welfare Regulations〉이 개정됐다. 또한 당시 이 개정안을 발의했던 로버트 돌Robert Dole 상원의원은 하원의회 총회에서 법의 통과를 요청하면서 다음과 같은 유명한 연설을 했다. "이 법안의 핵심은 실험과 시험에 사용되는 동물이 겪는 통증과 괴로움을 최소화하는 것입니다. 이렇게 함으로써 의생명 연구는 정확성과 윤리성이 높아질 것입니다. 우리는 실험동물에게 많은 것을 빚지고 있으며, 그 빚은 양질의 대우를 제공하고 고통스런 실험을 최소화함으로써 갚을 수 있습니다." 이처럼 미국이 동물의 보호와 복지를 위해 명백하게 발전하고 있음에도 불구하고, 동물보호에 대한 인식이 더 강력한 유럽의 동물보호 운동 가들은 여전히 이 법의 미흡함을 지적하고 있다.

우리나라에서는 1991년에 처음 〈동물보호법〉이 제정됐다. 하지만 전문이 고작 열두 조에 불과하고 하위 법령 또한 마련되지 않아 실제적인 영향력이 미미해, 동물 보호 및 복지에 대한 정부의 선언적인 상징 정도로 인식됐다. 물론 동물실험 연구에 관한 내용을 제대로 담고 있지도 않았다. 이후로 국내 과학 환경의 급격한 변화와 동물보호 기류의 국제적인 확산, 국내 동물보호 운동의 조직화 등으로 새로운 동물보호법을 제정하기 위한 논의와 시도가 있었다. 그 후 2005년 정부안이 입법예고됐고, 절차를 거쳐 2006년에 국회에 제출·의결됐으며, 2007년 정부가 공포했다. 이어서 대통령령으로 시행령이, 농림부령으로 시행규칙이 제정돼 2008년부터 시행되고 있다. 전면 개정된 〈동물보호법〉은 동물실험 연구와 관련된 새로운 제도와 내용을 많이 담고 있다. 특히 동물실험윤리위원회의 구성과 운영에 관한 제도적 바탕을 마련했다는 점에서 의미가 크다. 〈실험동물에 관한 법률〉은 2008년에 새로 제정됐으며, 2010년에 일부가 개정됐다. 이 법률은 실험동물의 과학적 사용과 동물실험 시설, 실험동물 공급, 안전 관리, 기록과 정보 공개와 관련해 국제적인 기준에 부합하는 내용을 담고 있다.

그러나 〈동물보호법〉과 〈실험동물에 관한 법률〉에서는 각각 동물실험윤리위원회와 실험동물운영위원회를 설치하도록 하고 있어, 당시 실험동물 시설을 운영하고 있던 기관들에서는 유사한 위원회를 이

중으로 설치해야 하는 불편과 혼란이 있었다. 이에 2011년에 농림수산검역검사본부(현 농림축산검역본부)와 식품의약품안전청(현 식품의약품안전처)이 공동으로 동물실험 및 실험동물 관련 〈위원회(IACUC) 표준운영 가이드라인〉을 제정해 통합 IACUC의 설치와 운영에 관한 기준과 절차를 마련했으며, 2017년과 2022년에 한 차례씩 개정 후 현재까지 시행되고 있다. 2018년에는 동물실험을 마친 동물을 검사해 정상적으로 회복한 동물이 있다면, 이를 분양하거나 기증할 수 있도록 하는 조항이 〈동물보호법〉에 추가됐으며, 이에 따른 〈실험 후 동물 분양 안내서〉가 발간됐다.

국내에서는 3Rs 원칙 중 가장 중요한 부분이라고 할 수 있는 실험동물의 고통 경감을 위해 동물실험 계획서 승인 후 모니터링post approval monitoring, PAM을 하는 제도를 두고 있으나 아직 활성화돼 있지 않다. 이와 관련하여 실험동물에도 수의사가 필요하다는 주장과 함께 실험동물과 동물실험의 관리 강화가 요구되고 있다. 미국 연방정부는 〈동물복지법〉에서 동물실험 연구자가 동물실험의 대안 방법을 신중히 고려했으며, 통증이 예상되는 실험에 대해서는 실험동물 전임수의사Attending Veterinarian와 상세한 논의를 거쳤다는 입증 자료를 연구 계획서에 포함할 것을 요구한다. 그러나 우리나라는 〈동물보호법〉에서 "고통이 수반되는 실험은 수의학적 방법에 따라 고통을 덜어주기 위한 적절한 조치를 해야 한다"라고 명시하고 있지만, 정작 이를 담당할 수의사의 고용이나 역할은 그동안 제도화되지 못했다. 이에 2018년 '세계 실험동물의 날'을 맞아 실험동물 전임수의사의 의무 고용을 법제화하기 위해 국회 포럼을 개최하는 노력이 있었고, 2022년 마침내 통과된 〈동물보호법〉 전부개정안에서는 일정 기준 이상의 실험동물을 보유한 동물실험 시행기관에서의 실험동물 전임수의사 채용이 의무화됐다. 지난 2019년에 국내에서 사회적으로 논란이 된 국가 사역견의 법적·윤리적 조치 미흡 이슈와 같은 문제도, 이 법의 제정으로 동물실험이 과학적·윤리적인 원칙에 따라 잘 지켜지고 있는지를 살펴보는 전임수의사가 상주하면 점차 개선될 것으로 생각된다.

동물실험의 사회적 합의와 윤리적 노력

동물도 인간과 마찬가지로 쾌락과 고통을 느끼고, 고등동물의 경우 자기의식 수준의 지각 능력을 갖고 있다는 것은 알려져 있는 사실이다. 그러나 동물이 인간을 위해 존재하는 단순한 수단은 아니지만, 인간과 다른 종을 구별하는 것을 잘못이라고 볼 순 없다. 동물에 대한 존중은 인류의 생존, 문명의 발전과 병행되는 수준에서 이뤄져야 한다. 이런 맥락에서 우리는 동물실험을 되도록이면 삼가야 하지만 대안이 없을 경우 동물실험은 정당화될 수 있다.

그러나 앞서 말했듯 동물실험은 실험 절차와 과정이 명료하고 정교해야 하며, 실험 과정에서 동물이 받는 고통을 최소화해 실험 결과의 재현성을 높일 수 있도록 하는 것이 중요하다. 이러한 과학적 목적과 절차를 무시한다면 그것은 정당한 동물실험이 아니며, 그 결과는 사회적으로, 과학적으로 신뢰성을 인정받을 수 없다. 동물해방론자들의 주장대로 우리가 필요 이상으로 동물실험에 의존하고 동물에게 고통을 준다는 점을 부인하긴 어렵다. 또한 사람이 얻는 이익을 위해선 어떤 실험도 허용할 수 있다는 태도도 사회 구성원들에게 동의를 얻을 수 없을 것이다. 동물실험에 대한 법규도 사회적 합의를 기반으로 마련되고 발전돼야 한다. 특히 동물실험과 같이 윤리적 쟁점과 가치가 개입된 결정은 사회 구성원들의 심도 있는 논의와 합의를 거쳐야 한다. 그리고 여기에는 연구자도 반드시 포함돼야 한다. 연구자와 사회 구성원들의 도덕성과 감정, 안전을 보호할 수 있는 제도적 장치 내에서 동물실험이 허용될 수 있도록, 다양한 의견 수렴과 합의를 위한 지속적인 소통의 장이 마련돼야 한다.

마이클 폴란Michael Pollan은 동물의 사육과 동물실험 과정에서 동물을 배려하고 그들에게 인도적인 대우만 보장한다면, 인간의 도덕적 의무는 충분히 실천된 것이라고 주장했다. 즉 인간이 고려해야 할 것은 동물의 권리라기보다는 실천적 차원의 동물복지라는 것이다. 동물실험 지지자들이 주장하듯이 인간이 동물보다 높은 도덕적 지위와 존엄성을 가진다면, 그 도덕성을 바탕으로 동물실험의 구체적인 상황에서 어떻게 동물을 최대한 보호할 것인지를 고민하고, 실천적인 지침들을 마련해야 할 것이다.[14] 동물실험 자체의 금지는 인류와 문명의 발전이라는 관점에서 받아들이기 어렵지만, 동물실험을 수행하는 과정에서의 윤리적 실천은 연구자가 반드시 고려해야 할 문제인 것이다.

나아가 점차 동물실험을 최소화할 수 있는 동물 대체 시험법의 개발과 같은 구체적이고 실질적인 노력도 수반돼야 한다. 또한 연구 후속 세대가 실험동물에 대한 윤리적 책임감과 태도를 가질 수 있도록 체계적인 교육이 이뤄져야 한다.[15] 아울러 실험동물을 대상으로 수행한 연구 결과는 바로 사람에게 적용하기 어려운 경우가 많은 반면에, 사람을 대상으로 한 연구는 그 결과를 직접 사람에게 적용해 질병의 예방과 진단, 치료에 활용할 수 있으므로 동물실험을 지양하는 임상 연구 방법을 개발하는 노력도 필요하다.

　　통계청 자료에 의하면, 2021년 60대에서 70대 한국인의 사망 원인 중 상위 1위부터 3위는 암, 심장 질환, 뇌혈관 질환으로 보고되고 있다. 이 질환들은 나쁜 식습관이나 라이프스타일과 관련성이 높다고 알려진다. 이들 질환에 이환된 환자의 치료비는 본인뿐만 아니라 국가 의료보험의 재정에도 큰 부담이 되고 있다. 이런 사실에 비추어, 정부도 진단과 치료 분야에만 관련 예산을 집중할 것이 아니라 질환의 근본적인 원인이 되는 라이프스타일 개선 등을 위한 계도적이고 예방의학적인 측면에 보다 적극적인 관심과 노력을 기울여야 한다. 결국 이것이야말로 불필요한 동물실험을 줄이는 데 크게 기여하게 될 것이다. 의생명과학의 진정한 발전을 위해 '동물실험은 만능이 될 수 없다'라는 인식이 동물실험 연구에서 건전한 상식이 되기를 희망한다.

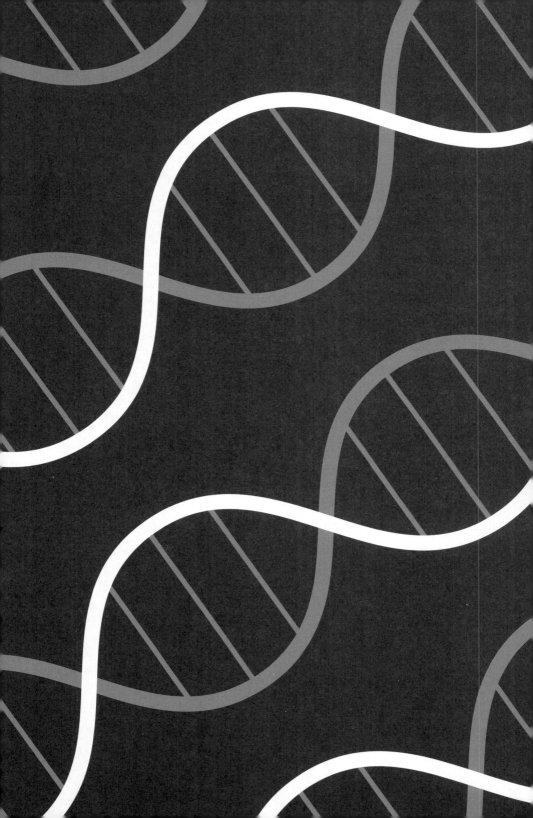

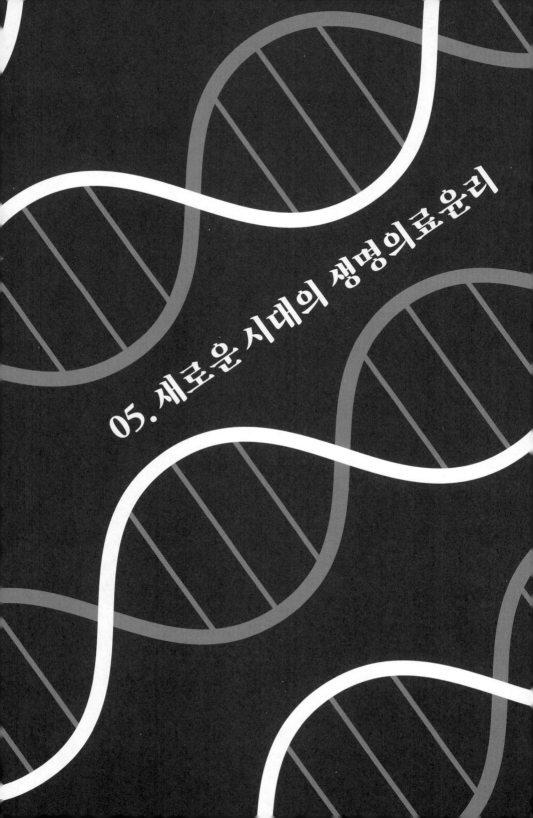

05. 새로운 시대의 생명의료윤리

10

유전상담이란
무엇인가

+ 최인희

현대 의학과 유전학 기술의 발달로 그동안 알 수 없던 질병의 원인 유전자가 밝혀지면서 새로운 유전 질환 및 특징들이 보고되고 있다. 이와 같은 변화로 유전 질환의 진단 및 치료, 산전 진단 등 다양한 의학적·치료적 접근이 가능해졌다. 임상의학에서 환자의 진단뿐 아니라 보인자 진단, 다인자성 질환(당뇨·비만·고혈압 등)과 종양 질환에서의 분자유전학적 진단, 질병 이환 감수성 예측, 치료 약제의 선택과 반응 예측의 중요성이 증가하면서 유전상담genetic counseling에 대한 관심이 높아지고 있다.

유전상담은 선천성 기형, 발달 지연, 특징적 외모 등과 같은 임상 증상이 있거나, 염색체 이상 질환 또는 유전자 이상 질환의 가족력이 있는 경우에 제공된다. 유전 질환 환자와 가족은 심리적 충격뿐 아니라 치료·관리·재활·특수교육 등으로 인한 경제적 부담감, 유전이라는 낙인화로 받는 사회적 차별 등 다양한 부담감을 경험하게 된다.[1] 유전상담사genetic counselor는 환자와 가족에게 의학·유전학 정보를 제공해 질환을 이해시키고, 의사결정을 도우며, 질환을 수용해 삶을 계획할 수 있도록 지지하고 도움을 주는 역할을 한다.

유전상담사는 1970년대 초부터 미국과 유럽에서 전문직으로 활동해왔고, 2000년대 초부터 일본·대만·말레이시아·홍콩·싱가포르 등 아시아권에서도 임상유전학 전문의와 팀을 이뤄 유전상담 서비스를 제공하고 있다.[2] 우리나라는 1990년대 후반부터 유전상담의 중요성과 필요성에 대한 논의가 계속됐다. 2006년 아주대학교 대학원에 최초의 유전상담사 교육 과정이 개설됐고, 2014년부터 대한의학유전학회에서 유전상담사(산전·소아·성인·암) 자격 인증 제도를 도입해 유전상담사를 배출하고 있다.[3] 유전학 검사 기술의 발달과 맞춤의료 시대의 도래로 유전상담에 대한 대중의 요구와 서비스에 대한 수요는 더욱 증가할 것이다.

이 글에서는 유전상담이 무엇이고 어떻게 시작돼 어떤 역사를 거쳐왔는지, 언제 필요성이 제기됐는지, 환자와 가족에게 제공되는 유전상담은 어떤 것이며 어떤 윤리적 고려가 필요한지에 대해 살펴보고자 한다.

유전상담의 역사

유전상담이 언제부터 시작됐는지는 분명하지 않다. 유전상담이 의료서비스로 인식된 것은 20세기 중반 이후지만, 기원후 2세기 탈무드의 기록에서부터 지혈 문제가 있는 남자 형제가 있는 경우 할례를 하지 않도록 권고하는 내용을 찾아볼 수 있다.[4] 당시 혈우병이라는 진단명이나, 대부분 모계 유전에 의해 선천적으로 발생한다는 것이 알려진 건 아니었으나, 그때부터 유전 질환이라는 것을 인식하고 그를 조절하기 위한 조치가 취해졌던 것이다.

유전상담은 의학유전학과 함께 발전하였는데, 19세기 말에서 20세기 중반의 우생학과 깊은 연관이 있고, 1930년대 후반 우생학에 기반을 두고 유전학자들이 시작한 것으로 알려져 있다.[5] 따라서 유전상담을 이해하기 위해 먼저 우생학에 대해 살펴보자.

1) 우생학

우생학eugenics이란 용어는 1883년 찰스 다윈Charles Darwin의 사촌인 영국의 과학자 프랜시스 골턴Francis Galton이 제안했다.[6] 우생학은 그리스어에서 유래한 단어로 well-born을 의미하는데, 이는 질병이 없는 건강한 상태, 유전적으로 훌륭함을 뜻한다.[7] 골턴은 능력이 뛰어난 남녀의 선택적인 결혼을 통해 우월한 능력의 인류를 만들 수 있다는 적극적 우생학을 주장했다.[8] 가족과 쌍둥이들을 연구해 환경과 유전의 상관관계를 분석하려는 시도를 했고, 당시 사회적으로 저명한 법률가·정치인·과학자·예술인의 가계를 추적 조사한 것을 근거로 신체적인 특성뿐 아니라 개인의 재능과 성격도 유전적으로 결정된다

고 설명했다.[9]

우생학은 적극적 우생학positive eugenics과 소극적 우생학negative eugenics으로 구분된다. 적극적 우생학은 상류층에 속한 사람들끼리 결혼하고 아이를 낳으면서 우월한 특성을 유지해 재능이 뛰어난 인류를 만들자는 것이었다.[10] 소극적 우생학은 '나쁜, 안 좋은 속성'을 가진 하류층의 결혼, 타 인종 간의 결혼을 금지하고, 그들을 보호시설에 감금하거나 그들에게 불임 시술을 하고 거세하는 등 자신들보다 열등하다고 생각되는 사람들의 생식과 번식을 막는 것인데, 이후 이것이 정치적으로 악용되면서 문제가 되었다.[11]

생물학의 영향을 받았던 미국·영국·독일의 우생학자들은 유전형질에 의해 인간의 특성이 결정된다고 믿었다. 1900년대 멘델 유전학의 등장으로 우생학은 더욱 발전하게 됐고, 멘델의 유전법칙을 인간의 유전에 적용해 유전자가 신체적 특성 및 행동의 특성까지도 결정한다고 믿었다.[12] 이런 생물학적 믿음은 나쁜 유전자와 좋은 유전자를 구별했고, 미국과 독일에서는 사회적·정치적 이념과 결합해 강력한 사회운동으로 전개됐다.

미국 우생학의 흐름을 주도한 대표적인 기관은 1910년 찰스 대븐포트Charles Davenport가 뉴욕의 콜드스프링하버에 설립한 우생학기록보관소Eugenics Record Office, ERO로, 유전학적 데이터를 수집하고 이를 기반으로 미국 우생학 운동에 과학적인 근거와 자료를 제공했다.[13] ERO의 지원으로 미국은 우생학적으로 부적절하다고 판단된 사람들의 결혼을 제한하는 혼인 금지법이 제정되었고, 1907년 인디애나주에서 첫 번째 불임법이 통과된 이후 1931년까지 30개 주에서 채택되어 범죄자, 알코올 중독자, 정신 질환자, 지적장애인 등을 대상으로 강제 불임을 시켰다.[14] 또한 1924년 미국 연방정부는 열등하다고 생각한 인종의 이민을 금지하는 이민 제한법을 통과시켰다.[15]

독일의 우생학은 인종위생, 강제 불임, 안락사, 집단 학살의 형태로 전개됐다. 아리아인을 우성 인간으로 보존하고 보호하기 위한 레벤스보른 프로그램, 열성 인간을 없애려고 한 홀로코스트가 우생학의 폭력성과 역사적 폐해를 보여주는 대표적인 사례들이다.[16] 히틀러의 나치 정권에 의해 유대인, 집시, 동성애자, 지적장애인, 뇌전증 환자, 정신 질환자, 유전 질환자 등 당시 사회적으로 부적합하다고 여겨졌던 7만 명이 넘는 사람들이 학살당했다.[17]

우생학이 문제가 된 까닭은 과학적 근거 없이 인간의 우월한 형질을 규정하고 이를 정치적으로 악용했기 때문이다. 유전학자들은 정치적으로 악용돼 강압적이고 지시적_directive_이었던 우생학의 과거에서 벗어나기 위해, 유전상담에서는 비지시적인_non-directive_ 상담과 자기결정권을 강조하게 되었다.[18]

2) 초기 유전상담

1930년대 영국과 미국의 생물학자들은 인간 유전학에 과학적 기초를 두고, 인종·계급·성별에 따른 차별과 사회적 편견을 제거해야 한다고 주장했다.[19] 이런 변화는 권력 기관이 주도해 강제적인 인종 개량을 추구했던 우생학에서 개인의 자발적 선택에 기초한 상담의 필요성으로 연결됐고, 출산과 관련한 유전 질환 문제의 해결을 모색하는 유전상담으로 발전했다.

1940년대 미국 미시간주·미네소타주의 여러 대학과 영국 런던의 아동 병원에 유전학 클리닉이 개설됐고, 의학 및 임상유전학을 전공한 의사들이 유전상담을 시작했다.[20] 오늘날과 같은 유전상담의 모습을 갖추지는 못했지만, 유전 질환에 대한 정보를 제공하고 재발을 줄이기 위한 상담을 제공했다. 이 시기에는 유전학적 진단 방법도 거의 없었고 유전학에 대한 이해가 부족해 유전상담에서 많은 내용을 다룰 수가 없었다.[21]

유전상담이라는 용어는 1947년 셸던 리드Sheldon Reed에 의해 처음 소개됐다. 미네소타대학교의 다이트인간유전학연구소Dight Institute for Human Genetics의 소장이었던 리드는 유전 질환을 의학적 문제로 생각하고, 환자와 그 가족이 질환에 대한 의학적이고 심리적인 영향을 받아들이도록 돕는 과정을 설명하는 용어로 '유전상담'이라는 단어를 제안했다.[22] 비록 우생학에서 완전히 벗어나지는 못했지만, 리드는 자신을 1세대 유전상담사라고 불렀고, 인간 유전학의 목표를 사회의 경제적·인종적 이익을 추구하는 학문이 아니라 환자와 가족에게 의학적·심리적 도움을 줄 수 있는 학문이 돼야 한다고 설명했다.[23] 또한 유전상담을 '환자patient를 치료하는 과정'이 아닌, '의뢰인·내담자clients를 도와주는 과정', 즉 심리적 접근 방식으로 설명했다.[24]

20세기 중반 이후 크로마토그래피, 전기영동 기술 등 진단법의 발달로 과학적인 차원의 상담이 가능해지면서 유전상담이 비로소 하나의 의료서비스로 인식되기 시작했다.[25] 대사 물질, 단백질 등과 관련된 연구가 활발해지면서 치료 방법이 없던 페닐케톤뇨증에 대해 저페닐알라닌 식이요법 등의 치료적 접근이 가능하게 됐다. 이후 대사질환에 대한 지식과 1960년대 초반 신생아 스크리닝 프로그램, 임상생화학 유전학이 발달했다.[26] 또한 1956년에 조 힌 치오Joe-Hin Tjio와 알버트 레반Albert Levan이 사람의 염색체가 46개라는 것을 발견하면서, 다운증후군·클라인펠터증후군 등 염색체 이상 질환에 관한 연구와 세포유전학 검사가 활발해졌다.[27] 1970년대 임신 중기 양수 검사로 태아 다운증후군과 같은 염색체 이상을 확인할 수 있게 되었고, 양수 내 알파태아단백질alpha-fetoprotein, AFP 측정이 가능하게 되어 신경관 결손과 같은 선천성 기형에 대한 산전 진단이 가능해지면서 유전상담의 수요가 증가하기 시작했다.[28]

하지만 이 시기는 우생학과 유전학이 공존하던 시기로, 과학적 진단 방법이 환자를 상담하는 데 이용되기 시작하면서 어떤 방식으로 상담하느냐에 따라 우생학적 접근이 될 수도, 환자가 중심이 되는 유전상담학적 접근이 될 수도 있었다.

3) 근대 유전상담에서 현대 유전상담으로

우생학에 대한 반대와 반성으로 유전학 연구가 활발하게 진행되면서 유전상담으로 확장되었다. 1975년 미국유전학회American Society of Human

Genetics, ASHG가 유전상담을 '환자와 가족이 결정을 내릴 수 있도록 도와주는 과정'으로 정의한 것이 큰 변화라고 할 수 있다.[29] 1980년 시모어 케슬러Seymour Kessler 박사에 의해 유전상담의 패러다임이 우생학 모델에서 예방의학 모델preventive medicine model과 심리적·사회적 의료 접근으로 변하게 됐고, 이와 함께 환자의 자기결정권이 강조됐다.[30] 유전 질환 환자와 가족에게 정확한 정보를 제공하고 그들이 합리적이고 이성적인 판단을 할 수 있도록 도와주는 의사결정 모델decision-making model은 우생학적 상담과 분명한 차이를 보여준다.[31] 그는 유전상담사가 환자의 옹호자advocate, 슬픔 상담사grief counselor, 연구자, 교육자의 역할을 수행함과 동시에 환자를 적절한 물적·인적 자원으로 연결해주는 등 다양한 역할을 해야 한다고 설명했다.[32] 케슬러 박사와 학자들은 유전상담을 여러 측면에서 다양한 방법으로 환자를 돕는 독특한 의료서비스로 정의하고 환자의 경험, 감정 상태, 치료의 목표, 문화 및 종교적 믿음, 사회적·경제적 위치, 가족적·개인적인 문제 등을 다루는 심리적 측면의 상담이 함께 이루어 질 수 있도록 노력했다.[33] 이러한 유전상담사들의 노력으로 현대 유전상담에는 유전 질환 환자와 가족의 두려움과 죄책감을 감소시키고, 앞으로 경험할 수 있는 문제들에 대한 대비를 할 수 있도록 하는 심리적 접근인 정신 치료적 유전상담 모델psychotherapeutic genetic counseling model이 자리 잡을 수 있게 되었다.[34]

유전상담의 정의

유전상담의 가장 대표적인 정의는 1975년 미국유전학회ASHG 유전상담분과위원회가 발표한 것이다. 그 이후 2006년 미국유전상담사협회NSGC에서 유전상담의 정의를 발표했다. 먼저 ASHG의 유전상담의 정의를 살펴보면 다음과 같다.

> 유전상담은 가족 내 유전 질환의 발생 또는 발병 위험도와 관련된 다양한 문제들을 다루는 의사소통 과정이다. 이 과정은 적절한 훈련을 받은 전문가가 환자와 가족에게:
> ① 진단, 질환의 자연 경과, 유용한 관리법 등을 포함하는 의학적인 사실을 이해하도록 도와주고
> ② 질환의 유전방식과 가족 구성원의 재발 위험도를 파악하도록 도와주고
> ③ 재발 위험도와 관련된 선택 가능한 대안들을 이해하도록 도와주고
> ④ 질환의 발병 위험도, 가족의 목표, 그리고 윤리적·종교적 기준에 적절한 대안을 선택하고 그 결정에 따라 행동할 수 있도록 도와주고
> ⑤ 환자와 가족 구성원들에게 지원과 상담을 제공해 질환과 재발 위험에 최대한 잘 적응할 수 있도록 도와주는 과정이다.[35]

ASHG의 유전상담에 대한 정의와 우생학적 관점 사이의 가장 큰

차이는 ASHG는 유전상담을 환자와 가족이 어떤 결정을 할 수 있도록 도와주는 과정으로 본다는 것이다. 웬디 울먼Wendy Uhlmann 등은 이 정의에 대해 유전상담은 정보를 제공하는 것뿐 아니라 의료인과 환자가 상호작용하는 과정으로, 환자와 가족이 진단·예후·선택 등 복잡한 정보를 받아들일 수 있도록 도와주며, 그들이 자율적인 의사결정을 내릴 수 있도록 도와주는 과정으로 설명했다.[36] 또한 유전 질환은 환자뿐 아니라 가족 전체에 영향을 미치므로 정신 치료·심리 요법적인 내용이 유전상담에 포함돼야 한다고 설명했다.[37]

다음은 NSGC의 유전상담의 정의이다.

유전상담은 질병의 유전적 원인에 대한 의학적·심리적·사회적 영향을 이해하고 적응할 수 있도록 도와주는 과정으로 다음과 같은 사항들을 포함한다.

① 질병의 발병 혹은 재발의 가능성을 평가하기 위해 가족력과 병력을 **해석**하고

② 유전 방식, 유전자 검사, 관리, 예방, 도움이 되는 관련 자료와 진행되고 있는 연구 등에 대해 **교육**하고

③ 유전상담을 통해서 이해한 정보에 근거하여 자기결정권을 행사해 선택할 수 있도록 지원하며, 질병 또는 발병 위험에 대해 적절한 선택을 하고 적응할 수 있도록 **상담**한다.[38]

NSGC의 유전상담 정의는 유전상담사 단체에 의해 처음으로 발표

된 것이다. 이전까지는 유전상담사의 역할이 무엇인지 설명하는 것에 초점이 맞춰졌다면, NSGC의 정의는 유전상담에 대한 정의로 이로 인해 많은 사람이 유전상담이 무엇인지 쉽게 이해할 수 있게 됐다.

유전상담사 자격 인증 제도

1) 유전상담사 자격의 제도화 과정과 현황

미국에서 유전상담 석사 교육 과정과 인증 제도는 1970년 이후 양수 검사로 다운증후군과 같은 염색체 이상 질환을 진단할 수 있는 산전 진단이 보편화되면서 만들어졌다.[39] 이 시기에는 주로 의사가 유전상 담을 했는데, 유전학 기술의 발달로 상담 수요가 증가하면서 전문가 가 부족해졌다. 따라서 임상유전학 전문의를 도와 유전상담을 제공 할 수 있는 비의사 유전상담사non-MD genetic counselor의 교육 및 양성 프로 그램과 인증이 필요해졌다. 멀리사 리히터Melissa Richter 박사는 1969년 유전상담사를 교육할 수 있는 석사 수준의 프로그램을 뉴욕의 세라 로런스대학교에 개설하였고, 1971년 첫 석사 학위 졸업생이 배출되 면서 '유전학 팀'의 일원으로 활동하게 됐다.[40]

미국의 유전상담사 인증은 1981년 미국의학유전학위원회American Board of Medical Genetics, ABMG에서 시작되었는데, 초기에는 석사 학위 유전 상담 교육 프로그램을 졸업한 사람뿐 아니라 간호사, 사회복지사, 학점 인정 과정을 통해 유전학을 수료한 사람들까지 다양하게 시험에 지원했다.[41] 1993년부터 미국유전상담학회American Board of Genetic Counseling, ABGC로 인증 기관이 이전되었고, 현재 5,600명 이상의 유전상담사가 인증되었다.[42]

ABGC에서 시행하는 유전상담사 인증 시험에 지원하기 위해선 미국유전상담인증위원회Accreditation Council for Genetic Counseling, ACGC에서 인정하는 유전상담 석사 과정을 이수하고, 50례 이상의 유전상담 로그북(일지) 제출과 ABGC에서 주관하는 자격시험 통과가 필요하다.[43] 현재 ACGC가 공인한 석사 학위 유전상담 프로그램은 미국에서 55개, 캐나다에서 4개가 운영 중이다(2022년 10월 기준).[44]

2018년 28개 국가를 대상으로 한 조사에 의하면 7,000여 명의 유전상담사들이 활동하고 있다.[45] 많은 국가에서 유전상담사가 전문직으로 인정받기 위해 다양한 노력을 하고 있다. 1979년 설립된 미국유전상담사협회National Society of Genetic Counselors, NSGC는 매년 임상유전학, 유전상담, 심리·문화·윤리·법률 이슈 등을 주제로 컨퍼런스를 개최하고 학술지를 발간하는 등 교육 기회를 제공하기 위한 노력을 지속하고 있다.[46] 그리고 2006년 영국의 맨체스터에서 유전상담 프로그램 교육자들이 모여서 '유전상담을 위한 국제 연합 Transnational Alliance for Genetic Counseling, TAGC'이라는 모임을 결성하였고, 유전상담사들 간의 정보 교류와 교육을 강화하기 위한 노력을 하고 있다.[47] 전 세계의 유전상담 석사 교육 프로그램에 대한 정보를 홈페이지에서 확인할 수 있다.

2) 국내 유전상담사 자격 인증 제도 및 현황

미국과 유럽에서 유전상담이 발전할 수 있었던 것은 의학유전학 클리닉이 개설되면서 유전상담사가 필요했기 때문이다. 우리나라에서는 1990년대 미국에서 의학유전학 수련을 마친 전문의들이 의학유전학 클리닉을 개설하면서 전문 유전 의료서비스가 시작됐고 유전상담이 필요하다는 인식이 생기게 됐다. 1994년 김현주 교수가 아주대학교병원 유전학 클리닉을 개설하였고, 그 이후 1999년 서울아산병원 의학유전학 클리닉(유한욱 교수), 2003년 세브란스병원 임상유전과(이진성 교수) 등 여러 클리닉이 개설됐다.[48] 정부 차원에서도 지역의 희귀 질환자를 위해 2006년 거점 병원(인제대학교 부산백병원, 충남대병원, 화순전남대병원)을 지정하였고, 2022년 현재 중앙지원센터 1개, 권역별 거점센터 11개소가 운영되고 있다.[49]

유전상담사는 임상 증상, 가족력 등에 대한 정보를 통합하고, 가계도를 작성하고, 재발 위험도를 평가해 질환의 의학적·유전학적 정보를 설명할 수 있어야 한다. 또한 의료팀의 일원으로 유전상담 서비스에 참여하고, 사례 보고 및 논문 발표, 연구 참여, 대중과 전문가들의 교육뿐 아니라 문화의 다양성을 이해할 수 있는 능력도 요구된다. 이런 여러 능력을 기르기 위해 국제 기준에 맞는 교육이 필요해졌고, 이에 따라 2006년 아주대학교 의과대학 대학원 의학유전학과에 유전상담사 석사 교육 과정이 개설됐다.[50] 그 이후 2016년 건양대학교, 2018년 울산대학교, 2020년 이화여자대학교에 유전상담학 석사 과정이 개설돼 운영 중이다.

우리나라의 유전상담사 자격 인증 프로그램은 대한의학유전학회에서 주관하고 있으며, 2014년 연수 교육을 실시 후 2015년 제1회 유전상담사 자격 인증 시험이 시작되었고, 2022년 기준 53명의 유전상담사를 배출했다.[51] 유전상담사 자격 인증 시험의 응시 자격은 대한의학유전학회에서 인증한 석사 교육 프로그램을 이수한 후 필기 및 실기 시험을 통과해야 하고, 유전상담 로그북을 제출해야 한다.

우리나라는 외국에 비해 늦게 유전상담을 시작했고, 유전상담사도 부족한 실정이다. 유전상담이 의료서비스로 정착할 수 있도록 국가 차원의 지원이 필요하고, 유전상담사는 전문직으로서 자신의 역량을 개발하는 것이 중요할 것이다.

의료 현장에서의 유전상담[52]

환자와 가족이 유전상담을 위해 의학유전학센터를 방문하는 이유는 다양하다. 발달 지연, 선천성 기형 등의 증상으로 유전 질환이 의심되는 환자가 진단을 위해 내원하거나, 가계 내에 유전 질환을 진단받은 환자가 있어 가족 검사 또는 산전 검사를 위해 내원하기도 한다.

최근 유전자 검사 기법의 발전으로 산전 진단, 증상 발현 전 유전자 검사, 보인자 진단 등이 가능하게 되었고, 유전자 기술의 발달로 치료법도 개발되고 있다. 또한 종양 유전자 검사를 통해 유전성 암의 조기 진단과 예방 및 치료가 가능한 경우도 있으며, 패널 검사 panel test, 전장 엑솜 염기서열 분석whole exome sequencing, WES, 전장 게놈 염기서열 분석whole genome sequencing, WGS 등이 임상에서 환자의 진단을 위해 시행되기도 한다. 환자와 가족 대상의 유전자 검사 전후의 유전상담이 더욱 중요해지고 있다.

유전 질환 환자와 가족에게 유전상담을 제공할 때는 비지시적인 상담이 중요하다. 시모어 케슬러 박사는 비지시적인 유전상담을 의뢰인의 자율성을 증진시키고, 자발적으로 결정을 내리도록 하는 과정으로 정의했다.[53] 유전상담에서 비지시적 상담은 환자와 가족을 중심으로 그들의 자율성을 인정하며, 환자와 가족의 상황에 맞는 최선의 선택을 할 수 있도록 도와주는 것 등이 모두 포함되어 있다. 환자와 가족에게 그들의 질환과 관련된 의학·유전학 정보를 사실에 근거하여 정확하게 설명하고, 비밀을 보장하고, 충분한 설명에 근거한 동의를 통해 환자와 가족이 판단할 수 있도록 도와주어야 하며, 이때 상담사의 가치·판단·이념 등이 환자와 가족의 의사결정에 영향을 미치지 않도록 주의해야 한다.[54]

또한 유전상담사는 법적·윤리적인 문제와 관련하여 많은 고민을 하게 된다. 산전 검사로 태아가 유전 질환자로 진단된 경우, 성인기에 발병하는 질환에 대한 소아 대상의 유전 검사 등 다양한 법적·윤리적 문제에 부딪칠 수 있다. NSGC에서는 유전상담사가 윤리적인 문제에 직면했을 때 어떤 태도를 취해야 하는지에 대해 1992년 〈미국유전상담사협회 윤리강령NSGC code of ethics〉을 발표하였고, 그 내용을 업데이트하고 있다.[55] 국내에서는 인간과 인체유래물 등을 연구하거나 배아나 유전자 등을 취급하는 경우에 대해 〈생명윤리법〉을 통해 규범을 제시하고 있다. 유전상담 과정에서 환자와 가족의 자율성을 존중하며 법적·윤리적 측면을 고려한 비지시적 상담과 〈개인정보 보호법〉을 준수해야 할 것이다.

아래에서 의학유전학센터를 내원하는 유전 질환 환자와 가족에게 제공되는 유전상담과 그에 따른 윤리적 고려 사항에 대해 좀 더 자세하게 살펴보고자 한다.

1) 유전 질환의 진단 검사와 유전상담

대부분의 유전 질환은 신생아 또는 소아기에 다양한 임상 증상이 나타난다. 신생아와 소아를 대상으로 하는 검사는 유전성 대사 질환을 조기 진단하기 위한 신생아 선별검사와, 유전 질환을 확진하기 위한 진단 검사가 있다.

신생아 선별검사는 증상이 나타나지 않은 신생아에게 유전성 대사 질환을 조기 진단해 영유아 건강 증진과 장애 발생을 예방하기 위한 검사이다. 수백 종의 선천성 대사 이상 질환 중 신생아 선별검사로 선별되는 질환은 수십 종으로 대상 질환들은 조기에 진단받지 못해 치료 시기가 늦어진다면 신생아의 건강과 발달에 치명적인 영향을 미치게 된다. 대부분 조기 진단 시 치료가 가능하며 식이 조절 등을 통해 발병을 늦출 수 있다. 국내에서는 1991년 저소득층 신생아에게 페닐케톤뇨증과 선천성 갑상선기능저하증에 대한 선별검사가 시작됐고, 1997년 모든 신생아로 대상이 확대됐다.[56] 2006년부터 여섯 개 질환으로 확대되었고, 2018년 보험 급여화가 시행되면서 모든 신생아가 무료로 검사를 받고 있다. 검사를 진행할 때 유전상담사는 부모에게 신생아 선별검사 결과로 양성인 경우 재검사를 하고, 대사 이상 질환이 강력하게 의심된다면 추가 검사 및 확진 검사를 시행해야 한다는 것을 설명해야 한다.

진단 검사에는 발달 지연, 지적장애, 특징적인 외형, 선천성 기형 등의 임상 증상이 있는 경우에 확진을 위해 시행하는 염색체 검사, 유전자 검사, 패널 검사, 염색체 마이크로 어레이 분석 chromosomal microarray analysis, CMA 등이 있다. 신생아를 포함한 소아 환자의 경우 부모를 대상으로 검사 전후 유전상담을 제공해야 한다. 검사 전 유전상담에서는 부모에게 검사의 목적과 진행 과정, 나올 수 있는 결과, 결과가 의미하는 것, 검사로 인한 잠재적 이익과 위험, 결과 통보 방법을 설명해야 한다. 검사 후 유전상담에서는 검사 결과를 설명하고, 진단받은 질환의 임상 증상, 자연 경과, 치료와 관련된 선택 가능한 방법, 유전 방식, 위험도를 평가하여 가족 검사의 필요성 등을 설명한다. 이와 함께 유전 질환으로 진단받은 환자로 인해 가족이 경험할 수 있는 두려움·고민·부담감을 함께 나누고, 질환에 대한 교육과 필요한 의학적·사회적 지원을 받을 수 있도록 도와야 한다. 검사 전후 유전상담에서는 부모의 유전학에 대한 이해 정도를 파악해 설명해야 하고, 부모가 어떤 선택을 결정하든 그 선택을 존중해주는 것이 중요하다.

2) 보인자 검사와 유전상담

보인자란 특정 질병을 유발하는 유전자 변이를 가지고 있으나 정상의 표현형으로 증상이 나타나지 않는 사람을 의미한다. 하지만 보인자는 질병 유발 변이를 다음 세대로 전달해 환자인 자녀를 출산하거나, 생식세포 형성 과정에 영향을 미쳐 난임 또는 불임이 될 수 있다. 유전 질환으로 진단받은 가족력이 있는 경우 분자유전학 검사로 보인자 여부를 확인한다. 만일 염색체의 구조적 이상structural abnormality의 가족력이 있는 부부가 임신을 계획하고 있다면 세포유전학 검사를 통해 상호전좌reciprocal translocation나 역위inversion 등 염색체의 균형 구조적 이상balanced structural abnormality을 확인한다.

　이와 같이 유전 질환의 가족력이 있거나, 임신을 계획하고 있는 경우 유전상담 후에 유전학 검사를 진행하는 것이 바람직하다. 유전상담 과정에서 가족력을 확인해 유전 질환으로 진단받은 환자와의 관계를 파악하여 위험도를 평가하고, 진단받은 검사 결과를 확인해 정확한 진단명과 유전 방식을 확인하는 과정을 거친다. 보인자 검사는 유전상담을 통해 검사의 이익과 위험성, 한계, 검사의 비용과 검사 방법 등에 대해 환자·의뢰인이 충분한 이해와 동의를 한 경우에만 시행하도록 한다.

3) 산전 진단과 유전상담

산전 진단의 목적은 건강한 아이를 출산하기 위해 준비하려는 것뿐만 아니라 태아가 염색체 이상 질환 또는 유전 질환으로 진단이 됐을 때 부부가 그들의 상황에 맞는 준비를 잘할 수 있도록 도와주는 데 있다. 산전 진단은 태아에게 발생할 수 있는 심각한 합병증을 예측하고 태아 혹은 산모에 대한 신속한 처치를 통해 산모의 합병증과 태아의 출산 관련 합병증을 최소화하는 중요한 영역이다. 모든 임산부를 대상으로 하는 모체 혈청 선별 검사는 임신 초기와 중기의 임산부를 대상으로 태아의 선천성 기형과 유전성 질환 등에 위험이 높은 산모를 선별적으로 가려낼 수 있다. 그러나 모체 혈청 선별검사와 초음파 검사로 유전 질환과 기형 유무를 판별할 순 있으나, 이 검사의 결과가 정상으로 나왔다고 해도 태아의 염색체 이상 또는 유전 질환을 완전히 배제할 순 없다.

모체 혈청 선별검사 결과 고위험 산모인 경우, 초음파상 이상 소견이 있는 경우, 이전 임신에서 염색체 이상의 태아를 임신한 과거력이 있는 경우, 부부 중 한 명이 염색체 균형 전좌인 경우, 또는 유전 질환에 대한 가족력이나 병력이 있는 경우에는 태아의 기형 유무를 정확히 확인하고 진단하기 위한 확진 검사가 필요하다. 임신 10~13주에 시행하는 융모막 검사chorionic villus sampling, CVS 또는 융모막융모생검, 임신 15~20주에 시행하는 양수천자amniocentesis, AF 또는 양수 검사에서 얻어진 태아 세포를 이용하여 태아의 염색체 이상, 단일 유전자 이상 질환에 대한 진단이 가능하다. 최근에는 착상 전 유전자 진단PGD을 선택하는 경우가 증가하고 있다. PGD는 특정 유전 질환이나 보인자 혹은 염색체 이상의 가족력이 있는 부부가 체외수정을 통해 생성된 배아를 여성의 자궁에 이식하기 전에 유전 질환의 유무를 진단한 후 정상 배아를 선별해 이식함으로써 건강한 자녀를 낳을 수 있도록 하는 방법이다.

최근에는 모체 혈청 선별검사, 태아 DNA 선별 검사, 융모막 검사 또는 양수 검사와 같은 침습적 진단 검사, 정밀 초음파 검사, PGD 등 다양한 방법으로 산전 진단이 가능해지면서 임신 전·후 유전상담이 중요해졌다. 산전 유전자 검사는 부모에게 질병에 걸린 태아를 가질 가능성에 대한 적절한 설명, 검사 방법의 한계점, 시술 위험성, 검사 결과로 인한 잠재적 부작용 등에 대한 유전상담 후에 시행해야 하고, 검사 후에도 결과에 대한 충분한 유전상담이 이뤄져야 한다. 또한 윤리적·법적 측면을 고려하여 유전상담을 제공해야 한다. 〈생명윤리법〉 제50조 2항, 동법 시행령 제21조 별표 3, 그리고 보건복지부 고시 제2022-58호에서는 '배아 또는 태아를 대상으로 유전자 검사를 할 수 있는 유전 질환'을 정하고 있다. 법률에서 정한 유전 질환에서만 산전 진단이 가능하다는 것을 부부에게 설명하고, 부부의 가치관·신념·종교관에 따라 자율적인 의사결정을 할 수 있도록 돕는 비지시적인 유전상담을 제공해야 한다. 부부의 선택과 결정을 존중해 가장 좋다고 생각되는 상황으로 이끄는 것, 결과에 대한 스트레스를 최소화하는 방향으로 상담을 진행하는 것이 가장 중요할 것이다. 유전상담을 통해 질환에 대한 정확한 정보와 다양한 선택 방법을 제공하고, 문제에 대응할 수 있도록 돕고, 출산 전·후조기 치료를 가능하게 함으로써 태아의 향후 생존율과 삶의 질을 높이는 데 도움을 줄 수 있을 것이다.

4) 성인기에 발병하는 질환에 대한 발병 전 검사와 유전상담

헌팅턴병, 유전성 암 등 성인기에 증상이 나타나는 질환의 가족력이 있는 경우, 증상이 나타나기 전에 질병 유발 변이가 있을 위험이 있는 가족을 대상으로 검사를 하게 된다. 증상이 없는 대상자에게 유전자 검사를 시행하기 위해선 진단받은 환자의 유전자 변이를 확인해야 한다. 또한 성인기에 발병하는 질환의 경우 검사 결과에서 유전자 이상이 나타났다고 해도 반드시 증상이 발현하는 것은 아니므로 검사 전·후의 유전상담이 중요하다. 발병 전 유전자 검사는 유전상담을 받은 후 검사 대상자 본인의 자발적인 의사에 의해서만 시행돼야 한다.

특히 소아를 대상으로 성인기에 발병하는 질환에 대한 검사를 시행할 경우에는 특별히 주의해야 한다. 미국유전학회ASHG, 미국의학유전학회American College of Medical Genetics and Genomics, ACMG의 가이드라인에서는 성인기에 증상이 나타나는 질환을 예측하기 위한 소아 대상의 보인자 검사는 하지 않도록 하고 있고, 즉각적인 의학적 도움을 줄 수 있을 때만 시행하도록 권고하고 있다.[57] 또한 소아가 검사와 관련된 이익과 불이익, 검사의 한계를 평가할 수 있는 능력을 갖춰 충분히 정보를 받고 선택할 수 있을 때까지 검사를 보류해야 한다고 권고한다.[58] 만약 부모가 자녀의 보인자 검사를 원하는 경우 검사 전에 치료가 가능한 질환인지, 검사의 시기가 적절한지, 유전자 검사의 잠재적인 위험성과 이익, 사전 동의, 개인정보 보호 등을 포함한 충분한 유전상담이 제공되어야 한다.

5) 그 외 임상에서 경험하는 유전상담

유전학 및 유전체학 관련 기술의 발전과 유전 정보의 유용성에 대한 기대가 커지면서 유전자 검사에 대한 관심과 수요가 증가하고 있다. 앞으로 의료서비스와 정책의 변화로 유전상담에 대한 수요는 계속 증가할 것으로 판단된다.

아래에서는 신생아 유전자 선별검사, 환자의 검사 결과를 가족과 공유하는 문제, 검사 목적 이외의 이차적 발견secondary finding의 통보 문제, DTC 유전자 검사와 관련한 유전상담에 대해 살펴보고자 한다.

(1) 신생아 유전자 선별검사와 유전상담
최근 신생아를 대상으로 하는 마이크로 어레이 분석, 차세대 염기 서열 분석next generation sequencing, NGS 등 유전자 선별검사가 점차 다양해지고 있다. 신생아 대상의 유전자 선별검사는 지적장애, 발달 지연, 자폐, 윌슨병, 주의력결핍과잉행동장애ADHD, 난청, 아토피, 천식, 알레르기 비염 등과 관련된 유전자 이상을 알아내는 것이다.

부모는 자녀의 건강에 대한 불안을 해소하기 위해 유전자 선별검사를 하는데, 자녀의 선별검사 결과가 '적합'으로 나오면 유전 질환의 위험이 없고 건강하다고 믿게 된다. 하지만 유전자 선별검사에서 '적합'이라는 결과가 모든 유전 질환의 위험에서 벗어나 있다는 걸 의미하는 것은 아니다. 만일 검사 결과에서 보인자 또는 양성이라고 나왔을 때는 확진 검사가 필요하다. 또한 검사 전·후 정확한 정보가 제공되지 않는다면 부정확한 이해로 인해 자녀(환자)가 보험·교육·고용 등의 영역에서 사회적 차별이나 불이익을 받을 수도 있다.

따라서 부모에게 신생아를 대상으로 하는 유전자 선별검사의 결과가 임상적으로 유용한가에 관한 확인, 검사의 효율성과 타당성에 대한 전문가의 판단 및 검사 내용에 대한 정확한 설명, 검사의 결과가 의미하는 것, 결과가 양성으로 나왔을 때 확진 검사가 필요하다는 것 등에 대한 유전상담을 반드시 제공해야 한다.

(2) 가족 검사와 유전상담

유전자 검사로 얻어진 정보는 환자 본인의 진단뿐만 아니라, 가족에게 발병할 수 있는 질환을 예방하거나 치료하는 데 도움이 될 수 있다. 그러나 유전 질환으로 진단받은 환자의 유전 정보를 가족과 공유해야 할 때는 신중하게 고려해야 한다. 환자의 유전 정보 외에도 유전상담 과정에서 알게 된 가족력, 가계의 정보, 유전학 검사 결과 등에 대한 정보 보호를 위해 세심한 주의가 필요하다. 미국의사협회와 미국유전상담사협회는 의료윤리 강령에 개인 식별이 가능한 유전 정보를 환자가 직접 공개하거나 법에 의한 공개가 아닌 경우를 제외하고는 환자의 동의가 없거나 환자가 반대하는 경우 공개하는 것을 허용하지 않으며, 의료인은 유전 정보를 포함한 환자의 의학 정보를 보호할 의무가 있다고 제시했다.[59]

그렇다면 법적으로 개인정보를 보호하기 위해 유전 질환에 대한 위험이 있는 가족·친척에게 정보를 공개하지 않는 것은 윤리적으로 문제가 없는 것일까? 1998년 ASHG는 환자의 정보에 대한 비밀 유지는 반드시 지켜져야 하지만, 예외 조건으로 가족에게 유전 정보를 알리지 않아 심각하고 예측 가능한 손해가 발생할 가능성이 높은 경우, 유전될 위험도가 높은 가족·친척이 누구인지 알 수 있는 경우, 유전 질환이 예방·치료가 가능하거나 조기 관찰로 유전 질환의 위험도를 낮출 수 있다는 의학적으로 입증된 방법이 있는 경우에는 환자의 유전 정보를 해당 가족에게 공개하는 것을 고려해야 한다고 발표했다.[60]

국내에서는 〈생명윤리법〉과 〈개인정보 보호법〉에 따라 환자의 유전 정보를 비밀로 보호해야 한다. 하지만, 위험도가 높은 가족에게 그 정보를 알리기 위해 노력해야 할 의무도 있다. 법적으로 환자의 동의 없이 환자의 유전 정보를 가족에게 알리는 것이 허용되지 않으므로, 유전상담 시 가족의 위험에 대해 환자에게 경고하고 환자가 직접 가족에게 알릴 수 있도록 해야 할 것이다. 만약 환자가 유전 정보를 가족에게 공유하는 것을 원하지 않는 경우 환자의 의사를 존중하되, 유전자 검사에 대한 이해도, 심리적 부담감, 가족에게 알리기 어려운 이유 등을 확인하여 상담을 통해 해결이 가능한지, 가족 검사의 중요성을 이해하고 있는지 등을 확인하는 과정이 반드시 필요하다. 환자의 유전 정보가 가족에게 영향을 미칠 수 있다는 점, 가족 검사의 장단점 및 한계점, 가족 검사를 하지 않았을 때의 선택에 대해 충분한 유전상담을 제공해야 한다.

(3) 이차적 발견의 통보와 유전상담

최근 차세대 염기서열 분석법의 도입 및 발달로 WES 또는 WGS를 활용해 다양한 질환과 관련된 유전자를 동시에 분석할 수 있게 됐다. 사람의 유전자를 한 번에 분석하는 WES는 유전자의 구성 요소인 엑손과 인트론 중 각 유전자의 엑손 부분만 검사하는 것이고, WGS는 둘을 모두 검사하는 방법이다. 이 검사들은 최근 검사의 비용이 감소하고, 진단까지 걸리는 시간이 단축된다는 장점으로 임상에서도 유전 질환의 진단을 위해 사용이 증가하고 있다. 그러나 WES 또는 WGS로 사람의 전체 유전자의 염기서열을 다 읽어낼 순 있지만, 이를 분석하는 것에는 아직 한계가 있다. 침투도가 높지 않은 유전자 또는 질병과의 연관성이 명확히 밝혀지지 않은 유전자가 포함돼 있거나, 미분류 변이가 다수 발견될 가능성 등이 있기 때문이다. 또한 검사 목적 외에 추가로 발견되는 이차적 발견을 어떻게 해석하고 보고할 것인지 등 결과를 환자에게 알려주는 것과 관련된 문제가 중요한 이슈로 대두되고 있다. 미국의학유전학회에서는 2013년부터 이차적 발견 시 보고해야 할 유전자 목록을 발표하였고, 목록은 계속 업데이트되고 있다.[61]

의료인은 검사의 목적 이외의 이차적 발견에 대한 정보를 알게 되는 경우, 이런 사실을 알릴 것인지 알리지 않을 것인지에 대해 신중히 고려해야 한다. 유전학 전문의와 유전상담사는 검사 전 상담에서 WES 또는 WGS로 환자의 원인 유전자를 모두 확인할 수 있는 것이 아니고, 검사의 결과로 검사의 목적 이외의 이차적 발견을 할 수 있다는 것을 설명해야 한다. 어떤 환자들은 현재 보이는 증상에만 집중하기를 원한다. 다른 새로운 질환에 대한 것은 알고 싶지 않거나, 또는 현재 겪고 있는 증상만으로도 힘들기 때문에 다른 질환을 미리 알게 되는 것에 불안과 부담을 느끼기 때문이다. 또 유전학 검사로 진단을 받더라도 유감스럽게도 아직 치료법 또는 예방법이 없는 경우가 많다는 현실적 문제도 있다. 이차적 발견은 환자 또는 검사를 의뢰했던 개인에 속하는 것이므로 우연히 발견된 정보라 할지라도 환자의 자율성에 의거해 그들의 선택에 따라야 한다. 환자가 정보를 알 권리도 있지만, 모를 권리도 마찬가지로 중요하므로 환자는 상담을 통해 이차적 결과를 통보받는 것과 관련해 합리적인 의사결정을 내릴 수 있을 것이다. 유전상담사는 이차적 발견을 통보할 것인지와 관련해 환자가 이익과 불이익을 충분히 이해하도록, 그런 이해를 바탕으로 합리적으로 선택할 수 있도록 유전상담을 제공해야 할 것이다.

(4) DTC 유전자 검사와 유전상담

소비자 대상 직접Direct-To-Consumer, DTC 유전자 검사는 소비자가 의료기관을 거치지 않고 유전자 검사를 할 수 있는 서비스다. 국내에서는 2015년 12월 〈생명윤리법〉이 개정되고, 2016년 6월 〈의료기관이 아닌 유전자 검사기관이 직접 실시할 수 있는 유전자 검사 항목에 관한 규정〉(보건복지부 고시 제2016-97호)이 제정돼 의료기관이 아닌 유전자 검사 기관이 일부 유전자 검사 서비스를 소비자에게 직접 제공할 수 있게 됐다.[62] 최근 DTC 유전자 검사는 검사 비용이 비교적 저렴하고, 온라인 등에서 홍보되면서 소비자가 쉽게 접할 수 있게 됐다.

DTC 유전자 검사로 유전적 질병 발생의 고위험군을 선별할 수 있고, 개인의 생활 습관과 환경적 요인 교정, 미래 개인과 가족의 건강 설계에 도움이 되는 긍정적인 점도 있을 것이다. 하지만 검사 이후에 제공되어야 하는 치료나 상담으로 연결되지 않는다는 것과 검사 결과 해석에 대한 지침이 부족하여 무분별한 의학적 결정으로 이어질 위험에 대한 우려가 존재한다.

DTC 유전자 검사에 따른 윤리적·사회적 문제들에 대처하기 위해 검사 전·후 유전상담 과정이 포함돼야 마땅하다. 유전상담은 소비자에게 유전자 분석 결과(유전자 검사의 임상적 타당성, 분석적 타당성, 결과의 의미)를 이해시키고, 불필요한 불안감이나 경제적 부담 등을 경감하는데 도움이 될 것이다. 앞으로 DTC 유전자 검사는 더욱 다양해질 것이다. 법적·윤리적·사회적 균형을 맞출 수 있는 관리 방안과 함께 유전상담이 제공될 수 있도록 제도의 정착이 요구된다.

유전상담의 미래와 전망

유전 질환은 다양한 임상 증상, 발달 지연, 지적장애 등 만성화되는 질환으로, 환자뿐 아니라 가족 전체에 영향을 미쳐 그들은 심리적·신체적·경제적·사회적 부담감을 경험하게 된다. 유전상담사는 질환에 대한 의학·유전학 지식을 제공하고, 사회적·경제적 상황 등 다양한 측면을 고려하여 부담감 경감, 가족 적응, 삶의 질 향상을 위한 다각적인 지원을 제공할 수 있어야 한다. 이를 위해 유전상담사는 개인의 발전과 전문성 개발을 위해 문헌을 찾고, 컨퍼런스에 참여하며, 동료와 정보를 교류하고, 연구에 참여하는 등 끊임없이 노력하는 것이 중요하다. 우리나라는 1990년대 후반부터 유전상담의 중요성과 필요성이 강조됐지만, 유전상담을 받을 수 있는 의료기관의 숫자와 유전상담사를 만날 수 있는 기회가 여전히 부족하다. 외국의 유전상담사는 임상을 포함한 다양한 분야에서 많은 역할을 담당하고 있지만, 우리나라에서 유전상담 서비스는 비교적 새로운 분야이고, 유전상담사가 전문직으로 자리 잡기 위해선 제도와 인식의 변화가 필요하다. 비록 미국이나 유럽보다 늦었지만, 우리나라에서도 2014년을 시작으로 대한의학유전학회의 유전상담사들이 배출되기 시작했다. 최근 국내 의료서비스로서의 유전상담 시스템을 도입하기 위해 유전상담료 산정 도입, 유전상담사 인증을 위한 노력이 계속되고 있다. 유전상담 서비스 도입으로 사회적 인식의 변화를 이끌고 유전상담사가 전문성을 인정받을 수 있도록 개척해가는 과정이 필요할 것이다. 우리나라

의료 현장에서 유전상담이 의료서비스로서 정착할 수 있고, 유전상
담사가 전문직으로 영역을 확장해나갈 수 있도록 국가 차원의 지원
이 함께 이뤄져야 할 것이다.

11

빅데이터 시대,
건강정보 관련 법제의
현재와 미래[1]

+ 이서형

영화 〈엘리시움〉은 2154년 황폐해진 지구와 1퍼센트의 선택받은 인간이 이주해 살고 있는 행성 엘리시움을 배경으로 한다. 버려진 행성 지구에서 딸의 백혈병을 치료하지 못하고 전전긍긍하던 여성은 최첨단의 기술 문명을 누리는 엘리시움으로의 탈주를 감행한다. 그녀는 딸을 데리고 개인 맞춤형 치료가 가능한 정밀의료precision medicine[2] 기기가 설치된 어느 저택에 들어간다. 여성은 치료에 대한 기대를 안고 정밀의료 기기 위에 딸을 뉘였으나, 엘리시움에 거주하는 선택받은 자들에게만 적용되는 기기로는 딸을 치료하는 것이 불가능하다.

이 영화는 지금으로부터 약 130년 후를 배경으로 하여, 개인 맞춤형으로 질병에 대한 예방·진단·치료 서비스를 제공하는 미래 의료의 모습을 보여준다. 그러나 현실에서는 이미 수십 년 전부터 정밀의료를 위한 연구가 본격 진행되어왔다. 1990년 인간 유전체 염기서열의 완전 해독을 목표로 '인간 유전체 프로젝트Human Genome Project'가 시작되었고, 프로젝트의 진행에 따라 유전 정보를 분석하면 질병을 정복할 수 있다는 기대가 고조되었다.[3] 그러나 이러한 기대는 점차 유전 정보만으로는 질병을 예방·진단·치료하는 데 한계가 있다는 인식으로 변화했다. 인간의 유전체뿐만 아니라 식습관, 생활 습관 등 모든 질병 발생 요인에 대한 분석이 필요하다는 생각에 이른 것이다. 그에 따라 유전 정보, 식이 정보, 생활 습관 정보 등 가능한 한 개인의 건강에 관한 수많은 정보를 수집·분석하고자 하는 학계·산업계의 움직임이 활발해졌다. 정보통신ㅠ 기술의 발달은 이처럼 대규모로 정보를 수집·분석하는 것을 가능하게 하고 있다.

이와 같은 학계·산업계의 요구에 따라, 정부는 건강정보를 포함한 개인에 관한 정보를 가능한 한 정보주체의 동의 없이 광범위하게 수집하고 이를 다양한 목적으로 보다 자유롭게 이용할 수 있도록 하는 법제를 마련 중이다. 특히 지난 2020년 〈개인정보 보호법〉이 전면 개정되면서, 개인정보처리자는 정보주체의 동의 없이 통계 작성, 과학적 연구, 공익적 기록보존 등의 목적[4]을 위해 개인정보를 가명처리하여 이용할 수 있게 되었다. 여기서 가명처리란 개인정보의 식별 가능성을 낮추는 비식별 처리 중 하나로, "개인정보의 일부를 삭제하거나 일부 또는 전부를 대체하는 등의 방법으로 추가 정보가 없이는 특정 개인을 알아볼 수 없도록 하는" 개인정보의 처리를 의미한다.[5] 특히 동법에 따르면, 개인정보처리자는 정부가 지정한 전문 기관을 통해 동일 정보주체에 관한 수많은 개인정보를 빅데이터로 결합한 후, 이를 가명처리하여 이용할 수 있다.[6] 나아가 같은 해 9월, 보건복지부와 개인정보보호위원회에서 발표한 〈보건의료데이터 활용 가이드라인〉에 따르면, 개인의 프라이버시와 밀접한 관련이 있는 건강정보 역시도 동일 정보주체에 관한 개인정보 중 하나로서, 정보주체의 동의 없이 통계 작성, 과학적 연구, 공익적 기록보존 등의 목적을 위해 다른 개인정보와 함께 결합되어 처리될 수 있다.[7] 이처럼 〈개인정보 보호법〉의 개정에 따라, 개인의 프라이버시[8]와 밀접한 정보인지 여부를 불문하고 건강정보를 포함한 가능한 한 수많은 정보가 정보주체의 동의 없이 빅데이터로 결합되어 과학적 연구 등 포괄적 목적을 위해 처리될 수 있게 되었다.

그러나 위와 같이 기술의 발달 및 그에 따른 법·제도의 변화에 따라, 사전 동의의 제공 없이 빠른 속도로 자신에 관한 정보가 수집·분석되게 된 정보주체는 점차 자신의 정보가 처리되는 과정과 그 결과에 대해 예측·통제하는 것이 어려워지고 있다. 특히 생명의료 분야의 연구에서는 건강정보와 같이 프라이버시와 밀접한 관련이 있는 민감정보가 처리되는데, 이러한 정보가 다양한 경로를 통해 수집·결합되어 분석될 경우에는 정보주체가 의도하거나 예측하지 못한 방향으로 개인의 정체성과 삶의 내밀한 측면까지 드러나는 문제가 발생할 수 있게 된다. 무엇보다 이러한 연구의 성과가 임상에 적용되기 위해서는 개인정보의 처리 과정이 제품과 서비스의 개발 단계까지 이어져야 하는데, 이는 민감정보인 건강정보가 부지불식간에 공익적·공공적 목적을 넘어 산업적·상업적 목적으로까지 처리될 수 있음을 의미하는 것이다.

이처럼 데이터 처리의 가속화에 따라 자신도 모르는 사이에 내밀한 영역에 이르는 자신의 정체성과 삶이 드러나고, 그에 따라 미래의 선택이 개인정보처리자에 의해 비자발적으로 통제될 수 있는 상황에서, 이제는 우리 사회가 머리를 맞대고 어떻게 정보주체가 신뢰할 수 있는 개인정보 관련 법·제도와 그를 포함한 전체 법체계를 구축할 것인지 고민이 필요한 시점이다. 아래에서는 관련하여 최근 중요하게 변화한 법제인 〈개인정보 보호법〉과 〈보건의료데이터 활용 가이드라인〉의 내용을 비판적으로 검토하고자 한다. 그리고 이와 더불어 데이터 처리의 또 다른 줄기인 '마이데이터My Data 사업'에 관해 개괄적으로 살펴볼 것이다. 향후 이 두 줄기는 개인정보 처리의 큰 틀 안에서, 정보주체의 동의를 받거나 받지 않고 연구 등의 2차적 목적을 위해, 정보주체로부터 직접 수집한 라이프로그lifelog 정보까지 포함하는 수많은 정보를 활용할 수 있도록 밀접하게 연계될 것이다. 이와 같은 법제가 공동체 구성원의 프라이버시 보호, 나아가 자율적인 정체성과 삶의 형성까지 고려하는 가운데 마련될 수 있도록, 개인정보 관련 법체계가 어떻게 재정립돼야 할 것인지 고찰하고자 한다.

가명처리 개념의 도입: 〈개인정보 보호법〉 및 〈보건의료데이터 활용 가이드라인〉

〈개인정보 보호법〉은 인공지능, 클라우드, 사물인터넷IoT과 같은 IT

기술을 활용한 신산업을 육성한다는 목적에서, 기술의 활용에 따라 발생할 수 있는 프라이버시 침해 등의 문제에 대응할 수 있도록 개인 정보처리자의 의무 등을 강화하는 내용으로 2020년 개정되었다. 건강정보와 같은 민감정보 역시 개인정보에 해당하므로, 〈개인정보 보호법〉에서 규정하는 개인정보 처리 원칙을 준수해야 한다. 다만 〈개인정보 보호법〉에 따른 개인정보 처리 원칙을 준수하는 것과는 별개로, 건강정보는 개인의 프라이버시와 밀접하게 연관되는 민감정보로서 그 처리에 관해 특별하게 규정하는 〈의료법〉, 〈생명윤리법〉 등의 특별법에 우선적으로 적용받아야 한다. 이를 유념하면서, 아래에서는 개인정보 처리에 관해 일반적으로 규율하는 〈개인정보 보호법〉의 주요 개정 내용을 살펴보기로 한다.

1) 개인정보 관리·감독 체계의 강화

2013년 발표된 OECD의 개인정보 보호 방침 관련 보고서인〈OECD 프라이버시 프레임워크The OECD Privacy Framework〉는 IT 기술의 발달에 따라 데이터가 빠르고 방대한 범위에서 처리되며 프라이버시의 위험성이 증대되는 현실을 반영해, OECD가 기존에 제시했던 프라이버시 8원칙[9] 중 책임의 원칙을 강화하는 새로운 규제의 틀을 제시했다. 책임의 원칙은 위 프라이버시 원칙을 준수해야 할 개인정보처리자의 책임을 강조하는 원칙으로, OECD는 데이터의 이용은 활성화하되 그에 따라 발생하는 위험성을 관리하는 방향으로(risk-based) 개인정보

법체계의 틀이 변화되어야 함을 제시했다.[10]

우리나라의 〈개인정보 보호법〉도 이러한 흐름에 맞춰, 개인정보
처리자의 의무를 일부 강화하는 한편, 강화된 의무를 준수할 수 있도
록 개인정보의 처리를 관리·감독하는 개인정보보호위원회의 조직·
기능 등에 관한 규정을 정비하는 내용으로 개정되었다. 구체적으로
감독당국인 개인정보보호위원회가 국무총리 산하 독립적인 기구로
재편되었고, 그 권한과 역할이 강화되었다.[11] 다만, 건강정보의 처리
에 관한 관리·감독 체계는 아직 정립조차 되지 못한 상황이다. 민감
정보에 해당하는 특성을 고려하는 가운데 건강정보 관련 체계 역시
변화의 흐름에 맞춰 정립될 필요가 있다. 이에 관해서는 후술하기로
한다.

2) 개인정보처리자의 책임 강화

개정된 〈개인정보 보호법〉은 개인정보처리자로 하여금, 특히 가명정
보를 처리함에 있어 해당 정보가 분실·도난·유출·위조·변조·훼손
되지 않도록 안전조치를 취하도록 하고, 특정 개인을 알아보기 위한
목적으로는 가명정보를 처리할 수 없도록 금지 의무를 부과하는 등
개인정보처리자의 개인정보 보호 책임을 강화했다. 그리고 이를 위
반한 자에 대해서는 전체 매출액의 100분의 3 이하에 해당하는 금액
까지 과징금을 부과할 수 있도록 했다.[12] 이는 OECD가 강조했던 바
와 같이, 개인정보처리자의 책임을 강화하는 규제 변화의 흐름을 반

영한 것이다.

이번 〈개인정보 보호법〉 개정에는 EU의 〈일반 개인정보 보호 규정General Data Protection Regulation, GDPR〉이 중요하게 반영되었다. 그러나 GDPR은 개인정보를 가명처리하는 경우뿐만 아니라, 개인정보를 처리하는 모든 경우에 있어 개인정보 보호 의무[13]를 위반하는 개인정보처리자에 대해 최대 2,000만 유로(약 265억 원) 이하 또는 직전 회계연도의 전 세계 연간 총 매출액의 4% 이하 중 높은 금액을 과징금으로 부과하도록 하는 등 책임을 강화한 반면,[14] 우리나라 〈개인정보 보호법〉은 살펴보았듯이 가명정보를 처리하는 경우에 한해서만 개인정보처리자의 의무 및 위반 시 제재를 강화하는 규정을 마련했다.[15] 이처럼 〈개인정보 보호법〉은 책임의 원칙을 강조하는 규제 틀의 변화를 가명처리의 경우에 한정하여 반영하는 한계를 보이고 있다.

3) 가명처리에 관한 특례 규정 신설

이번 〈개인정보 보호법〉 개정에서는 가명처리 개념을 도입하면서 관련 특례 규정을 신설했다.[16] 전술한 바와 같이 보건복지부와 개인정보보호위원회는 위 규정의 신설에 따라 건강정보 역시 가명처리하여 이용할 수 있도록 그 필요성 및 목적, 법적 근거, 적용 범위, 처리 원칙 등의 내용을 담은 〈보건의료데이터 활용 가이드라인〉을 발표했다.

그러나 전술했듯이 건강정보와 같은 민감정보에는 개인정보 처리에 관한 일반법인 〈개인정보 보호법〉에 우선해, 그 특성을 고려하여 특별하게 마련된 법률들이 적용되어야 한다. 그럼에도 불구하고, 〈개인정보 보호법〉의 개정에 따라 〈의료법〉, 〈생명윤리법〉과 같은 특별법 대신 위 가이드라인이 건강정보의 처리에 우선 적용되고 있다. 나아가 위 가이드라인은 명시적으로 〈개인정보 보호법〉의 위임을 받은 지침이 아니어서 법적 구속력 또한 없다. 이처럼 건강정보 처리에 관한 기존 법체계를 형해화하면서까지 위 가이드라인을 우선 적용하는데 대해 지속적으로 문제가 제기되고 있다. 그에 따라 최근에는 건강정보를 가명처리할 수 있도록 법적 근거를 마련하기 위해 특별법을 제정하려는 움직임도 가시화되고 있다.[17] 그렇다면 건강정보의 가명처리 관련 법·제도는 어떻게 마련되어야 할까? 이에 관해 고찰할 수 있기 위해서는 우선 가명처리가 무엇인지, 〈개인정보 보호법〉에서 새롭게 도입한 가명처리 관련 규정의 내용이 어떠한지, 해당 특례 규정을 통해 과연 정보주체의 프라이버시, 정체성 및 삶이 보호될 수 있는지 알고 고찰할 수 있어야 한다.

〈개인정보 보호법〉상 가명처리 특례 규정은 GDPR 제89조의 가명처리 규정을 반영하여 신설되었다. GDPR은 가명처리를 "추가 정보의 사용 없이는 더 이상 특정 정보주체에게 귀속될 수 없는 방식으로 수행된 개인정보의 처리"로 정의한다.[18] 이때 '추가 정보'란, 가명처리한 정보와 결합하여, 가명처리한 정보를 식별된 또는 식별 가능한 자연인에게 귀속할 수 있는 정보이다. 이러한 추가 정보를 통해 정보주체가 식별되지 않도록, 개인정보처리자는 이를 개인정보로부터 안전하게 분리·보관하기 위한 기술적·관리적 조치를 취해야 한다.[19]

이와 같은 가명처리는 GDPR 제89조에 따르면 '데이터 최소화의 원칙principle of data minimisation'[20]을 준수할 수 있는 안전조치 중 하나에 해당한다. 즉, 안전조치인 가명처리를 통해 공익적 기록보존 목적, 과학적·역사적 연구 목적, 통계적 목적을 달성할 수 있는 경우에 비로소 개인정보처리자는 정보주체의 동의 없이 개인정보를 처리할 수 있는 것이다. 다만, 정보주체를 식별하지 않거나 식별 가능성이 없도록 하는 익명처리에 의해서도 위와 같은 목적을 달성할 수 있는 경우에는 가명처리한 정보보다 식별 가능성이 낮은 익명처리한 정보를 우선적으로 이용해야 한다.

〈개인정보 보호법〉은 위와 같은 GDPR의 규정을 반영하여 가명처리 개념을 정의하면서, 개인정보처리자가 정보주체의 동의 없이 가명처리한 개인정보를 통계 작성, 과학적 연구, 공익적 기록보존 등의 목적을 위해 이용할 수 있도록 하는 가명처리 특례 규정을 신설한 것이다.[21] 그러나 이와 같은 동법상 가명처리 특례 규정이 정보주체를 포함한 우리 공동체 구성원의 프라이버시, 나아가 자율적인 정체성 및 삶의 형성 가능성을 보호하기에 충분한지에 관해서는 비판적으로 검토할 필요가 있다. 이에 관해 아래에서 자세히 살펴보기로 한다.

4) 〈개인정보 보호법〉상 가명처리 특례 규정의 문제점

〈개인정보 보호법〉상 가명처리 특례 규정의 문제는 첫째, 앞서 검토한 가명처리가 개인정보 처리에 있어 갖는 의의, 즉 데이터 최소화의 원칙을 준수하기 위한 안전조치 중 하나에 해당한다는 점을 규정하지 않았다.[22] 둘째, 동법은 개인정보를 가명처리해 이용할 수 있는 목적 범위를 GDPR과 같이 한정 열거하지 않고, "통계 작성, 과학적 연구, 공익적 기록보존 '등'"으로 열어두어 광범위한 목적을 위해 처리될 수 있는 가능성을 남겼다. 셋째, 동법은 개인정보보호위원회나 관계 중앙행정기관의 장이 지정하는 전문 기관을 통해 서로 다른 개인정보처리자가 보유하는 동일 정보주체의 개인정보를 가명정보로 결합하여 활용할 수 있도록 법적 근거를 마련했다. 구체적으로 개인정보보호위원회가 제정한 〈가명정보의 결합 및 반출 등에 관한 고시〉에 따른 결합키관리기관[23]을 통해 동일 정보주체에 관한 수많은 개인정보가 결합되어 처리될 수 있게 되었다. 정리하면, 이와 같이 결합되어 가명처리된 개인정보는 전술한 것처럼 해당 정보주체의 동의 없이 빅데이터의 형태로 결합되어 통계 작성, 과학적 연구, 공익적 기록보존 등 다양한 목적을 위해 이용할 수 있게 되었다. GDPR 제89조를 따를 때에도 가명처리한 개인정보는 정보주체의 동의 없이 공익적 기록보존, 과학적·역사적 연구, 통계적 목적을 위해 개인정보처리자 자신이 이용하거나 제3자에게 제공할 수 있다. 그러나 동일 정보주체에 관한 개인정보를 정보주체로부터 동의를 획득하지 않고 일괄적으로 빅데이터의 형태로 결합하여 처리할 수 있도록 허용하지는 않는다. GDPR 제89조에 따른 가명처리는, 살펴보았듯이 어디까지나 데이터 최소화의 원칙을 준수하여 정보주체의 자유와 권리를 보장하는 안전조치에 해당해야 하기 때문이다.

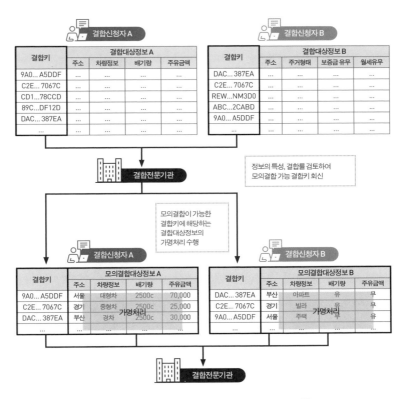

[그림 1] 〈개인정보 보호법〉에 따른 가명정보의 결합 절차[24]

　나아가 넷째, 〈개인정보 보호법〉은 이처럼 빅데이터로 결합한 가명정보를 마케팅 기업이나 그 밖의 사적 기업에 의한 "시장 조사와 같은 상업적 목적의 통계 처리", "새로운 기술·제품·서비스 개발 등 산업적 목적"을 위한 과학적 연구, "기업 등이 수행하는" 과학적 연구 등과 같이 산업적·상업적 목적을 위해 이용할 수 있도록 했다.

다섯째, 무엇보다 〈보건의료데이터 활용 가이드라인〉에 따르면 개인정보처리자는 건강정보까지도 정보주체의 동의 없이 빅데이터로 결합하여 이용할 수 있다. 건강정보와 같은 민감정보 역시 정보주체에 관한 수많은 개인정보와 결합하여 해당 정보주체의 동의 없이 산업적·상업적 목적을 위해 이용할 수 있게 되는 것이다.

여섯째, 〈개인정보 보호법〉 제28조의7에 따르면 가명정보를 처리하는 경우 정보주체는 자신의 개인정보 처리에 대해 자율적으로 결정할 수 있는 개인정보의 열람, 정정·삭제, 처리 정지 권리[25] 등을 일괄 행사할 수 없다. 그러나 GDPR 제89조에 따르면 가령 과학적·역사적 연구나 통계적 목적을 위해 개인정보를 가명처리하여 이용하는 경우에도, 정보주체의 접근권(열람권), 정정권, 처리 제한권 및 반대권이 ① 처리 목적의 달성을 불가능하게 하거나 중대하게 손상시킬 것으로 예상되고, ② 이와 같은 목적을 달성하기 위해 반드시 필요한 때에 한하여 해당 권리의 적용이 제한_{derogation}될 수 있다. 이 경우에 법률에 의해 개인정보 처리의 조건이 규정되고 안전조치가 마련되어야 한다.[26] 반면 우리나라 〈개인정보 보호법〉은 권리 제한의 필요성과 불가피성에 대한 평가 없이 가명정보를 처리할 때 정보주체의 권리를 일괄 제한할 수 있도록 했다.

나아가 우리나라 〈개인정보 보호법〉에 따르면, 개인정보의 최초 수집 시 개인정보처리자로부터 가명처리에 관한 상세한 정보를 제공받을 권리 또한 보장되지 않는다. 정보주체는 건강정보를 포함한 개인정보의 가명처리에 관해 구체적인 처리의 내용 대신 개인정보처리

방침에 명시된 "가명정보 처리의 목적, 가명정보의 처리 및 보유 기간, 가명정보의 제3자 제공에 관한 사항, 가명정보 처리의 위탁에 관한 사항, 처리하는 가명정보의 항목, 가명정보의 안전성 확보 조치에 관한 사항 등" 제한된 범위의 정보를 개괄적으로 확인할 수밖에 없다.[27] 그에 따라 정보주체는 자신의 정보가 가명처리되는지조차 알지 못하는 상태에서 그 처리에 관해 자율적으로 결정할 수 있는 기회마저 원천 봉쇄된다.

건강정보 관련 법체계 재정립을 위한 제언

기술적·사회적 변화에 따라 개인정보처리자의 개인정보 보호 책임이 강화되고 감독당국의 권한·기능이 정비되며 가명처리 규정이 도입되는 등 관련 법체계가 변화하고 있는 상황이다. 그러나 살펴보았듯이 이와 같은 법체계의 변화로는 정보주체에 관한 수많은 정보를 빠른 속도로 방대한 범위에서 처리하면서 발생할 수 있는 프라이버시 침해와 자율적인 정체성 및 삶의 형성을 어렵게 하는 문제 등에 적절히 대응하기 어려운 것으로 보인다. 삶의 내밀한 영역과 보다 밀접한 관련이 있는 건강정보의 처리에 있어서는 더욱 그러하다. 따라서, 관련 법체계를 변화의 흐름에 맞춰 재정립할 필요가 있다.

이를 위해서는 구체적으로 다음의 사항이 고려될 수 있어야 한다. 첫째, 개인정보 개념 및 식별 가능성 기준의 정비.[28] 둘째, 비식별 처리 개념 및 처리 목적·기준 등의 정비. 셋째, 개인정보처리자의 책임 강화 및 감독당국의 권한·역할 정비. 넷째, 개인정보의 민감성, 최초 수집 목적과의 양립 가능성 등을 고려한 개인정보 처리 목적·범위 등의 제한. 다섯째, 정보주체의 알 권리(개인정보 처리에 관한 상세한 정보를 제공받을 권리, 열람권 등), 통제권(정정·삭제권, 반대권, 처리 제한권, 개인정보 이전권 등) 등 자기결정권의 보장 및 권리 보장이 어려운 경우 대안과 안전조치의 마련 등. 여섯째, 정보주체를 포함한 공동체 구성원의 참여를 통한 법체계의 재정립 등. 아래에서는 이 중 건강정보 관련 법체계의 재정립과 관련하여 제언하고자 한다.

1) 개인정보, 비식별 처리 등 기존 법률 규정 정비

건강정보 법체계를 재정립하기 위해서는 위에 제시한 고려 사항을 반영하여 기존 법률을 정비하는 것이 우선적으로 필요하다. 기존 법률은 정비하지 않은 채 그때그때 새로운 법률을 제정하는 누더기식 법체계 재정립으로는 장기적인 관점에서는 프라이버시 보호는 물론 개인정보의 활용까지 도모하기 어렵다. 앞서 살펴보았듯이 법적 구속력이 없는 〈보건의료데이터 활용 가이드라인〉의 적용으로 〈생명윤리법〉, 〈의료법〉 등 기존 법률들이 형해화되고 있는 현실이 이를 방증한다. 그 과정에서 연구대상자, 인체유래물 기증자, 환자 등의 권리도 적절하게 보장받지 못하고 있음은 물론, 변화한 법·제도 아래에서 건강정보를 어떻게 처리해야 하는지 학계·산업계의 혼란이 가중되고 있다. 기존 법률은 개인정보의 처리가 가속화되기 이전에 마련되었기 때문에, 변화한 기술적·사회적 변화를 반영하여 건강정보가 안전하게 처리되어 활용될 수 있도록 개인정보나 식별 가능성의 개념, 비식별 처리 등에 관한 관련 규정을 우선 정비할 필요가 있다.

예를 들어, 〈생명윤리법〉에 따르면 '개인정보'는 사망한 자를 포함한 개인에 관한 정보[29]로, '개인식별정보'는 개인을 식별할 수 있는 정보[30]로 정의되는데, 이는 통상 〈개인정보 보호법〉을 비롯한 개인정보 관련 국내외 법제에서 살아 있는 개인을 식별할 수 있는 정보를 '개인정보'로 정의하고, 해당 범위 내에서만 그 처리에 관해 규율하도록 규정하는 것과는 차이가 있다. 〈생명윤리법〉상 '개인식별정보' 개념이 일반적인 '개인정보' 개념과 오히려 유사한 범위를 갖게 되는 것이다. 또한, 일반적으로 '익명화(익명처리)'는 가명처리에 비해 식별 가능성을 제거하는 수준이 높은 비식별 처리로서 정의되고 있으나,[31] 〈생명윤리법〉상 '익명화'[32]는 개인식별정보의 전부 또는 일부를 해당 기관의 고유식별기호로 대체하는 가명처리와 유사한 비식별 처리까지 그 개념에 포함하고 있어, 마찬가지로 관련 국내외 법제에서의 개념 정의와는 다소 차이가 있다. 데이터 처리가 최근처럼 활성화하기 전인 2013년 동법의 전면 개정 당시 마련되었던 개념들이므로, 국내외 관련 법제에 맞춰 다시 정의할 것인지, 인간 대상 연구, 인체유래물 연구 등에 한하여 적용되는 〈생명윤리법〉의 특수성을 반영하여 보완할 것인지 검토가 필요하다.

한편, 〈생명윤리법〉 제정 이후 현재까지도 동법상 개인식별정보의 식별 가능성을 판단하는 구체적인 기준은 하위 법령이나 가이드라인을 통해서도 제시되지 않고 있다.[33] '식별 가능성'은, 예를 들어 빅데이터를 활용하는 인간 대상 연구[34] 등에 있어서는 연구대상자나 인체유래물 기증자 등의 동의 없이 개인정보를 '익명화'하여 이용할 수 있도록 하는 비식별 처리의 기준이 됨에도 불구하고 말이다. 익명화의 구체적인 처리 목적·기준 및 방법 역시 제시되지 않고 있음은 물론이다. 그에 따라 상당한 기간 동안 실무상으로 식별 가능성을 단지 직접적인 식별 가능성으로 한정하여 해석하고, 성명·주민등록번호 등 직접적인 식별자만 제거하여 익명화하는 상황이 발생해왔다. 〈생명윤리법〉에 근거하여 대량의 건강정보를 수집하는 빅데이터 연구가 활발하게 수행되는 상황에서, 연구대상자 등의 프라이버시 등이 보호될 수 있기 위해서는 식별 가능성의 기준 및 익명화의 처리 목적·기준·방법 등이 구체적으로 제시될 필요가 있다. 이때 급속한 기술의 발달에 따라 이전의 기준으로 비식별 처리된 정보도 식별이 가능하게 될 위험이 있으므로, 구체적인 식별 가능성의 기준 및 익명화의 처리 기준·방법 등은 주기적으로 평가 및 개선될 필요가 있을 것이다.

2) 개인정보처리자의 의무 강화 및 관리·감독 체계의 정비

우리나라의 경우 검토한 바와 같이 아직은 건강정보를 포함한 개인정보의 처리에 관해 관련 법체계를 어떻게 마련할 것인지 충분한 고민과 논의가 부족하다. 반면 EU는 일찌감치 데이터 처리의 가속화에 따라 '제29조 정보보호 작업반Article 29 Data Protection Working Party(현 EU 개인 정보보호위원회European Data Protection Board, EDPB)'의 보고서를 통해 가명처리가 아닌 그보다 비식별 처리 수준이 높은 익명처리anonymisation [35]를 통해서조차 식별 가능성을 완전하게 제거하는 개인정보 처리는 불가능하다고 진단하고,[36] OECD가 제시한 바와 같이 증대하는 위험성을 관리하는 방향으로 전체 법체계 틀의 변화를 모색해왔다.

우리나라도 전체 법체계의 틀을 어떻게 재정립하는 것이 프라이버시 보호, 나아가 자율적인 정체성과 삶의 형성까지 가능하게 할 것인지 고민하는 가운데, 구체적으로 어떻게 개인정보처리자의 책임을 실질적으로 강화하고 이를 관리·감독하는 체계를 구성할 것인지 고찰하려는 노력이 필요하다. 예를 들어 건강정보 처리 과정 중 어느 지점에서, 어떠한 건강정보(넓은 의미에서 유전 정보를 포함함)를 처리했을 때 프라이버시 침해 등의 위험이 높아질 것인지 예상하고, 그에 맞춰 처리 목적을 제한하거나 개인정보처리로 하여금 구체적인 안전조치 및 정보주체의 권리 보장 방안을 마련하도록 하는 등 의무를 부과할 수 있어야 한다. 나아가 개인정보처리자의 의무 준수 여부, 실제 위험이 발생한 경우 안전조치의 신속한 마련 및 사후 제재 등 건강정보가 안전하게 처리될 수 있도록 이에 관해 관리·감독할 수 있는 법·제도 역시, 늦었지만 이제는 정립할 필요가 있다. 예를 들어, 〈생명윤리법〉에 따른 건강정보의 처리에 있어서는 각 기관의 생명윤리심의위원회IRB와 더불어, 국가생명윤리심의위원회, 감독당국인 개인정보보호위원회 등을 중심으로 한 관리·감독 체계의 정립을 본격적으로 논의할 필요가 있을 것이다. 이를 통해 동의 면제를 받고 수천 내지 수만 명의 개인정보를 처리하는 빅데이터 연구가 수행되는 과정에서 감시_audit 및 제재 조치 등이 적절하게 이루어질 수 있도록 할 필요가 있다.

3) 건강정보 처리 목적 범위의 제한

동일 정보주체에 관한 민감정보를 포함한 더 많은 개인정보가 결합될수록, 또한 개인정보가 산업적·상업적 목적 등으로까지 최초 수집 당시 예상하기 어려운 방대한 목적 범위에서 처리될수록, 정보주체를 포함한 공동체 구성원의 프라이버시는 침해되고 그에 따라 정체성과 삶이 개인정보를 특정 목적으로 활용하고자 하는 자들이 의도한 바대로 형성될 위험성은 높아지게 된다. 그럼에도 앞서 살펴보았듯이 〈개인정보 보호법〉과 〈보건의료데이터 활용 가이드라인〉은 민감정보인 건강정보를 포함한 개인정보를 정보주체의 동의 없이 산업적·상업적 목적을 위해서까지 빅데이터로 결합한 후 가명처리하여 활용할 수 있도록 하고 있다.

그러나 GDPR은 건강정보가 결합되어 다양한 목적을 위해 이용됨에 따라 발생할 수 있는 위험성을 최대한 제거할 수 있도록, 정보주체의 동의 없이 건강정보를 처리할 수 있는 목적 범위를 공중보건 영역에서의 공익상 사유가 있는 경우로 제한한다. 그에 따라 고용인 또는 보험사·금융사 등에 의한 처리는 그 처리 자체가 금지된다.[37] 이미 영국에서는 공중public의 반발에 따라, 건강정보의 연계 및 활용 등의 업무를 수행하는 디지털국민건강서비스NHS Digital가 환자의 기밀정보를 수집·처리하여 연구자·의료진 등에 제공할 수 있는 목적 범위를 보건 서비스와 성인 대상 사회복지의 제공으로 제한한 바 있다.[38]

우리나라에서 전술한 바와 같이 건강정보를 결합하여 이용할 수 있는 목적 범위를 상업적 목적까지 이용할 수 있도록 길을 열었을 때, 과연 그와 같은 처리에 따라 공동체 구성원에게 미칠 것으로 예상되는 부당한 영향에 대해 사전에 철저하게 검토했는가? 이와 같은 무분별한 건강정보 처리 목적의 확장은 결국에는 건강정보의 활용에 필요한 양질의 데이터 수집을 가능하게 하는, 공동체 구성원의 법체계에 대한 신뢰와 이를 기반으로 한 능동적인 정보의 제공을 어렵게 할 수 있다. 건강정보의 활용을 목표로 둔다면 장기적인 안목에서 오히려 건강정보의 민감한 특성을 고려하여, 정보주체가 알지 못하고 통제하지 못한 채 처리될 수 있는 건강정보의 목적 범위를 정보주체가 신뢰하고 정보를 제공할 수 있는 범위로 조정할 필요가 있다.

4) 정보주체의 권리 보장

앞서 살펴보았듯이 건강정보를 포함한 개인정보를 가명처리하여 이용할 때에 개정된 〈개인정보 보호법〉은 정보주체의 열람권, 정정·삭제권, 처리 제한권 등의 권리를 일괄적으로 보장하지 않는다.[39] 그러나 전술한 〈OECD 프라이버시 프레임워크〉에 따르면 데이터 처리의 가속화 속에서도, 프라이버시 보호 8원칙 중 자신에 관한 정보의 처리에 대해 알고 그 처리를 자율적으로 결정할 수 있도록 정보주체의 권리 보장을 강조하는 개인 참여의 원칙[40]은 여전히 준수되어야 한다. 그에 따라 앞서 살펴본 바와 같이 GDPR은 가명처리 시 목적 달성이 불가능한 경우 등 권리 제한의 불가피성 및 필요성 등이 충족되는 경우에 한하여 정보주체의 권리를 일부 제외할 수 있도록 한 것이다.[41]

최근에는 기술의 발달에 따라 정보주체가 모바일 앱 등에서 건강정보를 포함한 자신의 정보 처리에 관해 조회 및 관리하는 것이 가능해지면서 전 세계적으로 연구, 제품 및 서비스 개발 등을 위해 정보주체가 스스로 개인정보의 제공 여부를 결정할 수 있도록 하는 법·제도가 마련되고 있다. 우리나라에서도 이와 같은 마이데이터 사업이 추진 중에 있다. 건강정보의 경우 2021년 2월 '마이 헬스웨이My Healthway 사업'이란 이름으로 도입되었다. 이 사업의 골자는 ① 개인이 주도적으로 앱을 통해 자신의 건강정보를 한곳에 모아, ② 진료·건강관리 등의 서비스를 제공받기 위해 의료기관·공공기관·기업 등 원하는 개인정보처리자에게 이를 제공(이전)하고, ③ 스스로 자신의 건강정보를 확인하고 관리하는 등 활용할 수 있도록 지원하는 것이다. 이때 건강정보의 수집·관리 및 이전 등의 처리는 기본적으로 정보주체의 동의를 기반으로 이루어진다. 마이 헬스웨이 사업의 추진에 따라, 정부는 건강정보의 ① 본인 저장·조회 및 관리, ② 의료서비스에의 활용(외래진료 중복 처방 방지 서비스, 응급 상황 정보 공유 서비스, 백신 부작용 알림 서비스, 약물 알레르기 및 부작용 알림 서비스 등), ③ 개인 건강관리에의 활용(생애주기 건

강검진 알림 서비스, 개인 맞춤 건강관리 서비스, 자녀 예방접종 알림 서비스, 부모님 건강 모
니터링 서비스 등), ④ 국민 편의 서비스 제공에의 활용(진료기록 및 영상 자료
등 발급, 평생 건강기록 보유 등)이 기대될 것으로 본다.[42]

　위와 같은 마이데이터 사업의 추진을 위해서는 개인정보를 개인
정보처리자로부터 자신에게로, 다시 또 다른 개인정보처리자에게
로, 또는 A라는 개인정보처리자로부터 B라는 개인정보처리자에게
로 개인정보가 이전될 수 있도록 정보주체의 권리를 보장하는 것이
불가결하다. 이러한 권리를 '개인정보 이전권right to data portability'이라
하는데, GDPR에 따르면 이는 '정보주체로 하여금 개인정보처리자
에게 제공한 자신에 관한 개인정보를 기계 판독이 가능한 형식으로
수령받을 수 있도록 하는 권리'를 의미한다.[43] 동 권리의 보장을 통해
정보주체는 한 개인정보처리자로부터 수령받은 개인정보를 자신에
게 보다 유용한 진료·건강관리 서비스 등을 제공할 수 있는 다른 개
인정보처리자에게 이전할 수 있게 된다. EU의 제29조 정보보호 작업
반 및 유럽연합집행위원회European Commission에 따르면, 개인정보 이전
권을 도입한 목적은 자신의 정보 처리에 관한 정보주체의 통제권을
강화함으로써 거대 플랫폼 기업이 빅데이터 산업을 독점하는 것을
규제하고, 그에 따라 IT 기술의 긍정적인 효과를 정보주체를 포함한
공동체 구성원이 누리도록 하는 데 있다. 또 장기적인 관점에서는 기
술 및 산업 경쟁력의 증진, 나아가 보건의료 시스템을 포함한 사회의
발전을 도모하기 위함에 있다.[44]

　반면, 우리나라는 마이데이터 사업을 추진함에 있어서도 여전히

변화하는 흐름에 맞춰 전체적인 틀의 재정립을 꾀하기보다는 개인정보 이전권 개념의 도입만을 고려하고 있는 상황이다. 무엇보다 개인정보의 수령 및 이전에 대한 정보주체의 주도적인 권리 행사라는 능동적인 의미가 강한 '개인정보 이전권'의 개념을, 개인정보처리자로부터 다른 개인정보처리자에게로 정보의 전송을 요구한다는 수동적인 의미를 강조한 '개인정보 전송요구권'으로 새롭게 명명하여[45] 동 사업을 추진 중이다. 이는 생명의료 분야에서도 마찬가지다.[46] 나아가 우리나라에서는 동 사업이 본격 추진되더라도 정보주체로 하여금 개인정보 이전이 이루어진 전후의 상황을 포함하여 개인정보 이전이 지니는 의미에 대해 알 권리는 여전히 보장되지 않을 것으로 보인다. 알 권리를 기반으로 한 실질적인 통제권으로서의 개인정보 이전권이 보장되지 않는다면 정보주체는 단순히 형식적인 동의만을 제공하게 되는 가운데 대형 의료기관이 보유하는 방대한 양의 진료기록정보 등과 휴대폰 등 다양한 센서를 통해 실시간으로 수집된 라이프로그 정보를 포함한 건강정보를 한데 결합하여 사적 기업이나 보험 회사 등에 전송하는 단순한 게이트웨이에 그치게 될 가능성이 높다. 그러나 개인의 정체성과 삶의 형성에 큰 영향을 미치는 개인정보의 이전이 단지 형식적인 동의만을 거쳐 이루어진다면 법·제도 시행 후 얼마 못가 사회적 반발이 제기될 수 있다. 장기적인 관점에 비춰본다면 정보주체의 권리 보장 역시 정보주체의 자발적인 정보 제공을 가능하게 한다는 측면에서 개인정보 처리의 활성화에 중요한 의미를 지니는 것이다. 개인정보 관련 법체계를 재정립하는 데 있어 정보주체의 권리 보장이 간과되어서는 안 되는 이유가 여기에 있다.

5) 공동체 구성원의 참여를 통한 법체계의 구성

앞서 살펴본 바와 같이 최근 우리나라의 개인정보 관련 법·제도는 정보주체의 동의 없이 개인정보를 광범위하게 활용할 수 있도록 하는 데 중점을 두고 변화하고 있다. 반면 알 권리, 통제권 등 자신의 개인정보 처리에 관해 자율적으로 결정할 수 있는 정보주체의 권리는 개인정보처리방침을 고지받는 것 외에는 그 행사 가능성이 제한되고 있다. 이와 같은 방식으로 법·제도를 마련하는 태도에서도 드러나듯이 우리나라는 공동체 구성원을 법체계에서 소외시키며, 하향식으로 마련된 법·제도를 준수하며 살아가는 수동적인 존재로 전제한다. 이는 전술한 바와 같이 마이데이터 사업을 추진함에 있어서도 마찬가지이다. 그러나 전술했듯이, 가령 개인정보 전송요구권을 보장하는지 여부도 중요하지만, 어떻게 보장할 것인지 역시 그에 못지않게 중요하다.

최근 사회적 변화를 살펴보면 정보주체는 오히려 자신에 관한 정보를 개인정보처리자에게 제공하고, 이를 활용해 만들어진 기술·제품·서비스 등을 능동적으로 소비하는 존재라는 점이 드러나고 있다. 정보주체가 자발적으로 정보 제공에 참여할 때 보다 경쟁력 있는 연구, 제품 및 서비스의 개발이 가능하기 때문이다. 이뿐만 아니라 빠른 속도로 광범위하게 이동하며 부지불식간에 개인의 삶과 정체성의 형성에 영향을 미칠 수 있는 데이터의 특성상, 투명성을 기반으로 적정하게 통제권을 행사하는 정보주체의 자율적인 참여가 있어야만, 위험성이 관리되어 개인정보의 안전한 처리 역시 도모할 수 있다.

따라서 건강정보를 포함한 개인정보 관련 법체계가 공동체와 그 구성원 모두에게 유익한 방향으로 재정립, 즉 구성되기 위해서는 정보주체를 포함한 공동체 구성원이 그 법체계의 구성에 능동적으로 참여할 수 있어야 한다. OECD 이사회 역시 건강정보 거버넌스를 구축하는 데에 있어 공중이 참여할 수 있어야 함을 강조했다.[47] 무엇보다 이처럼 공동체 구성원이 자신과 공동체에 도움이 되는 방향으로 법체계를 자율적으로 구성하기 위해서는, 이 글에서 여러 번 강조했듯이 그 전제로서 건강정보를 포함한 개인정보의 처리 및 이를 관리·감독하는 과정에 대해 충분하게 알고 이해할 수 있어야 한다. 유네스코UNESCO 역시 인터넷·인공지능과 같은 거대 복잡형 정보 처리에 대한 보다 나은 거버넌스를 구축하기 위해서는 데이터 처리 과정의 투명성을 제고하고 공중의 폭넓은 참여를 통해 다양한 관점과 경험을 반영하는 것이 중요하다고 보았다.[48]

다만, 공동체 구성원이 법체계의 구성에 참여하는 데 있어 유의해야 할 점은 타자를 고려하지 않은 채 자신의 이익만을 실현하는 방향으로 법체계를 구성해서는 안된다는 점이다. 종국에는 참여의 필요성과 정당성 모두 의심받게 되기 때문이다. 자신의 정보를 어떻게 처리할 것인지 자율적으로 결정하며 이를 통해 자신의 정체성과 삶을 스스로 정립할 수 있는 법체계를 구성하기 위해서는, 자기 자신의 이익에만 골몰할 것이 아니라 현재 함께 하는 존재, 특히 소외된 자의 삶 역시 고려할 수 있어야 한다. 더불어 그들 또한 자율적으로 자신의 정보 처리에 관해 알고 결정하며, 나아가 관련 법체계의 구성에 실질적으로 참여할 수 있는 방안을 마련할 수 있어야 한다. 이는 결국 우리가 데이터 처리를 통해 궁극적으로 얻고자 하는 바, 즉 안정적인 법체계 내에서 지속적으로 어떠한 존재로 어떻게 살아갈 것인지 자율적으로 결정할 수 있는 사회 질서의 구성이라는 결과로 돌아오게 될 것이다.[49]

주

1장 생명의료윤리란 무엇인가

[1] 이 점은 대한의사협회의 〈의사윤리지침〉(2017.4.23. 개정)의 다음 조항에 잘
나타나 있다.

제14조(진료의 거부금지 등)

① 의사는 진료의 요구를 받은 때에는 이를 거부해서는 안 된다. 다만, 진료에
지속적으로 협조하지 않거나 의학적 원칙에 위배되는 행위를 요구하는 등
정당한 사유가 있을 경우에는 그러하지 아니하다.

② 의사는 환자의 진료에 필수적인 인력, 시설 등을 갖추지 못한 경우 환자를
타 의료기관으로 전원해야 한다.

③ 의사는 환자를 진료하기 위하여 상당한 시간이 지체될 것으로 예상되는 경
우에는 환자 또는 보호자에게 충분한 설명을 한 후 타 의료기관으로 전원
을 권유할 수 있다.

[2] 로스의 prima facie duties의 종류와 의미, 그리고 번역어 선택에 관해서는 윌리
엄 K. 프랑케나, 황경식 옮김, 《윤리학》, 철학과현실사, 2003, 69쪽의 각주를
참조하기 바란다.

[3] 이 내용은 1998년 9월 서울대학교 의과대학이 주최한 함춘 특강에서 전북대
학교 철학과 김상득 교수가 발표한 '생명의료윤리의 네 가지 원칙'을 옮겨 실
은 것이다.

2장 인간의 생명은 언제 시작되는가

[1] (엮은이 주) 이 글은 1994년에 St. Martin's Griffin에서 출간된 피터 싱어의 책 《삶과 죽음을 다시 생각하기Rethinking Life and Death》83-105쪽에 수록된 글을 저자의 허락을 얻어 엮은이가 요약·번역한 것이다. 1990년대의 논의를 담은 글이지만 현재에도 시사하는 바가 큰 글이라 판단하여 약간의 수정을 거쳐 게재했다.

[2] 1979년 교황 요한 바오로 2세는 "인간의 생명권이 어머니의 자궁에 잉태된 순간에 침해된다면, 인간의 침해될 수 없는 선善들을 확실하게 해주는 도덕 질서 전체에도 간접적인 타격이 가해집니다. 이런 선들 가운데 첫 번째는 생명입니다"라고 말했다.

[3] 히포크라테스 선서에는 "나는 어떤 요청을 받더라도 치명적인 의약품을 투여하지 않을 뿐만 아니라, 그렇게 하도록 권고하지도 않겠습니다. 마찬가지로 나는 어떤 여성에게도 낙태약을 주지 않겠습니다"라는 문구가 있다.

[4] John, T. N., "An Almost Absolute Value in History" in John, T. N.(ed.), *The Morality of Abortion*, Harvard University Press, 1970, pp.56-57. (엮은이 주) 김일순·N. 포션 옮김, 《의료윤리》, 연세대학교 대학출판문화원, 1982, 139-151쪽에 전문이 실려 있다.

[5] 지금부터 나는 '태아'라는 말을 '배아 또는 태아'의 의미로 사용하겠다. 또 '무고한'이라는 말은 쓰지 않겠다. 왜냐하면 태아가 무고한 존재라는 점에 관해서는 논란이 없기 때문이다.

3장 보조생식기술 시대의 임신중지 논쟁

[1] 이 글에서는 부정적인 가치판단과 낙인효과가 있는 '낙태'라는 용어 대신 '임

신중지'를 사용한다. 다만 형법상 낙태죄를 지칭할 때에는 '낙태', 모자보건
법상 논의를 지칭할 때는 '인공임신중절'을 사용한다.

[2] 예를 들어 '모두를 위한 낙태죄 폐지 공동행동'이 2018년에 배포한 〈낙태죄,
여기서 끝내는 10문 10답〉과 '성과 재생산 포럼'에서 2019년에 기획·출간한
《배틀그라운드: 낙태죄를 둘러싼 성과 재생산 정치》는 생명권 대 선택권을 넘
어선 낙태죄 폐지 운동의 목표와 방향을 잘 보여주고 있다.

[3] 선택적 유산에 대해 윤리적 문제를 제기하는 사람은 대체로 '선택적 유산'이
라는 용어를 사용하고, 중립적으로 기술하고자 하는 사람은 '선택적 감수술
selective reduction' 혹은 '다태아 임신 선택적 감수술multifetal pregnancy reduction'이라는
용어를 사용한다. 이 글에서는 선택적 유산에 부정적인 입장을 가지고 있어서
라기보다는 기존의 임신중지 논의와의 연결성을 보기 위해 '선택적 유산'을
사용했다.

[4] 체외수정은 보통 '시험관 아기' 시술로 널리 알려져 있는데, 이는 마치 아이가
시험관에서 태어날 수 있으며 여성의 몸에서 완전히 분리돼 임신이 이뤄지는
것처럼 생각하게 하는 명칭이다. 하지만 실제로는 정자와 난자가 수정되는 과
정만 시험관에서 이뤄지고, 다시 여성의 자궁에 착상돼 임신 과정을 거쳐야
출산이 이뤄진다. 체외수정과 인공수정이 혼재돼 사용되는 경우가 많이 있는
데, 인공수정은 채취한 정자를 직접 여성의 몸에 주입하는 방식으로, 이는 체
내에서 수정이 되기 때문에 체외수정과는 구별되는 기술이다.

[5] '난임'이라는 용어는 '불임'이라는 용어가 가진 부정적인 인식을 벗어나고자
한 난임 여성들의 적극적인 난임 용어 사용 캠페인을 통해서 정착됐다. 이들
은 임신이 불가능하다는 의미의 '불임'이 아니라, 임신이 어렵지만 충분히 가
능성이 있는 상태라는 의미로 '난임'이 올바른 표현임을 주장했으며, 이들의
요구에 따라 2011년 '난임'이 표준국어대사전에 등재됐고, 2012년 모든 정부
의 법안에서 '불임'을 '난임'으로 대체하는 법안이 통과했다.

[6] 보건복지부, 〈2005년도 배아 보관 및 제공 현황 조사 결과〉, 2006; 보건복지

부, 〈2015년 배아 보관 및 제공 현황 조사 결과〉, 2017; 보건복지부, 〈2020년 배아 보관 및 제공 현황 조사 결과〉, 2021.

[7] 하정옥, 〈한국의 임신 출산 거래 연구: 생식 기술과 부모됨의 의지〉, 《페미니즘 연구》 15권 1호, 한국여성연구소, 2015.

[8] 성공률은 나이에 따라서 차이가 크기 때문에 평균 성공률을 이야기하는 것은 큰 의미가 없다.

[9] 보통 대학병원보다 개인 클리닉이 높은 성공률을 보유하고 있는데, 이는 여러 가지로 해석이 가능하다. 임신이 더 어려운 상황에 있는 난임 환자가 큰 병원을 찾기 때문일 수도 있고, 시술비를 지원받으려는 시술 기관들이 난임 원인에 대한 명확한 분석을 하지 않고(2015년의 경우 시술비 지원 사업을 통해 체외수정을 한 경우 중 난임 원인 불명이 51.9퍼센트로 나타남) 시술을 하기 때문에 체외수정을 하지 않아도 임신이 가능한 부부도 시술을 받아서 임신하는 경우도 있음을 예상할 수 있다.

[10] 황나미, 〈모자 건강 보호를 위한 난임부부 지원사업 개선방안〉, 《보건복지포럼 2015》 6호, 한국보건사회연구원, 2015.

[11] 한국보건사회연구원, 〈2014년도 난임부부 지원사업 결과 분석 및 평가〉, 2015.

[12] Heitmann, R. J., M. J. Hill, K. S. Richter, A. H. DeCherney and E. A. Widra, "The simplified SART embryo scoring system is highly correlated to implantation and live birth in single blastocyst transfers", *Journal of Assisted Reproductive Genetics* 30(4), 2013, pp.563-567.

[13] 이에 보건복지부는 〈인공수정 및 체외수정 시술 의학적 기준 가이드라인〉을 발표했다. 2008년에는 최대 다섯 개까지 이식 배아 수를 허용하는 것으로 제정했다가, 이후 2015년에는 최대 세 개(35세 미만의 경우 1~2개, 35세 이상의 경우 2~3개)로 개정했다.

[14] 이수윤·박미혜·오관영·이병관·김영주·안정자·김종일·전선희, 〈쌍태임신에서 임신 제2삼분기에 시행된 맞춤형 선택적 유산에 관한 연구〉, 《Korean

Journal of Obstetrics and Gynecology》50권 12호, 대한산부인과학회, 2007, 1657–1664쪽.

[15] 체외수정을 시도하는 과정에 대한 내용을 기록하고 공유하는 많은 개인 블로 그가 운영 중이며, 그중에서 선택적 유산에 대한 내용을 발견하는 것은 어렵 지 않다. 임신을 시도하는 과정부터 출산과 양육까지 기록돼 있는 내용 중에 서 선택적 유산은 하나의 과정으로 묘사된다.

[16] 시술을 한 의사는 많은 배아를 이식하는 것이 위험하다는 것을 인지하고도 시 술을 했기 때문에 미국생식의학협회에서 제명됐다.

[17] Davidson, C. M., "Octomom and multi-fetal pregnancies: why federal legislation should require insurers to cover in vitro fertilization", *William & Mary Journal of Women and the Law* 17, 2010, p.135; Rao, R., "How (Not) to Regulate ARTs: Lessons from Octomom." *Albany Law Journal of Science and Technology* 21, 2011, p.313.

[18] 보건복지부, 〈2020년 배아 보관 및 제공 현황 조사 결과〉, 2021.

[19] 백영경이 〈보조 생식 기술의 민주적 정치와 '겸허의 기술'〉에서 지적하고 있 듯이, 보조생식기술은 생명공학 기술과 재생산 기술 사이에 놓여 있다. 체외 수정을 비롯한 보조생식기술은 아이를 낳기 위한 기술이지만 동시에 현대 생 명공학 기술의 기초를 이루는 핵심 기술이며, 배아나 난자는 새로운 가치의 원천이기 때문이다(47쪽). 이처럼 체외수정의 결과로 발생한 잔여 배아는 생 명공학 연구의 중요한 '재료'로 여겨지고 있으며, 연구 목적 배아 사용을 어떻 게 바라볼 것인지에 대해서도 많은 논쟁들이 이뤄져왔다(정연보, 2013). 백영 경, 〈보조 생식 기술의 민주적 정치와 '겸허의 기술' 시민참여 논의의 확대를 위해〉,《경제와 사회》85호, 비판사회학회, 2010, 40–66쪽; 정연보, 〈'잔여' 배아와 난자의 연구목적 이용을 둘러싼 쟁점: '폐기물', 신체, 국가 발전의 의 미를 중심으로〉,《한국여성학》29권 1호, 한국여성학회, 2013, 1–35쪽.

[20] Heitmann et al., 위의 글.

21 하지만 배아의 등급이 곧 성공률을 의미하는 것은 아니며, 태아의 건강과 직결되는 것도 아니다.

22 *Washington Post*, "My wife and I are white evangelicals. Here's why we chose to give birth to black triplets", 2016.4.21.

23 보건복지부, 〈2020년 배아 보관 및 제공 현황 조사 결과〉, 2021.

24 전 세계 많은 나라에서도 착상 전 유전자 진단을 의료적 목적과 비의료적 목적으로 구분해 의료적 목적으로만 사용할 수 있도록 하고 있다. 비의료적 목적으로 착상 전 유전자 진단을 사용하는 대표적인 목적은 성별 선별이다. 특정 성별 선택을 목적으로 착상 전 유전자 진단을 사용할 수 있는 나라는 미국·멕시코·이탈리아·태국이 있다(Soini, 2007). 한국을 비롯한 여러 아시아 국가에서는 여아 임신중지가 많이 이뤄져왔으며, 성비 불균형이 심각하게 제기됐기 때문에 성별 임신에 대해서 규제하고 있다. 하지만 여전히 '아들 임신'을 원하는 경우에는 착상 전 유전자 진단을 통해서 성별을 선택할 수 있으며, 이를 원하는 한국인들은 다른 나라로 가서 이 기술을 이용하고 있다. 북미에서는 이를 가족 균형 기술family balancing technology이라는 명칭으로 사용하고 있다. Soini, S., "Preimplantation genetic diagnosis (PGD) in Europe: diversity of legislation a challenge to the community and its citizens", *Medicine and Law* 26, 2007.

25 Saxton, M., "Disability Rights and Selective Abortion", *Abortion Wars, A Half Century of Struggle: 1950 to 2000*, University of California Press, 1998.

26 황지성, 〈생명공학기술 시대의 장애와 재생산: '선택권'과 '생명권'을 넘어 재생산의 정치로〉, 《페미니즘연구》 14권 1호, 한국여성연구소, 2014.

27 대리모는 크게 출생된 자식과 유전적 관련이 있느냐 없느냐에 따라서 유전적 대리모genetic surrogate와 출산 대리모gestational surrogate, 대리 출산의 목적에 따라서 상업적 대리모commercial surrogate와 이타적 대리모altruistic surrogate로 구분된다(김상득, 2009; 서종희, 2009). 하지만 이타적 대리모와 상업적 대리모는 현실적으로 그 경계가 분명하지 않은 경우가 많다(하정옥, 2015). 현재 대부분의 국

가에서 이뤄지고 있는 대리모 시술의 경우 난임 부부의 정자와 난자를 사용해 수정된 배아를 제3자 여성인 대리모에 이식해 임신과 출산이 이뤄지는 출산 대리모의 형태며 이는 전통적으로 '씨받이'라 불린 유전적 대리모와는 구별된다. 김상득, 〈비배우자간 보조생식술의 윤리에 관한 연구〉, 《생명윤리정책연구》 2권 3호, 이화여자대학교 생명의료법연구소, 2008, 275-289쪽; 서종희, 〈대리모계약에 관한 연구〉, 《가족법연구》 23권 3호, 한국가족법학회, 2009, 45-106쪽; 하정옥, 〈한국의 임신 출산 거래 연구: 생식기술과 부모됨의 의지〉, 《페미니즘 연구》 15권 1호, 한국여성연구소, 2015, 169-209쪽.

28 미국의 공영 라디오 방송국 NPR의 보도에 따르면, 대리 임신·출산과 관련된 정확한 통계 자료는 어느 나라에도 존재하지 않기 때문에, 그 산업 규모를 정확하게 예측하는 것은 불가능하다. 다만 국제 대리모 계약으로 태어나는 아이의 숫자가 전체 국제 입양의 숫자를 넘어섰다는 점에서 그 규모가 지속적으로 확장되고 있음을 예측해볼 수 있다. *NPR*, "Surrogate parenting: A worldwide industry, lacking global rules", 2015.6.11

29 〈생명윤리법〉 제23조에서는 "① 누구든지 임신 외의 목적으로 배아를 생성해서는 아니 된다. ② 누구든지 배아를 생성할 때 다음 각 호의 어느 하나에 해당하는 행위를 해서는 아니 된다. 1. 특정의 성을 선택할 목적으로 난자와 정자를 선별해 수정시키는 행위. 2. 사망한 사람의 난자 또는 정자로 수정하는 행위. 3. 미성년자의 난자 또는 정자로 수정하는 행위. 다만 혼인한 미성년자가 그 자녀를 얻기 위해 수정하는 경우는 제외한다. ③ 누구든지 금전, 재산상의 이익 또는 그 밖의 반대급부反對給付를 조건으로 배아나 난자 또는 정자를 제공 또는 이용하거나 이를 유인하거나 알선해서는 아니 된다"라고 규정하고 있다. 또한 난자 기증자의 보호 등의 이유로 배아 생성 의료기관은 동일한 난자 기증자로부터 평생 3회 이상 난자를 채취하는 것을 금지하고 있다.

30 이를 근거로 2018년 5월 서울가정법원 〈2018브15〉결정은 대리모 사건에서 친모의 결정 기준 및 그 계약의 효력에 관한 판단에서 임신과 출산을 한 대리

모를 법적모로 판단했다.

[31] 또한 대리 임신·출산 계약은 통상적으로 민법 제103조(반사회질서의 법률 행위)에 따라서 "선량한 풍속 기타 사회질서에 위반한 사항을 내용으로 하는 법률행위는 무효로 한다"라는 조항에 의해서 법적으로 효력이 없는 계약으로 여겨지기 때문에 쌍방의 합의로 대리 임신·출산 계약이 이뤄졌다 하더라도, 다른 이해관계가 발생했을 때 법적인 구제를 받을 길이 없으며, 대리모와 의뢰인 모두 도덕적 낙인이 크기 때문에 피해 사실을 알리는 데 소극적일 수밖에 없다.

[32] 이 동의서가 법적 효력이 있다고 볼 순 없겠지만, 대리모 시술에서 임신중지를 어떻게 다루고 있는지를 살펴볼 수 있는 자료가 될 것이다.

[33] 이 사건은 2014년 전 세계 미디어를 장악했으며, 호주 정부는 이에 대해 공식 사과를 하기도 했다. 국제적인 비난의 결과 2015년부터 태국 정부는 외국인을 대상으로 한 상업적 대리모 계약을 전면 금지하고 있다.

4장 보조생식기술을 통한 비혼모 출산이 드러내는
한국 사회의 쟁점들

[1] 김은애, 〈여성의 재생산권리와 생명의료과학기술의 관계에 대한 소고: 보조생식술의 이용을 중심으로〉, 《법철학연구》 12권 1호, 한국법철학회, 2009, 124쪽.

[2] 김은애, 〈여성의 재생산건강권 보장에 관한 소고: 보조생식술에서의 배아이식 문제를 중심으로〉, 《이화젠더법학》 1권 1호, 이화여자대학교 젠더법학연구소, 2010, 141쪽.

[3] 그렇다면 12년의 시간 차를 둔 비혼모 출산에 대한 사회 일각의 반응 정도가 다른 이유는 과연 무엇일까? 이를 이해하기 위해서는 여러 사회·경제·정치적 지형부터 살펴볼 필요가 있다. 2008년 세계 금융위기 이후, 경제적 취약성

의 강화로 인해 'N포 세대'나 '헬조선 담론' 등과 같이 한국 사회에서의 미래를 꿈꾸기조차 어려운 현실에 대한 비판적 담론들이 대거 등장하였다. 또한 기존의 남성 생계부양자 모델에 입각한 3·4인 가족 모델이 고용 불안정, 주거 불안정 등에 의해 붕괴됨으로써 전통적 결혼 제도에 대한 회의감이 급증하였다. 나아가 경제적·사회적 취약성의 증가가 사회적 보수화로 이어짐으로써, 사회적 소수자인 여성에 대한 온·오프라인 공간에서의 공격과 혐오의 놀이화가 일상화되기에 이른다. 2015년 이후 페미니즘이라는 성평등 운동의 부상과 대중화로 인하여 이러한 문제의식들이 강력히 제기되었고 여성의 몸과 권리에 대한 사회적·정치적 감수성이 증가하게 되었다. 또한 부계 혈통 중심적인 결혼 제도에 대한 비혼/반혼 운동을 통해 결혼 제도 바깥의 삶을 꿈꾸는 이들이 점차 늘어나게 되었다. 바로 이러한 복합적 요인으로 인하여, 사유리 씨의 비혼모 출산 문제는 그 어느 때보다 주요한 사회적 이슈로 부상하게 된 것이다.

4 〈모자보건법〉 제2조 12호.

5 황만성, 〈인간의 생식자와 배아의 법적 보호에 관한 연구〉, 한양대학교대학원 박사학위논문, 2002, 7쪽.

6 위의 법, 제2조 11호.

7 국가인권위원회 보도자료, 〈비혼여성 시험관 시술을 제한하는 윤리지침 개정 권고, 대한산부인과학회 불수용〉, 2022.9.30.

8 《한겨레》, 〈임신하러 영국가야 하나?〉, 2016.8.2.

9 *L'Express DIX*, "PMA pour toutes: au tour de la France, avec une conception a part", 2019.6.27.

10 Service-public.fr, "PMA- Ce que prevoit la loi sur la bioethique", 2022.8.31. https://www.service-public.fr/particuliers/actualites/A15052

11 프랑스에서는 약물에 의한 임신중절의 경우에는 5주에서 7주까지, 도구에 의한 임신중절의 경우에는 12주에서 14주까지 가능하다.

12 《크리스천투데이》, 〈비혼 보조생식술의 법적 문제: 곧 정자쇼핑 가능?〉,

2020.12.14.

13 위의 기사.

14 위의 기사.

15 오호철, 〈보조생식술을 통해 태어난 자의 친자관계에 관한 소고〉, 《법학연구》 3호, 한국법학회, 2009, 164쪽 각주 12번.

16 성윤미·김숙정, 〈보조생식술을 통해 태어난 자의 친자관계에 대한 법률안의 제안〉, 《의생명과학과 법》7권, 원광대학교 법학연구소, 2012, 258쪽.

17 위의 기사.

18 HFEA, "Welfare of the child", 〈Code of Practice〉(8th edition), 2012.8. 김명희, 〈보조생식술, 그리고 생명 윤리〉, 《생명 윤리포럼》3권 3호, 국가생명윤리정 책원, 2014, 10쪽에서 재인용.

19 위의 기사.

20 성윤미·김숙정, 위의 글, 266쪽.

21 김은애, 〈생명의료과학기술의 발전에 따른 여성의 재생산권리에 관한 연구: 생식세포 기증 및 보조생식술에 관한 법과 제도를 중심으로〉, 《법학논집》13 권 1호, 이화여자대학교 법학연구소, 2008, 283-284쪽.

22 위의 기사.

23 2021년 2월 2일 여성가족부는 〈건강가정기본법〉 개정안을 통해 '가족'을 '혼 인·혈연·입양으로 이루어진 사회의 기본 단위'로 정의하고 있는 기존 〈건강 가정기본법〉의 협소한 정의 규정을 삭제하고, "가족 유형별 차별 해소를 위해 '건강가정기본법' 상 '건강가정'을 가치중립적인 용어로 변경하거나 '가족' 의 정의 규정을 삭제하는 방안 등으로 법안 개정을 추진한다"고 밝혔다(뉴스 핌, 2021.2.2.). 그러나 2022년 9월 24일에는 완전히 반대 입장으로 선회하였 다. "여성가족부가 가족의 법적 정의를 삭제하는 건강가정기본법 개정안에 대해 '현행 유지가 필요하다'라는 의견을 내면서 지난 18년간 이어진 논의를 무력화했"을 뿐 아니라, "'건강가정'이란 용어에 대해서도 존치 의견을 밝"힘

으로써(《시사IN》, 2022.10.24.) 부계 혈통 중심적, 이성애 중심적 정상 가족 이데올로기를 고수하고 있다. 《뉴스핌》, 〈[2021 업무보고] 여가부, 동거·비혼 등 다양한 가족 형태 지원〉, 2021.2.2.;《시사IN》, 〈'다양한 가족' 포용하자더니, 여가부는 왜 입장을 바꿨나〉, 2022.10.24.

24 《한국리서치》, 〈[기획] 비혼 출산, 어떻게 생각하십니까?〉, 2021.1.13.

25 《크리스천투데이》, 위의 기사.

26 김은애, 〈여성의 재생산건강권 보장에 관한 소고: 보조생식술에서의 배아이식 문제를 중심으로〉, 《이화젠더법학》 1권 1호, 이화여자대학교 젠더법학연구소, 2010, 158쪽.

27 김은애, 〈여성의 재생산권리와 생명의료과학기술의 관계에 대한 소고: 보조생식술의 이용을 중심으로〉, 《법철학연구》 12권 1호, 한국법철학회, 2009, 132쪽.

28 김은애, 〈생명의료과학기술의 발전에 따른 여성의 재생산권리에 관한 연구: 생식세포 기증 및 보조생식술에 관한 법과 제도를 중심으로〉, 《법학논집》 13권 1호, 이화여자대학교 법학연구소, 2008, 275쪽.

29 김은애, 〈여성의 재생산권리와 생명의료과학기술의 관계에 대한 소고: 보조생식술의 이용을 중심으로〉, 《법철학연구》 12권 1호, 한국법철학회, 2009, 122쪽.

30 위의 글, 122-123쪽.

31 김은애, 〈여성의 재생산건강권 보장에 관한 소고: 보조생식술에서의 배아이식 문제를 중심으로〉, 《이화젠더법학》 1권 1호, 이화여자대학교 젠더법학연구소, 2010, 161쪽.

5장 장기이식의 윤리적 쟁점 모아 보기

1 WHO, "GKT1 Activity and Practices". https://www.who.int/transplantation/knowledgebase/en/ (2019.4.30. 접속)

2 Rosenblum, A. M., L. D. Horvat, L. A. Siminoff, V. Prakash, J. Beitel and A. X. Garg, "The authority of next-of-kin in explicit and presumed consent systems for deceased organ donation: an analysis of 54 nations", *Nephrol Dial Transplant* 27(6), 2012, pp.2533-2546.

3 쌍 기증 프로그램이란 장기의 조직적합성이 맞지 않으나 감정적 유대가 있는 기증자가 장기를 기증할 수 있도록 두 명 이상의 수혜자가 두 명 이상의 기증자로부터 조직적합성에 맞게 수혜 받을 수 있게 하는 프로그램이다.

4 Shimazono, Y., "The state of the international organ trade: a provisional picture based on integration of available information", *B World Health Organ* 85(12), 2007, pp.955-962.

5 Ambagtsheer, F., J. Jong, W. M. Bramer and W. Weimar, "On Patients Who Purchase Organ Transplants Abroad", *Am J Transplant* 16(10), 2016, pp.2800-2815.

6 Babik, J. M. and P. Chin-Hong, "Transplant Tourism: Understanding the Risks", *Curr Infect Dis Rep* 17(4), 2015, p.18.

6장 안락사를 어떻게 볼 것인가

1 자발적·반자발적·비자발적 안락사의 구분에 대한 설명은 피터 싱어, 황경식 외 옮김,《실천윤리학》(개정판), 철학과현실사, 1991에서 발췌했다.

2 이 논의는 위의 글, 217-257쪽을 참조한 것이다. 더 자세한 내용은 이 글의 '안락사에 대한 찬반 논의' 꼭지를 참조하기 바란다.

3 이 내용은 박형욱,〈세브란스병원 사건의 경과와 의의〉,《대한의사협회지》52 권9호, 대한의사협회, 2009, 848-855쪽에서 일부 발췌했다.

4 이에 관해서는 이 책의 7장을 참조하기 바란다.

⁵ 이 내용은 피터 싱어, 위의 글, 217–257쪽을 참조했다.

⁶ 비자발적 안락사에 관한 이 글의 논의는 피터 싱어, 위의 글을 요약하여 설명한 것이다. 이 주장에 관해서는 피터 싱어의 글을 참조하길 권한다.

⁷ 이 논의는 동물해방론자인 피터 싱어의 입장이 분명하게 드러나는 부분이다. 이에 관해서는 피터 싱어, 김성한 옮김, 《동물 해방》(개정완역판), 연암서가, 2012, 제6장을 참조하기 바란다.

⁸ 이 원칙에 관해서는 이동익, 〈현대 한국사회의 인간 생명의 존엄성〉, 《20주년 학술대회 자료집》, 가톨릭생명윤리연구소, 2022, 5–16쪽을 참조하기 바란다.

⁹ 이 내용은 구영모, 〈우리나라는 '존엄사' 인정한 적 없다〉, 《아산의 향기》 2013 겨울호, 아산사회복지재단, 2013에서 발췌했다.

¹⁰ 한국 천주교 주교회의 생명윤리위원회 담화, 〈김수환 추기경의 선종은 결코 존엄사가 아닙니다〉, 2009.3.19.

7장 〈연명의료결정법〉 자세히 보기

¹ The Linacre Center for health Ethics, "'Ordinary' and 'extraordinary' means of prolonging life", in Watt, H., *Life and Death in Healthcare Ethics*, Routledge, 2000.

² 〈연명의료결정법〉 제2조 4호.

³ 《일요시사》, 〈존엄사법 시행 1년, 그 후〉, 2019.2.11.; 《KTV국민방송》, 〈웰다잉법 시행, 연명치료 중단 증가〉, 2018.7.31.

⁴ 엄주희·김명희, 〈호스피스 완화의료와 의사조력자살 간 경계에 관한 규범적 고찰〉, 《법학연구》 78호, 한국법학회, 2018, 1–32쪽.

⁵ 이석배, 〈소위 '연명의료결정법'의 주요 내용과 현실 적용에서 쟁점과 과제〉, 《법학논총》 29권 23호, 국민대학교 법학연구소, 2017, 311–340쪽.

[6] 위의 법, 제1조.

[7] 위의 법, 제16조.

[8] 위의 법, 제3조.

[9] 대법원 2004.6.24. 선고 〈2002도995〉 판결.

[10] 대법원 2009.5.21. 선고 〈2009다17417〉 판결.

[11] 서울고등법원 2009.2.10. 선고 〈2008나116869〉 판결.

[12] 배종면·류호걸·이희영·정선영·조정현·이나래, 〈무의미한 연명치료 중단을 위한 사회적 합의안 제시〉, 한국보건의료연구원, 2009.

[13] 국가생명윤리심의위원회, 〈국가위원회의 연명의료 결정을 위한 권고〉, 2013.

[14] 이 내용은 국가생명윤리정책원, 〈연명의료결정 법제화 백서〉, 2019를 참조했다.

[15] 위의 글.

[16] 위의 법, 제2조 4호.

[17] 〈연명의료결정법 시행령〉 제2조 4호.

[18] 〈연명의료결정법〉 제2조 8호.

[19] 위의 법, 제2조 9호.

[20] 위의 법, 제12조.

[21] 이 기관들은 각각 〈지역보건법〉 제2조, 〈의료법〉 제3조, 〈공공기관의 운영에 관한 법률〉 제4조, 〈노인복지법〉 제36조에 따른 기관들을 말한다.

[22] 위의 법, 제11조.

[23] 위의 법, 제10조.

[24] 위의 법, 제18조.

[25] 위의 법, 제15조.

[26] 정극규·윤수진·손영순, 《알기 쉬운 임상 호스피스·완화의료》, 마리아의작은자매회, 2016.

[27] 위의 법, 제2조 6호.

[28] 위의 법.

[29] 위의 글, 64–65쪽.

[30] 위의 법; 〈연명의료결정법 시행규칙〉 제2조의2.

[31] 〈연명의료결정법〉 제21조.

[32] 이 내용은 위의 법, 제8조를 참조했다.

[33] 위의 법, 제9조.

[34] 이 내용은 위의 법, 제23조를 참조했다.

[35] 이 내용은 김보배·김명희, 〈무연고자의 연명의료 결정: 제도적 관점에서〉, 《한국의료윤리학회지》 21권 2호, 한국의료윤리학회, 2018, 114–128쪽을 참조했다.

[36] 이 내용은 김보배·김명희, 〈연명의료결정법의 한계를 극복하기 위한 대리인 지정제도 도입방안 모색〉, 《한국의료윤리학회지》 21권 2호, 한국의료윤리학회, 2018, 95–113쪽을 참조했다.

[37] 엄주희, 〈미성년자 연명의료 결정에 관한 소고〉, 《법학논총》 41호, 숭실대학교 법학연구소, 2018, 121–144쪽.

8장 임상시험의 윤리를 생각한다

[1] 이 내용은 신상구, 〈신약 임상시험의 과정 및 관련 지침〉, 《대한임상약리학회 2000년도 춘계 워크샵 자료》, 대한임상약리학회, 2000, 32–35쪽을 참조했다.

[2] 이 내용은 〈세계의사회 헬싱키 선언: 인간 대상 의학 연구 윤리 원칙〉, 《대한의사협회지》 57권 11호, 대한의사협회, 2014, 899–902쪽을 수정·보완했다.

9장 윤리적인 동물실험은 어떻게 가능한가

1 농림축산검역본부, 〈2021년 동물실험윤리위원회 운영 및 동물실험 실태조사 현황자료〉, 2022.

2 김명식, 〈동물실험과 심의〉, 《철학》 92호, 한국철학회, 2007, 231−256쪽.

3 Day, N., *Animal Experimentation: Cruelty or Science?*, Enslow Publisher, 2000.

4 황상익, 《역사 속의 의인들》, 서울대학교출판부, 2004, 68쪽.

5 Hurley, J., *Animal Rights*, Greenhaven Press, 1999, p.44.

6 배옥남·이무열·정승민·하지혜·정진호, 〈환경 오염물질 비소의 체내 대사 및 인체 위해성〉, 《환경독성학회지》 21권 1호, 환경독성보건학회, 2006, 1−11쪽.

7 피터 싱어, 김성한 옮김, 《동물 해방》, 인간사랑, 1999, 177쪽.

8 김명식, 위의 글.

9 위의 글.

10 추정완·최경석·권복규, 〈동물권 옹호론과 영장류 실험에 대한 윤리적 검토〉, 《생명윤리》 8권 1호, 한국생명윤리학회, 2007, 41−53쪽.

11 위의 글.

12 Paton, W. D., "Animal Experiment: British and European Legislation and Practice", *Ann N Y Acad Sci* 406, 1983, p.1.

13 Garner, R., "The Politics of Animal Research in Britain", *Political Animals*, Palgrave Macmillan, 1998, p.177.

14 김명식, 위의 글.

15 Kempermann, G. and H. G. Kuhn and F. H. Gage, "More hippocampal neurons in adult mice living in an enriched environment", *Nature* 3, 1997, p.386.

10장 유전상담이란 무엇인가

[1] 최인희·신현기, 〈희귀·난치성질환자 가족의 가족적응에 영향을 주는 요인 분석〉,《지체.중복.건강장애연구》58권 3호, 한국지체.중복.건강장애교육학회, 2015, 55−81쪽.

[2] 김현주, 〈한국 의료제도와 유전상담 서비스의 구축〉,《대한의학유전학회지》8권 2호, 대한의학유전학회, 2011, 89−99쪽.

[3] 대한의학유전학회. http://www.ksmg.or.kr (2023.1.19. 접속)

[4] Krush, A. J., "History of Genetic Counseling", *Transactions of the Nebraska Academy of Sciences and Affiliated Societies* 1, 1972, pp.132−140.

[5] Kevles, D. J., "Eugenics and human rights", *BMJ* 319(7207), 1999, pp.435−438.

[6] 위의 글.

[7] Garver, K. L. and B. Garver, "Eugenics: past, present, and the future", *Am J Hum Genet* 49(5), 1991, pp.1109−1118.

[8] Kevles, D. J., 위의 글.

[9] 위의 글.

[10] 위의 글.

[11] 위의 글; Garver, K. L. and B. Garver, 위의 글.

[12] Krush, A. J., 위의 글; Garver, K. L. and B. Garver, 위의 글.

[13] Garver, K. L. and B. Garver, 위의 글.

[14] 위의 글; Kevles, D. J., 위의 글.

[15] Garver, KL. and Garver B., 위의 글.

[16] 위의 글.

[17] 위의 글; Kevles, D. J., 위의 글.

[18] Weil, J., *Psychosocial genetic counseling*, Oxford University Press, 2000; Kessler, S., "Psychological aspects of genetic counseling: VII. Thoughts on directiveness", *J*

Genet Couns 1(1), 1992, pp.9-17.

[19] Weil, J., 위의 글.

[20] Uhlmann, W. R., J. L. Schuette and B. M. Yashar, *A Guide to Genetic Counseling*(2nd edition), John Wiley & Sons, 2009.

[21] 위의 글.

[22] Resta, R. G., "The Historical Perspective: Sheldon Reed and 50 Years of Genetic Counseling", *J Genet Counsel* 6(4), 1997, pp.375-377.

[23] 위의 글.

[24] 위의 글.

[25] Uhlmann et al., 위의 글.

[26] 위의 글.

[27] 위의 글.

[28] Brock, D. J. and R. G. Sutcliffe, "Alpha-fetoprotein in the antenatal diagnosis of anencephaly and spina bifida", *Lancet* 2(7770), 1972, pp.197-199.

[29] American Society of Human Genetics(ASHG), "Genetic counseling", *Am J Hum Genet* 27(2), 1975, pp.240-242.

[30] Kessler, S., 위의 글.

[31] 위의 글; Uhlmann et al., 위의 글.

[32] Kessler, S., 위의 글.

[33] 위의 글; Uhlmann et al., 위의 글.

[34] Uhlmann et al., 위의 글.

[35] American Society of Human Genetics(ASHG), 위의 글.

[36] Uhlmann et al., 위의 글.

[37] 위의 글.

[38] Resta R., B. B. Biesecker, R. L. Bennett, S. Blum, S. E. Hahn, M. N. Strecker and J. L. Williams, "A new definition of Genetic Counseling: National Society of

Genetic Counselors Task Force report", *Journal of Genetic Counseling* 15(2), 2006, pp.77−83.

[39] Uhlmann et al., 위의 글.

[40] Marks, J. H. and M. L. Richter, "The genetic associate: a new health professional", *Am. J. Public Health* 66, 1976, pp.388−390.

[41] Uhlmann et al., 위의 글; American Board of Genetic Counseling(ABGC). https://www.abgc.net (2022.11.28. 접속)

[42] 위의 글.

[43] 위의 글; Accreditation Council for Genetic Counseling(ACGC). https://www.gceducation.org. (2022.11.28. 접속)

[44] Accreditation Council for Genetic Counseling(ACGC), 위의 웹사이트.

[45] Abacan, M., L. Alsubaie and K. Barlow−Stewart et al., "The Global State of the Genetic Counseling Profession", *European Journal of Human Genetics* 27(2), 2019, pp.183−197.

[46] National Society of Genetic Counselors(NSGC). https://www.nsgc.org. (2022.11.28. 접속)

[47] Transnational Alliance for Genetic Counseling(TAGC). http://tagc.med.sc.edu. (2022.11.28. 접속)

[48] 김현주, 〈한국 의료제도와 유전상담 서비스의 구축〉, 《대한의학유전학회지》8권 2호, 대한의학유전학회, 2011, 89−99쪽.

[49] 질병관리청 희귀질환 헬프라인. http://helpline.kdca.go.kr. (2022.11.28. 접속)

[50] 위의 글.

[51] 대한의학유전학회, 위의 웹사이트.

[52] 이 내용은 최인희·구영모, 〈유전상담사 자격인증 제도와 국내 석사학위 과정의 의료윤리 교육〉, 《생명윤리》21권 1호, 한국생명윤리학회, 2020, 41−56쪽을 참조했다.

[53] Kessler, S., 위의 글.

[54] Uhlmann et al., 위의 글.

[55] National Society of Genetic Counselors(NSGC), 위의 웹사이트.

[56] 이동환, 〈유전성 대사질환의 신생아 스크리닝〉, 《Clinical and Experimental Pediatrics》 49권 11호, 대한소아청소년과학회, 2006, 1125−1139쪽.

[57] Borry, P., J. Fryns, P. Schotsmans and K. Dierickx, "Carrier testing in minors: a systematic review of guidelines and position papers", *European Journal of Human Genetics* 14, 2006, pp.133−138.

[58] 위의 글.

[59] National Society of Genetic Counselors(NSGC), 위의 웹사이트; American Medical Association. https://www.ama−assn.org/topics/ama−code−medical−ethics. (2022.11.25. 접속)

[60] American Society of Human Genetics(ASHG). https://www.ashg.org. (2022.11.25. 접속)

[61] Miller, D. T., K. Lee and N. S. Abul−Husn et al., "ACMG SF v3.1 list for reporting of secondary findings in clinical exome and genome sequencing: A policy statement of the American College of Medical Genetics and Genomics(ACMG)", *Genetics Medicine* 24(7), 2022, pp.1407−1414.

[62] 〈생명윤리법〉.

11장 빅데이터 시대, 건강정보 관련 법제의 현재와 미래

[1] 이 글은 이서형, 〈개인정보 보호법 개정과 건강정보의 가명처리: 건강정보 처리에 관한 프라이버시 보호 체계의 정립 필요성〉, 《BioINregulation》 2021−2호, 한국생명공학연구원 생명공학정책연구센터, 2021, 1−19쪽을 주제에 맞

게 정리·보완한 것이다.

2 보건복지부는 정밀의료를 "개인의 진료정보, 유전정보, 생활습관 정보 등 건강 관련 데이터를 통합·분석하여, 치료 효과를 높이고 부작용은 낮춘 최적의 개인 맞춤의료"로 정의했다. 보건복지부 보도자료, 〈개인맞춤의료 실현을 향한 '정밀의료 사업단' 출범〉, 2017.9.5. 최근 들어서는 개인 맞춤형으로 정밀의료서비스가 적용되는 점을 고려해, 특히 산업계를 중심으로 '정밀의료' 대신 '(개인) 맞춤의료personalized medicine'라는 용어가 보다 빈번하게 사용되고 있다.

3 '인간 유전체 프로젝트'는 미국·영국·일본·프랑스·독일·중국 등 전 세계 국가들이 참여하는 대대적인 형태로 13년간 진행되었고, 30억 개 DNA 염기서열의 약 99퍼센트를 해독하는 성과를 낳았다. 이 프로젝트를 통해 인간 유전체를 분석하면서 인간 질병에 대한 이해가 높아졌고, 유전체와 질병과의 연관성을 밝히는 유전학 연구 등 관련 학문의 발전이 촉진되었다. 이뿐만 아니라 유전체 분석 기기를 개발하거나 유전체 분석 서비스를 제공하는 기업들이 생겨나는 등 관련 산업의 발전으로도 이어졌다.

4 이와 같은 개인정보의 가명처리가 가능한 목적 가운데, 생명의료 분야 연구와 관련해서는 '과학적 연구' 목적이 보다 밀접한 관련성을 갖는다.

5 〈개인정보 보호법〉 제2조 1의2호.

6 위의 법, 제28조의3.

7 이와 같은 내용은 동 가이드라인의 개정 후에도 그대로 유지되고 있다. 보건복지부·개인정보보호위원회, 〈보건의료데이터 활용 가이드라인〉, 2022.12. 참조.

8 이 글에서 프라이버시는 공·사 영역의 이분법에 기초한 사적 영역에 국한된 개념이 아니다. 발달한 정보통신 기술이 개인정보를 광범위하게 수집하여 소위 개인 내면의 영역까지 분석하고 개인이 거부하기 어려운 선택지를 제시하는 상황에서, 공·사 영역의 이분법에 기초한 프라이버시 개념으로는 공동체 구성원이 스스로 자신의 정체성과 삶의 형성에 관해 결정할 수 있는 자유와 권리를 보장하기 어렵다. 이미 프라이버시 개념의 재정립을 위한 다양한 논의가

전개 중이다. 이 글에서 프라이버시는, 자신과 타자의 삶을 살피는 가운데 모든 공동체 구성원이 정보의 처리에 관해 알고 이에 관해 숙고 및 결정하면서 자신의 정체성과 삶을 스스로 정립할 수 있도록 하는 과정적 영역의 개념으로 보고자 한다. 이서형, 〈프라이버시 보호의 관점에서 개인정보 보호 법제 및 개정 방향에 관한 검토: 공·사 영역의 이분법에 대한 고찰을 중심으로〉, 《생명윤리정책연구》 13권 2호, 2020, 1–38쪽 참조.

9 수집 제한의 원칙Collection Limitation Principle, 데이터 정확성의 원칙Data Quality Principle, 목적 명확화의 원칙Purpose Specification Principle, 이용 제한의 원칙Use Limitation Principle, 안전성 확보의 원칙Security Safeguards Principle, 공개의 원칙Openness Principle, 개인 참여의 원칙Individual Participation Principle, 책임의 원칙Accountability Principle을 일컫는다. 이 가운데 책임의 원칙은 개인정보처리자가 앞선 7개의 프라이버시 원칙들을 준수하는 데에 필요한 조치를 취해야 함을 그 내용으로 하는 원칙이다. OECD, 〈OECD Guidelines on the Protection of Privacy and Transborder Flows of Personal Data〉, 1980.

10 OECD, 〈The OECD Privacy Framework〉, 2013, p.17.

11 위의 법, 제7조 내지 제7조의14.

12 위의 법, 제28조의4 내지 6.

13 GDPR은 개인정보처리자로 하여금 개인정보 처리 시 안전조치 등의 의무를 다했음을 스스로 입증하도록 하는 한편(제24조), 개인정보를 처리함에 있어 설계 및 기본 설정에 의한 개인정보 보호(제25조), 개인정보 보호 영향 평가(제35조), 목적 외로 개인정보 처리 시 양립 가능성에 대한 평가(제6조 4항) 등을 거치도록 의무를 부과하는 등 개인정보처리자의 책임을 강화하는 규정을 신설했다.

14 GDPR 제83조.

15 〈개인정보 보호법〉 제70조 내지 제76조.

16 위의 법, 제28조의2 내지 7.

17 예를 들어, 〈디지털 헬스케어 진흥 및 보건의료데이터 활용 촉진에 관한 법률안〉(강기윤 의원 대표 발의, 2022. 10. 7.).

18 GDPR 제4조 5호.

19 GDPR 전문recital 제29조.

20 데이터 최소화의 원칙은 개인정보의 처리는 적절하고 관련되며, 개인정보를 처리하는 목적과 관련하여 필요한 것으로 제한되어야 함을 규정한다. GDPR 제5조 1항 (c) 참조.

21 〈개인정보 보호법〉은 가명처리에 관해서만 규정하는 GDPR과는 달리 '가명정보' 개념을 신설하여, 이를 "(동법상 규정한 바에 따라) 가명처리함으로써 원래의 상태로 복원하기 위한 추가 정보의 사용·결합 없이는 특정 개인을 알아볼 수 없는 정보"로 정의했다. 여기서 가명정보는 개인을 식별할 수 있는 정보, 즉 개인정보의 범주에 포함된다(제2조 1호 다목). 또한 동법은 개인정보가 안전하게 가명처리되어 이용될 수 있도록, 개인정보처리자로 하여금 "원래의 상태로 복원하기 위한 추가 정보를 별도로 분리하여 보관·관리하는 등 해당 정보가 분실·도난·유출·위조·변조 또는 훼손되지 않도록 대통령령으로 정하는 바에 따라 안전성 확보에 필요한 기술적·관리적 및 물리적 조치를" 취하도록 하는 의무를 부과했다(제28조의4 1항).

22 위에서 살펴본 GDPR 제89조뿐만 아니라 전문 제28조에서도 동 규정은 가명처리에 대해, 관련된 정보주체에 대한 위험성을 줄이고 개인정보처리자로 하여금 개인정보 보호의 의무를 준수할 수 있도록 하는 안전조치 중 하나임을 밝힌다. 같은 내용이 명시된 제32조 1항 (a) 참조.

23 〈개인정보 보호법〉 제28조의3 1항에 따르면, 전문 기관을 통해 서로 다른 개인정보처리자가 보유하는 가명처리하기 전의 '개인정보'가 아닌 가명처리를 거친 '가명정보'를 결합하도록 되어 있다. 그러나 동 조항의 위임을 받아 제정된 〈가명정보의 결합 및 반출 등에 관한 고시〉(개인정보보호위원회 고시)에서는 법률에는 규정되지 않은 동일 정보주체에 관한 수많은 '개인정보'를 연결하

는 '결합키'와, 결합키를 생성해 전문 기관의 '개인정보'를 결합할 수 있도록
하는 '결합키관리기관' 개념이 등장한다.

24 개인정보보호위원회, 〈가명정보 처리 가이드라인〉, 2022.4., 50쪽.

25 〈개인정보 보호법〉 제35조 내지 제37조.

26 GDPR 제89조 2항. 공익을 위한 기록보존 목적으로 제89조 1항에 따라 개인정
보를 처리하는 경우에 있어 정보주체의 권리 제한에 관해서는 동조 3항 참조.

27 〈개인정보 보호법〉 제30조, 전술한 〈가명정보 처리 가이드라인〉, 〈보건의료데
이터 활용 가이드라인〉 등 참조.

반면, GDPR은 개인정보처리자가 ① 정보주체로부터 개인정보를 수집하는
경우와, ② 정보주체 외의 자로부터 개인정보를 수집하는 경우로 나누어 개인
정보처리자로 하여금 정보주체에게 개인정보 처리에 관한 상세한 정보를 제
공하도록 한다(제13조 및 제14조). 동 규정에 따르면, 개인정보를 최초 수집 목
적 외로 처리하는 경우에도 개인정보처리자는 그 처리에 관한 정보를 최초 수
집 시와 마찬가지로 제공해야 한다. 다만, 개인정보처리자가 정보주체 '이외'
의 자로부터 개인정보를 수집한 때에, 특히 공익적 기록보존, 과학적·역사적
연구, 통계적 목적을 위해 제89조 1항에 따라 개인정보를 처리함에 있어, 그
에 관한 정보의 제공이 불가능한 것으로 입증되거나 과도한 노력을 요하는 경
우에 해당한다면 개인정보처리자는 정보주체에게 제공해야 할 정보를 온라
인 홈페이지 등을 통해서라도 공개하는 등 정보주체의 권리와 자유 및 정당한
이익을 보호하기 위한 적정한 조치를 취해야 한다(제14조 5항 (b)).

그에 반해, 우리나라 〈개인정보 보호법〉은 개인정보처리자가 정보주체로부터
개인정보를 수집한 경우에도, 가명처리에 관한 사항을 정보주체에게 고지하
는 것이 아니라 개인정보처리방침을 통해서만 알리도록 한다. 정보주체에의
고지를 통한 정보의 제공이 불가능하거나 불균형의 노력을 수반하는지 입증·
평가하는 절차는 가명정보 처리에 관한 상세한 정보의 제공을 일괄 제한하는
데 있어 고려되지 않는다. 또한 공개하는 내용 역시 정보주체에게 고지해야 할

구체적인 처리에 관한 내용이 아니라 기본적인 처리 방침에 불과하여, 가명처리와 관련해 개인정보의 처리에 대한 투명성을 확보하고 정보주체의 알 권리를 보장하기 위한 대안 마련의 조치를 충분하게 취한 것으로 보기 어렵다. 한편, 결합키관리기관 및 전문 기관에 의한 가명정보의 결합 및 결합한 가명정보의 제공에 관한 정보 역시도 정보주체에게 제공되지 않고 있는 상황이다.

[28] 개별 법률에 혼재되어 있는 건강정보, 보건의료데이터, 보건의료정보 등의 개념에 대해서도 체계적으로 정비하는 작업이 필요하다. 이에 관해서는 추후 지면을 할애하여 상세하게 논의한다. 다만 의료기관에서 생성되는 진료기록정보 등 외에, 정보주체로부터 기기 등의 센서를 통해 수집되는 라이프로그 등과 같은 정보의 중요성 역시 높아질 것으로 예상되므로, 위 개념들 중 건강정보 개념을 중심으로 유사한 개념들을 하위 개념으로 정비하는 것이 적절할 것으로 보인다. 한편 건강정보 역시 개인정보 중 하나이므로, 그 특성을 고려하여 식별 가능성 판단 기준 등을 정비하는 것이 필요하다.

[29] 〈생명윤리법〉 제2조 18호.

[30] 위의 법, 제2조 17호.

[31] 〈개인정보 보호법〉 제3조 7호, GDPR 전문 제26조 참조.

[32] 〈생명윤리법〉 제2조 19호.

[33] 이에 관한 자세한 내용은 이서형, 〈생명윤리법상 익명화의 개선 방안에 관한 연구〉,《생명윤리》20권 2호, 2019, 1–28쪽 참조.

[34] 최근 들어 〈생명윤리법〉상 동의 면제 규정(제16조 3항 및 제37조 4항)에 근거하여 연구대상자, 인체유래물 기증자 등에 대한 빅데이터 연구가 활발하게 수행되고 있다.

[35] GDPR에 따르면, 추가 정보를 이용할 경우에 정보주체를 식별할 수 있도록 가명처리한 개인정보와는 달리, 식별된 또는 식별 가능한 자연인과 관련되지 않거나, 또는 정보주체가 식별되지 않거나 더 이상 식별되지 않는 방식으로 처리한 정보(통틀어, anonymous data)에 대해서는 동 규정이 적용되지 않는다.

[36] Article 29 Data Protection Working Party, 〈Opinion 05/2014 on Anonymisation Techniques〉, 2014, p.23.

[37] GDPR 전문 제54조.

[38] 〈Care Act〉 제122조; 이서형, 〈국내 보건의료 빅데이터 법제의 구축에 관한 고찰: 알 권리의 보장을 중심으로〉, 《의료법학》 19권 3호, 2018, 145쪽.

[39] 〈개인정보 보호법〉 제28조의7.

[40] 개인 참여의 원칙이란 개인이 "a) 개인정보처리자가 자신에 관한 정보를 갖고 있는지 여부에 대해 개인정보처리자 또는 그 밖의 자로부터 확인을 받을 권리, b) 개인에 관한 정보를 상당한 기간 내에 과다하지 않은 비용으로, 합리적인 방법 및 알기 쉬운 형태로 통지 받을 수 있는 권리, c) a) 및 b)의 요구가 거부당한 경우에는 그 이유를 밝히도록 하고, 이와 같은 거부에 대해 이의를 제기할 수 있는 권리, d) 자신에 관한 정보에 대해 이의를 제기하고, 그 이의가 인정되지 않는 경우에는 그 정보를 삭제·정정·보완·수정하도록 하는 권리를" 가짐을 규정하는 원칙이다(제13조). OECD, 〈OECD Guidelines on the Protection of Privacy and Transborder Flows of Personal Data〉, 1980, p.58.

[41] GDPR 제89조 2항 및 3항.

[42] 대통령 직속 4차산업혁명위원회·관계부처 합동, 〈국민 건강증진 및 의료서비스 혁신을 위한 '마이 헬스웨이(의료분야 마이데이터)' 도입 방안〉, 2021.2.

[43] GDPR 제20조.

[44] Article 29 Data Protection Working Party, 〈Guidelines on the right to data portability〉, 2017, pp.3-4; European Commission, 〈A European strategy for data〉, 2020, pp.29-30.

[45] 〈신용정보의 이용 및 보호에 관한 법률〉 제33조의2; 〈개인정보 보호법 일부개정법률안〉(정부 발의, 2021.9.28.) 제35조의2.

[46] 〈디지털 헬스케어 진흥 및 보건의료데이터 활용 촉진에 관한 법률안〉(강기윤 의원 대표 발의, 2022.10.7.) 제13조 참조.

47 이와 더불어 OECD 이사회는 건강정보 거버넌스를 구축함에 있어 고려해야 할 원칙으로서, 공익을 위해 건강정보 체계가 운용되는지에 관한 검토, 정보 주체에 대한 건강정보 처리 및 침해 발생 등에 관한 명확한 정보의 제공, 사전 동의 및 이를 대체할 수 있는 적절한 대안의 마련, 건강정보 처리의 목적·기준·절차 및 정보 수령자의 범위를 포함한 승인 결과 등의 공개를 통한 투명성 확보 등을 제시했다. OECD, 〈Recommendation of the Council on Health Data Governance〉, 2017.

48 UNESCO Communication and Information Sector, 〈Steering AI and Advanced ICTs for Knowledge Societies〉, 2019. 이서형, 〈프라이버시 보호의 관점에서 개인정보 보호 법제 및 개정 방향에 관한 검토: 공·사 영역의 이분법에 대한 고찰을 중심으로〉,《생명윤리정책연구》13권 2호, 2020, 30쪽에서 재인용.

49 이에 관해서는 이서형, 위의 글 참조.

지은이 소개
[게재순]

구영모

울산대학교 의과대학 인문사회의학교실 주임교수. 서울대학교 철학과를 졸업하고 미국 캘리포니아대학교(샌타바버라)에서 생명의료윤리 전공으로 철학 석사와 박사 학위를 받았다. 한국생명윤리학회 회장을 역임했고, 서울아산병원 임상연구심의위원회 위원, 서울대학교병원 동물실험윤리위원회 위원 등을 맡고 있다. 저서로 《죽음: 생명윤리적 접근》, 《첨단 생명과학의 윤리적 문제들》, 《임상윤리학》(공저), 《간호윤리학》(공저), 《과학의 발전과 윤리적 고민》(공저) 등이 있다.

피터 싱어 Peter Singer

프린스턴대학교 인간가치센터 생명윤리학 석좌교수이자 멜버른대학교 철학과 명예교수. 호주 멜버른대학교에서 철학 학사와 석사, 영국 옥스퍼드대학교에서 철학박사DPhil 학위를 받았다. 실천윤리학계의 세계적 석학이자 1970년대부터 동물권 논의를 이끌어온 동물해방론자이다. 2005년 《타임》의 '세계에서 가장 영향력 있는 100인'으로 선정되었고 2021년 베르그루엔상Berggruen Prize for Philosophy and Culture을 수상했다. 저서로 《동물 해방》, 《실천윤리학》, 《사회생물학과 윤리》, 《이렇게 살아가도 괜찮은가》, 《더 나은 세상》, 《왜 비건인가》 등이 있다.

김선혜

이화여자대학교 여성학과 조교수. 연세대학교 사회학과를 졸업하고 미국 메릴랜드대학교에서 여성학 박사 학위를 받았다. 주된 연구 관심사는 재생산 의료기술의 초국적 이동과 재생산권이다. '성적권리와 재생산정의를 위한 센터 SHARE'에 기획운영위원으로 참여하고 있다. 저술 논문으로 〈산업재해로서 태아건강손상: 여성노동자 모성보호강화를 넘어 보편적 재생산건강 문제로〉, 〈'제3자 생식' 규제를 둘러싼 한국의 재생산 정치: 난자·정자공여와 대리모는 왜 문제가 되었는가〉, 〈재생산의료 영역에서의 남성: 한국의 보조생식기술과 난임 남성의 비가시화〉 등이 있다.

윤지영

창원대학교 철학과 부교수로 재직 중인 페미니스트 철학자. 프랑스 소르본대학교에서 철학 학사와 석사, 프랑스 팡테옹—소르본대학교에서 철학 박사를 받았다. 주된 연구 관심사는 인류세, 신물질주의, 프랑스 현대철학이다. 저서로《지워지지 않는 페미니즘》, 《탈코르셋 선언》(공저) 등, 역서로《자신을 방어하기》가 있고, 저술 논문으로 〈리얼돌, 지배의 에로티시즘〉, 〈젠더 게임 해부하기〉, "Escaping the Corset: Rage as a Force of Resistance and Creation in the Korean Feminist Movement", "Feminist Net-Activism as a New Type of Actor-Network that Creates Feminist Citizenship" 등이 있다.

최은경

경북대학교 의과대학 조교수. 서울대학교 의과대학을 졸업하고 동 대학원에서 인문의학(의사학) 전공으로 석사와 박사 학위를 받았다. 서울대학교병원 의학역사문화원 연구교수, 국가생명윤리정책원 선임연구원 등을 역임했다. 의료의 역사와 윤리 등 인문학적 측면에 대하여 읽고 쓰고 가르치고 있다. 의학사로는 동아시아 질병의 역사, 의료 전문직 및 제도의 역사 등을 연구하고 있다. 의료윤리

로는 생체시료·데이터 윤리, 말기 돌봄, 장기이식 등의 주제를 다루어왔으며 최근
에는 전염병 윤리와 건강 정의의 문제에 관심이 많다. 저서로 《감염병과 인문학》
(공저), 《코로나 팬데믹과 한국의 길》(공저)이 있고, 저술 논문으로 〈시론: 한국 사
회 감염병의 사회성·문화성과 돌봄윤리의 함의〉, 〈1970~1990년대 한국 유전자
산전진단기술 도입 – 성 감별에서 기형아 공포로〉 등이 있다.

김명희

국가생명윤리정책원 원장. 연세대학교 의과대학을 졸업하고 동 대학원에서 보건
학 석사, 의료법윤리학 박사 학위를 받았다. 대한적십자사 혈액원 연구실장, 국민
건강보험공단 전문연구위원, 이화여자대학교 생명윤리정책연구센터 연구교수,
한마음혈액원 부원장, 국가생명윤리정책원 연구부장과 사무총장 등을 역임했다.
연명의료결정제도 등 생명윤리 정책을 연구하고 장기이식운영위원회 등 정책위
원회에서 활동하며 국내 생명윤리 분야의 발전을 도모하고 있다. 저술 논문으로
〈'연명의료 결정에 관한 권고안'의 배경과 향후 과제〉, 〈독일 '장기와 조직의 기
증, 적출 및 이식에 관한 법' 개정에 대한 일고찰〉(공저), 〈보조생식술 관련 법제도
개선방안 연구〉(공저) 등이 있다.

이병한

오송첨단의료산업진흥재단KBIO Health 비임상지원센터 수석연구원. 건국대학교 수
의학과를 졸업하고 2007년부터 실험동물 전문 수의사로 일하고 있다. 국제실험동
물인증협회AAALAC International의 특별 전문가로 활동 중이며, 2019년 동물보호발전
분야 농림축산식품부장관 표창을 받았다. 주된 연구 관심사로 실험동물 복지, 마
취 및 통증 관리 등이 있다. 저서로 《동물실험길잡이》(공저), 《실험동물 길라잡이
토끼》(공저), 역서로 《실험동물의학》(공역) 등이 있고, 저술 논문으로 "Welfare
impact of carbon dioxide euthanasia on laboratory mice and rats: a systematic review"
(공저), "Laboratory animal laws, regulations, guidelines and standards in China

Mainland, Japan, and Korea"(공저) 등이 있다.

최인희

울산대학교 유전상담학과 교수이자 대한의학유전학회 인증 유전상담사. 순천향대학교 의과대학 간호학과를 졸업하고 단국대학교에서 교육학 석사와 박사 학위를 받았다. 서울아산병원 의학유전학센터에서 전담간호사와 유전상담사로 일했다. 희귀 유전 질환과 유전상담에 관해 연구하고, 국내 유전상담사 제도 정착을 위해 노력하고 있다. 저서로《유전상담》(공저), 《신생아 스크리닝》(공저), 역서로《보건의료인을 위한 유전학》이 있다.

이서형

법무법인 세승 변호사. 이화여자대학교 약학대학을 졸업하고 동 대학원에서 법학전문대학원 전문석사와 일반대학원 법학 박사 학위를 받았다. 제1회 변호사시험에 합격하고 서울대학교 법학연구소 선임연구원, 이화여자대학교 생명의료법연구소 연구교수를 역임했으며, 대한의료정보학회 법제이사, 과학기술정보통신부 산하 미래의학연구재단 자문위원 등을 맡고 있다. 개인정보 보호, 빅데이터, 인공지능 및 생명의료기술, 생명윤리 관련 법률 자문·소송과 학문적 연구를 함께 수행하고 있다. 저서로《코로나 시대의 법과 철학》등이 있고, 저술 논문으로〈국내 보건의료 빅데이터 법제의 구축에 관한 고찰: 알 권리의 보장을 중심으로〉, 〈프라이버시 보호의 관점에서 개인정보 보호 법제 및 개정 방향에 관한 검토: 공·사 영역의 이분법에 대한 고찰을 중심으로〉 등이 있다.

한 손에 잡히는 생명윤리

난자 매매부터 유전자 특허까지

....

도나 디켄슨 지음 | 강명신 옮김 | 264쪽

- 대리모 산업은 왜 문제인가?
- 증강기술로 모두가 '업그레이드' 된다면 어떤 일이 벌어질까?
- 유전자에 특허를 받는 것이 가능한 일인가?
- 줄기세포 연구는 실제로 무엇을 가져다주었나?
- 생명공학의 과정과 분배는 정의로운가?
- '생명자본주의' 시대에 윤리의 역할은 무엇일까?

생명공학의 맨얼굴에 관한 짧지만 도발적인 이야기. 생명공학에 들이
닥친 거센 자본주의 물결 속에서 우리가 놓치면 안 되는 것은 무엇인
지 과학·철학·법·정치를 넘나들며 짚어주는 생명윤리 입문서.